国家社科基金
GUOJIA SHEKE JIJIN HOUQI ZIZHU XIANGMU
后期资助项目

面向语言工程的现代汉语词类体系与词性标注研究

A Study on the Word Class System and Part-of-Speech Tagging of Modern Chinese for Language Engineering

邢富坤　著

科学出版社

北　京

内 容 简 介

本书面向语言工程，对现有汉语词类体系和词性标注工作展开调查，梳理总结汉语词类体系和词性标注中存在的主要问题，并以英汉语对比为基础，揭示汉语词类体系与词性标注的主要特点，为汉语本体研究和语料库加工提供参考。本书还开展了词性自动标注模型研究，在隐马尔科夫模型的基础上，建立了多观察和多状态搭接的 COV 模型，并将该模型运用到词性标注任务中，获得了较好的标注效果。

本书适合语言学研究者和学习者以及对语言工程感兴趣的读者参阅。

图书在版编目（CIP）数据

面向语言工程的现代汉语词类体系与词性标注研究/邢富坤著. —北京：科学出版社，2022.3
国家社科基金后期资助项目
ISBN 978-7-03-071495-4

Ⅰ. ①面… Ⅱ. ①邢… Ⅲ. ①现代汉语–词汇–研究 Ⅳ. ①H136

中国版本图书馆 CIP 数据核字（2022）第 026366 号

责任编辑：张　宁/责任校对：张亚丹
责任印制：李　彤/封面设计：蓝正设计

科 学 出 版 社 出版
北京东黄城根北街 16 号
邮政编码：100717
http://www.sciencep.com

北京中石油彩色印刷有限责任公司 印刷

科学出版社发行　各地新华书店经销
*
2022 年 3 月第 一 版　开本：720×1000　1/16
2022 年 11 月第二次印刷　印张：14 1/2
字数：302 000
定价：98.00 元
（如有印装质量问题，我社负责调换）

国家社科基金后期资助项目
出版说明

后期资助项目是国家社科基金设立的一类重要项目，旨在鼓励广大社科研究者潜心治学，支持基础研究多出优秀成果。它是经过严格评审，从接近完成的科研成果中遴选立项的。为扩大后期资助项目的影响，更好地推动学术发展，促进成果转化，全国哲学社会科学工作办公室按照"统一设计、统一标识、统一版式、形成系列"的总体要求，组织出版国家社科基金后期资助项目成果。

全国哲学社会科学工作办公室

目　　录

第1章 绪 论

1.1 研 究 背 景

汉语词的研究无论对于语言本体研究，还是对于语言工程实践不仅是一个重点，更是一个难点。重点是因为词这一级语言单位负载了稳定的意义，在语言交际中可以独立运用，把词的使用规律研究清楚，对于整个语句的组织、生成、理解、处理都有重要意义。难点是因为汉语的词研究面临的困难比印欧语等形态丰富的语言都要多，汉语首先遇到的是词的定界问题，如何划分词与语素、词与词组的界限是较为困难的事情，词的单位不清楚，分类对象就不明确，分类工作就难以顺利进行；其次，汉语缺乏形态特征和形态变化，难以从词形本身为词找到分类依据；此外，汉语词的使用灵活，尤其是大部分实词可以承担多种句法功能，能较为自由地占据不同句法位置，且在不同句法位置上其形态不发生变化，这更加大了利用形式条件划分词类的困难。尽管困难重重，但词类问题依然吸引了近代百年以来众多语法学家的关注，并针对汉语是否存在词类、如何划分词类等问题展开一轮又一轮的热烈讨论，虽仍未取得统一的结论，但还是取得了许多可喜的研究成果，既包括理论上的创新，也包括实践中的开拓，并且其中一些研究成果已经被应用到语言教学与语言工程之中，发挥了重要作用。

看到成绩的同时，也必须清醒地意识到汉语词类问题远未得到解决，尤其是当面对大规模真实文本的时候，当需要为几百万、上千万词次的语料标注上每个词例的词性的时候，当需要把面向人的词类知识转移给计算机使用时，汉语的词类问题就更加凸显出来。对于这些问题有很多先行者进行了卓有成就的开拓，例如，北京大学研制开发出《现代汉语语法信息词典》（以下简称《语法信息词典》），对八万多词条进行细致的语法属性描写，同时还为 2000 年的《人民日报》语料库（以下简称《人民日报》）标注了词性，语料量达到近 2700 万字，其工作对汉语语言信息处理产生重要影响，也为深入研究词类问题提供了重要资源。本书在这些成果基础上，对汉语词类问题进行考察，从语言工程的角度回答，汉语词类理论和词性标注存在哪些问题、造成这些问题的深层原因是什么，进而回答汉语词类的本质是什么、是否应当像英语一样标注词性、是否应当动用大量的人力物力开展大规模语料的词性标注工作等问题，并最终为汉语语言本体研究和语言资源建设提供有价值的建议和对策，以促进汉语语言信息处理工作的发展。

本书的根本出发点是语言工程的需要。语言工程的工具是计算机，处理对象是真实文本，目的是分析和提取意义，满足各种应用对语言的要求，应用包括机器翻译、信息检索、自动答问、文本分类、自动摘要、信息过滤等。这样的工作十分困难、复杂，不得不分步进行，并且计算机只能应对有限个对象，当对象无限多时，就需要确定有限个基本对象，其余对象用基本对象的复合来表示。对于汉语文本来说，这种基本对象就是词。因为字的意义不确定性太大，而短语、句子、段落、篇章则是无穷的。理论上说词也是无穷的，但在数词和人名、地名、机构名各自合类的前提下，数万到数十万个词就可以或粗或精地满足一般的语言处理需求了。对于这些词，计算机需要掌握它们的知识，包括它们的意义、用法以及它们在复合结构中的作用等。这些知识也必须用有限个对象表示，这种对象就是词的属性，由属性按不同的方式可以组合成各种类别，以便机器按类处理。

词的属性需要人传递给计算机，传递的方法目前大致有三种：①词的知识库，标注词的固有属性或者说静态属性；②语料库，标注词的语境属性或者说动态属性；③基于词和词属性的规则库，描述词的组合规律，说明如何由组合关系排歧，如何从词和词的各自属性获得组合之后构成的复合结构的属性。

第一种知识主要靠人为获取和加工。第二种知识也是靠人为取得，但计算机可以辅助人做许多工作，比如人标注较小的语料库，计算机"学习"后标注较大的语料库，人再校对修改。第三种知识有相当一部分可以让计算机从语料库中自动获取。计算机从语料库中获取的知识中有相当一部分是人无法直接通过规则传递给计算机的，因为这些知识太微细且数量庞大，超出了人的归纳能力。但是，也有一些知识是计算机难以从语料库中自动获取的，因为它们太宏观，超出了计算机的归纳能力。

在语言工程中，比较自然的方法是首先对词例进行属性标注，以此为基础再进行后续的分析理解。这样分阶段地处理可以降低处理难度，但也带来一个重要问题，即如果词例的属性标注体系不当或者标注不准确，就会对后面的工作带来重大影响。显然标注体系带来的影响是根本性的，即使标注体系合理有效,标注精度不够高也会非常麻烦。假如词例标注正确率为95%,即平均每 20 个词错标 1 个,又假定平均句长是 10 个词,于是平均每两句又有一句发生词例标注错误,这一句在后续的处理中很难再被处理正确,从而以句子为单位的整体处理正确率最高不会超过 50%。这就是从语言工程的角度要对词的属性体系和词性标注给予重点关注的原因。

此外,从语言资源建设的角度看,当前我们国家和一些相关机构都在大规模地开展语料库的加工和建设,而通常语料库建设的一个重要内容就是进行词性标注,因此投入大量的人力、物力、财力对大规模语料标注词性。这样的工作在语料库建设初期是有意义的,因为通过标注实践能够更好地帮助认识汉语词类问题的特点,为更深入地研究提供较为丰富的研究资源,但当这样的工作进行到一定阶段,达到一定规模的时候,需要暂停一下,客观地从汉语自身实际来考察汉语的词类体系和词性标注问题,回答汉语在词类问题上有什么独特之处、如何看待汉语的这些特点、汉语是否能够和需要像英语等形态丰富的语言那样标注词性等问题。通过这些理论层面的思考来更好地把握汉语词的特点,开展适合汉语特点、满足汉语语言信息处理需求的语言加工工作,更好地指导汉语语言资源建设工作,避免资源浪费。

在词一级的语言处理工作中,除了建立较为科学合理的词的属性体系外,另外一项重要工作就是要实现词的属性自动标注,开展标注模型和标注算法的研究。模型和算法研究是语言工程区别于语言本体研究的重要方面,使得语言工程不仅要关注典型词的属性特征,还要关心非典型词的属性特征,不仅要在理论上能够自圆其说,还要在实践中得到落实和检验。

词语属性的标注工作在工程实践上一般有两个步骤:第一步是要以一定的标注理论为指导,制定较为明确合理的标注规范,以机器为辅助,人工实现对较大规模语料的标注加工工作;第二步是以标注语料作为训练语料,开发或应用某种适合的机器学习方法,训练出拟合效果较好的标注模型,形成自动标注工具,高效率、高准确性地完成自动标注任务。在这项工作中,语言规律研究与语言任务二者有机地结合成一体,互相影响,互相促进。

基于以上考虑,本书选择了汉语的词类体系和词性自动标注作为研究对象,希望能够在较大规模的调查分析基础上对汉语词类问题有一个更加深入的认识,同时也希望能够通过自动标注的实践促进对汉语词类本质的认识,而对汉语词类本质的深入探究也会促进自动标注模型和算法的改进,提高标注模型的标注效率和准确性。

1.2 研究目标与内容

1.2.1 研究目标

以汉语语言事实为依据，利用已有的研究成果，较为全面深入地调查汉语词类的理论体系和标注实践，并将汉语与英语词类问题进行对比分析，从不同的语言视角寻找汉语自身的特点，从而希望能够对汉语的词类问题有一个较为客观深入的分析，回答汉语词类体系存在哪些问题、问题的原因是什么、汉语词类的本质特点是什么、是否应该在大规模的语料上标注词性等问题，进而提出汉语词的属性描写方法及分类原则，为汉语语言资源加工提供建议，提高汉语语言资源的建设质量。

在语言调查及模型分析的基础上，提出高效准确的标注模型，即基于状态和观察双重搭接约束的 COV 模型（Context Overlapping），利用该模型完成特定的语言处理任务，并将其与其他模型，如 HMM 模型（Hidden Markov Model）、最大熵模型、CRF 模型（Conditional Random Field）等进行对比，分析 COV 模型的优点与不足，利用标注模型初步实现语义侧面排歧的任务。

1.2.2 研究内容

1）汉语词类属性及词性标注调查

以《语法信息词典》为基础，调查分析汉语词的词类属性及其分布情况；以 2000 年《人民日报》标注语料为基础，调查分析在大规模真实语料中汉语词性标注的总体情况，并以兼类词为主要对象，调查汉语词性标注中出现的主要问题。

2）汉语词类问题的总结分析

总结汉语词的特点并分析这些特点与汉语词类问题之间的关系；对英语与汉语的词类问题进行对比分析；提出解决汉语词类问题的对策和方向，指出汉语语言资源词语层面加工的内容和原则。

3）标注模型研究

改进 HMM 模型，构建语境相关的 COV 模型，设计并实现基于 COV 模型的符号解码与数值解码算法；利用 COV 模型完成英汉语词性自动标注任务，并与其他统计模型进行比较分析；使用 COV 模型实现汉语语义侧面的自动排歧。

1.3 本 书 结 构

本书第一部分首先从语言学理论研究和语言工程实践两个角度对有关词类的研究进行概述,进而对汉语词类问题予以介绍,指出汉语词类问题的复杂性,及其在语言信息处理研究中的重要地位与作用,提出本书的主要研究思路、方法和目标。第二部分着重进行现有汉语词类体系和标注语料的调查,在调查基础上,对现有汉语词类体系进行描述和分析,并总结汉语词的特点及其与词类研究的关系,此外还通过英汉语之间的词类对比分析,进一步明确汉语词类的主要特点,进而为汉语语言资源加工提供有针对性的建议和对策,该部分还从语义侧面描写的角度初步给出汉语实词兼类词的描写框架和方法。第三部分重点论述 COV 模型,分析该模型的主要原理与算法,利用该模型进行词性标注实验,并与其他模型的标注性能进行比较,说明 COV 模型的主要优点与不足,以及词性体系对于词性标注的影响,并提出改进方法与方向。最后一部分对全书工作进行了总结,提出汉语词类体系与词性标注未来需要开展的主要工作。

第 2 章　词类研究概述

2.1　国际上词类研究概述

词类是语言学研究的重点，国际上有关词类的理论研究主要是从跨语言的视角考察人类语言中是否普遍存在同一个词类体系，如果存在这样的体系，那么如何给出对各种语言都普遍适用的词类定义。跨语言的词类理论虽然是语言学家非常关心的研究对象，但并非本书的主要研究方向，因此本节只是择要对其介绍，目的是扩展研究视野，以期为汉语自身的词类研究提供一个更宏观的背景。

"词类"（Word Class 或 Parts of Speech）作为语法范畴最早起源于希腊语的语法研究，Dionysios Thrax 就已经在其 *Art of Grammar* 一书中提出按照语义及形态等标准将词划分为 8 大类，分别是：名词、动词、代词、介词、副词、连接词、分词和冠词（Bisang，2008）。尽管更早的学者（如 Aristotle 和 Stoics）也各自提出了词的分类体系，但 Thrax 的 8 种词类划分体系成为其后两千年来希腊语、拉丁语和大多数欧洲语言词类描写基础，甚至在欧洲之外的其他语言的词类研究中也基本采用了 Thrax 的词类框架，只不过不同语言在具体的词类数目和划分标准上有所差异而已（Manning & Schutze，1999）。

研究者对于词类的理论研究主要集中在两个问题上：①是否存在跨语言的词类，即在不同的语言中是否存在有同一套词类体系；②如果存在这样的词类体系，如何对各个词类定义，使其能够具有普适性。

根据 Bisang（2008）的总结，不同的语言学家对于同一种语言中是否存在名词与动词的区分有不同意见，例如，Sasse（1993）认为 Tuscarora（北美印第安语，易洛魁语系）语言中并不存在名词与动词的区别，这种语言中几乎所有名词都用动词的形式表达。此外，在 Nootkan 和 Tagalog 语中是否存在名词与动词的区分，也存在不同意见。对于某些语言中是否存在形容词，更是意见不一，Dixon（1982）主张世界上的语言都有名词和动词，而形容词这种词类则并非必然存在，但 Dixon 和 Aikhenvald（2004）又改变了当初的认识，认为人类语言中必然有形容词。

尽管在词类是否普遍存在这个问题上不同语言学家持有不同意见，但绝大多数语言学家都基本同意在所有语言中存在有名词、动词等基本范畴的区分。例如，尽管 Sapir 并不支持按照统一的逻辑标准对词分类的做法，他认为"词类的逻辑分类法有几类、性质怎样、有没有一定的范围对语言学家没有一点好处"（Sapir，1921），但同时他也认为，"没有一种语言完全忽略名词和动词的区别，虽然在某些特殊情况下，这种区别的性质不容易捉摸"。此外，Croft（2001）也提到大多数语言学家都承认在所有语言中存在有词类范畴的区分，至少承认动词与名词的普遍性。

如果认为人类语言中普遍存在词类范畴，至少是存在名词与动词的词类范畴，那么接下来的工作就是为这些普遍存在的词类范畴寻找具有普遍性的定义，而这正是词类研究的核心问题。

Bisang（2008）在前人有关词类研究的基础上，总结了词类定义可依据的主要标准，主要有四点：①语义标准；②语用标准（篇章功能标准）；③形式标准；④区分词库与句法的不同层面。

Bisang 分别对这些标准进行了分析，下面进行简要总结。

2.1.1　语义标准

语义标准被认为是词类分类的最直观的标准，因为当人们一提到"名词"就会想到是指一类事物或人，"动词"是指行为，"形容词"是指性质状态。语言学家也同样重视语义在词类中的作用，Langacker（1987）依据语义为词类定义，他利用 region 这个概念定义名词，名词是指"a set of interconnected entities"。"动词"被定义为过程，指在头脑中经历的不同的状态。"A VERB is a symbolic expression whose semantic pole designates a process."但语义作为词类的定义标准受到的批评也是最多的，主要原因在于语义难以找到形式化的判定标准，以至于不同的人对于同一个词的语义判定有差别，或是同一个概念（语义内容）在不同语言中所属的类别不同，例如 Tuscarora 语中，几乎所有的词只有陈述表达形式，而在表达事物时，也是使用述谓结构来表达，因此在英语中表示事物的名词，在 Tuscarora 语就成了动词。

Wierzbicka（1997）提出利用具有跨语言特征的词汇原型来为词类定义，而不是仅仅笼统地给出词类与语义之间的对应关系。例如，名词主要原型是"PEOPLE（人）、THING（事物）"，动词的主要原型是"DO（行动）、HAPPEN（发生）、SEE（看）、HEAR（听）、SAY（说）、MOVE（移动）"等；形容词的主要原型是"BIG（大）、SMALL（小）、GOOD（好）、BAD（坏）"。Wierzbicka 认为不同语言中表示以上词义的词及其所属词类之间具有较强的一致性，例如，无论何种语言凡是表示"人"的词都是名词，通过这种词义的原型性来为词类定义。

2.1.2　语用标准（篇章功能标准）

Hopper 和 Thompson（1984）认为决定词的语法类别的关键因素并非词义，而是词在语篇中的功能。"the semantics facts…which are characteristic features of prototypical N's and V's are…derivative of（and perhaps even secondary to）their discourse roles"（Hopper & Tompson，1984）。他们认为名词的主要语篇功能是"to introduce participants and 'props' and to deploy them"（Hopper & Thompson，1984），表现为名词在语篇中具有很强的连续性，并在后续篇章中具有很重要的指示作用。

Croft（2001）为词类给出的一般性定义从本质上看也是以语用为主要标准的，但同时还综合考虑了语义和形态句法等方面的因素，形成一个综合性的词类定义。Croft 的词类定义对于跨语言词类研究有着重要影响，其主要内容表现见表 2-1。

表 2-1　Croft 的词类定义系统

类别	指称	修饰	陈述
事物	指称事物： 无标记 名词 *vehicle*	事物修饰：所属格形式、's 形式、介词短语形式 *vehicle's　vehicular of vehicle　in vehicle*	事物陈述：系表结构形式 *be a/the vehicle*
属性	属性指称：名词化的形容词 *whiteness*	属性修饰：无标记 形容词 *white*	属性陈述：陈述性形容词 *be white*
动作	动作指称：名词化动词，动词补足语成分，不定式、动名词形式 *destruction to destroy*	行为修饰：分词、定语从句形式	行为陈述： 无标记 *destroy*

注：上表中的粗斜体表示的是用于解释说明的例子。

　　Croft 的词类系统可以看作是一个语义、语用共同限定，以形态句法标记为形式判断标准的词类系统。例如，名词是指在语义上指称事物，在语用功能上具有指称性，且在形态句法上为无标记的词语。所谓形态句法标记（Mophosyntax Markedness）是指综合了词的形态特征以及词在语句中的句法功能的特征，如果不需要增加任何额外的特征标记，则称之为无标记（Unmarked）。名词当作为指称用法时不需要增加额外标记，因此称之为无标记，而当其作为修饰成分时则需要增加所有格等形式标记，作为陈述语时则需要增加系动词等标记形式。

2.1.3　形式标准

　　形式标准是指根据词的构词形式和句法分布来为词类定义。形式标准在形态丰富的语言中是重要的词类判定标准，也是结构主义者奉行的词类标准。例如，在英语中词类的判定形式依据主要有两类，一类是词的内部形态，指词内部的构词特征，如前缀、后缀等形态特征；另一类是词的外部形态，指词与词之间的搭配组合关系，亦即词的句法功能分布。英语中利用能否后接 s、是否以 "ness、ation" 结尾等作为词的内部形态，以能否作主宾语、能否受冠词修饰等作为词的外部形态，综合内部与外部行为形成词类的判定标准。

　　一般认为形式标准作为词类定义具有较好的客观性，即能够在话语中找到显性的形式依据，而不需要根据个人的语感与知识去体悟推断。由于形式标准具有较好的客观性，因此形式标准也常常被结合到以语义或语用为标准的词类体系之中，例如，Croft 的词类定义中就依靠词的形态标记性作为词类判定的一个重要操作标准。

　　形式标准受到的怀疑主要来自形式标准在语言内部的不一致性以及跨语言中的局限性。在语言内部，用来判定同一个词类的形式依据往往不止一条，但是不同的判定标准最终得到的词类集合却不尽相同，难以确定到底应该以何种形式规则为依据。对于这种问题，一些学者采用 "有效测验" 的方法来解决，即不用所有的可供词类测验的方法来测试，而只使用那些具有高可靠性的测试标准来测试。但是即使用高可靠性的标准测试，也可能存在一些难以解释的词，这些词如何归类仍然存在问题。更重要的是，依据形式标准进行词类测试的前提是已经有了测试的标准答案，即已经知道了被测试的词的词类，但是标准答案是如何得到的却难以通过形式标准予以说明，这是一个 "鸡和蛋" 的问题，到底是先有的形式标准、后有的词类，还是先有的词类、后有的形式标准，这在以形式标准为分类方法的内部是难以给出圆满回答的。

形式标准遇到的另外一个问题是，形式标准难以构建具有普适性的词类标准。由于不同的语言有着不同的形式特征，因此以形式为标准确定的词类在特定语言内部可能具有较好的适用性，但是不能保证其在其他语言中的适用性。例如，在英语中可以依据"能否受冠词限定"作为判断一个词是否是名词的标准，但是这条标准并不具有跨语言适用性，因为如果一种语言，比如汉语，根本就不存在冠词范畴，那就难以利用冠词来为名词定义。另外一种可能情况是，不同语言都存在同样的形态变化，但是形态变化所代表的词类却可能不同。例如，英语中动词具有时、体、态的变化，并且要求与主语保持数上的一致，因此这些形态和句法上的限定就成为动词判定的重要依据，但是，据 Jacobsen（1979）对 Makah 语的研究显示，在 Makah 语中，几乎所有的词类都要求与主语保持一致，都有体、态的变化，因此在英语中可以作为区分动词的形态和句法特征就不能够再被作为 Makah 语中动词的区分特征了。

2.1.4　区分词库与句法两个不同的层面

以上三条标准是目前词类定义中主要依据的标准，但是也有学者如 Sasse（1993）和 Brochart（1997）指出，目前词类定义的混乱的一个重要原因在于将词汇层面与句法层面混同在一起。Sasse 指出 "This confusion ultimately results from the erroneous belief that languages universally display a perfect X:XP match（where X is a 'lexical', XP is a 'phrasal' category）"。尽管这种词类与句法类的对应在很多欧洲国家的语言中，如德语、法语、英语中是存在的，但是也有一些语言，如汉语，在词类与句法类之间并不存在这种对应关系，因此将二者混同在一起会造成词类定义的困难。因此，Bisang（2008）认为当前的大部分语言学家对于词类的定义基本上使用的是前三条标准，而没有涉及第四条标准。他认为，在词类定义中区分开词库与句法不同层面，将会对跨语言的词类研究产生重要作用，可以较好地解释像 Nootkan、Tagalog 等名词与动词区分模糊的语言中的词类问题，同时也会对分析汉语的词类问题产生重要作用。

所谓区分词库与句法两个不同层面，是指在词库层面与句法层面不共享同一个词类体系，允许在词库层面不进行分类，而在句法层面分类。Bisang 用这种思想来解释汉语中的词类现象，他认为，汉语中的词在词库中是没有词类差别的，而当词进入了语句之后，在句法层面才具有名词、动词的区分，这种区分是依据词所占据的句法位置决定的，语句中词语的语义是由词语本身的意义与句法结构意义综合得到的。例如：

（1）白羽之白也犹白雪之白。

（2）彼长而我长之，非有长于我也，犹彼白，而我白之，纵其白于外也。

以上两句中的"白"在词库中表现为同一个词条，没有词类的区分，但是进入语句后，由于处于不同的句法位置，因此其类别也不相同，并且其语义也由句法结构和词汇本身的意义而综合得到。

纵观国际上对于词类的理论研究可以看出，由于语言之间的差异性，使得确定一套具有普适性的词类定义体系面临着重重阻碍，语言学家给出的各种词类划分标准都难以完全覆盖所有的语言现象。所以，当把现有的跨语言研究中的词类定义方法和原则应用到汉语词类问题上时，也都显露出各自的不足与困难。例如，当使用 Croft 的词类定义体系描述汉语词类问题时，会发现 Croft 虽然给出了各个词类的语义和语用的界定，但是这些界定最终都落实到形态和句法层面上的有标记还是无标记，也就是利用形态句法层面的特征实现语义语用的分类标准，但汉语遇到的首要问题是在形态和句法层面缺少形式标记，这种语言现象在 Croft 的分类体系中是未考虑到的。Bisang 虽然试图通过区分词库层面与句法层面的分类来解决汉语词类问题的困难，但是词类研究的出发点是能够在静态层面，也就是词库层面对词的类别属性给予描写，进而帮助动态层面也就是句法层面中词的功能角色的确认，从这一点来看 Bisang 的解决方案也存在不足。尽管跨语言的词类研究难以完满地解决汉语词类问题，但还是为我们更加全面地把握汉语词类特点提供了更加广阔的视角。

2.2　汉语词类研究概述

汉语现代语法研究肇始于 1898 年《马氏文通》（马建忠，2010）的出版，《马氏文通》仿拉丁文法创立汉语文法，将字（词）分为九大类，"实字之类五，虚字之类四"，自此汉语词类问题成为汉语语法研究的热点和重点，在之后的百年历史中，学者们进行了多次的大规模词类问题讨论，从讨论中可以管见汉语词类研究的历史脉络。

第一次词类讨论发生在 20 世纪 30 年代，讨论的主要起因是国内的语言学家，尤其是语法学家，要求摆脱自《马氏文通》以来的汉语语法依附于西洋语法的局面，尤其是在词类问题上，要求从汉语的实际出发进行研究和完善，此次讨论具有强烈的自主意识，其成果集中表现为《中国文法革新论丛》（陈望道等，1987）。

第二次词类讨论发生在 20 世纪 50 年代，讨论的主要起因是针对汉语是否具有词类范畴以及如何确立汉语的词类划分标准的问题上意见不一，讨论得出的基本结论是，汉语具有词类范畴，而汉语的词类划分标准不能单独依靠意义，需要依靠广义上的形态，即词与词之间的组合能力和组合关系，此次讨论的主要成果集中表现为《汉语的词类问题》（贺重等，1956）。

第三次词类讨论发生在 20 世纪 80 年代，讨论的主要起因是如何确定汉语划分词类的标准以及如何解决兼类问题，该次讨论得出的基本结论是，汉语划分词类的标准只能依据词的句法功能分布，而对于汉语中的兼类问题则有了更加深入的认识，并做了初步的定量调查和分析，在此基础上给出了汉语兼类的一些解决思路，但彻底解决兼类带来的词类问题还距离尚远，其成果主要表现为《语法讲义》（朱德熙，1982）、《语法答问》（朱德熙，1985）、《词类问题考察》（胡明扬，1996）。

最近一轮汉语词类的讨论开始于 2008 年，发起者和组织者为北京大学中文系王洪君等人，讨论的主要起因之一是来自语言工程对于汉语语法研究的强烈需求，这种需求不同于以往面向人的语法研究需求，而是要求语法研究的成果能够转化为被计算机理解并使用的知识，这种知识具有形式化、系统化、严密化等特征，不仅需要对总体的、典型的语言现象进行描述，还需要对个别的、非典型的语言现象进行描述，得出的语法知识尽可能清晰，且能够明确地给予形式化表示。计算机对语言知识的需求对以往面向人的词类研究提出了严峻挑战，暴露出现有词类体系存在的一些问题，同时也为重新审视汉语词类体系和词类实践提供了机遇。

历次词类讨论都涉及为什么划分词类的问题。在这个问题上，学者们具有较为一致的共识，一般认为词类的划分是为句法分析服务的，是为了更好地讲解语法。就面向人的语法研究而言，划分词类是为了让人能够更好地掌握析句及造句的语言能力，提高语言教学的效率。马建忠（2010）认为以词类为组织线索讲解语言知识，能够达到"童蒙入塾，能循是而学文焉，其成就之速，必无逊于西人"的目的。吕叔湘（1979）谈到词类的划分目的时讲到，"为什么要给词语分类（首先是词，其次是短语）？回答是主要为了讲语句结构：不同类的词或词组在语句结构里有不同的活动方式"。当利用计算机处理语言时，为词分类更成为一种必需，因为合理的类的知识能够提高机器处理语言的泛化能力，能够将适用于某一类的规则泛化到该类的其他词。显然，这种泛化能力对于处理复杂的语言问题而言，是非常必要的。

在历经多次词类讨论之后，当前的主流词类思想和分类体系是以朱德熙在《语法讲义》《语法答问》中的提出的词类思想为代表，认为汉语词类的划分标准是"词的语法功能"（朱德熙，1985），具有相同语法功能分布的词属于同一类词。这种思想在北大《语法信息词典》和《人民日报》语料标注中得到了贯彻与实践。

2.3　面向语言信息处理的汉语词类研究

语言信息处理的迅猛发展，对语法研究提出了更高的要求，也促进了汉语语法研究朝着面向大规模的真实语言方向发展，在这样的背景下，汉语词类问题面临的困难更多，任务更加艰巨，但在众多研究者的不懈努力下，过去三十多年间有着大量的研究成果出现，促进了汉语语言信息处理的发展。

朱德熙对于汉语语言信息处理有着重要贡献，他从汉语实际出发，给出了一整套系统的词的属性描写框架和描写方法，并据此为词分类。他本人也亲自参与到语言信息处理工作之中，主持了国家社会科学第七个五年计划重点研究项目"现代汉语词类研究"，这项工作无论对于汉语本体研究，还是对于面向语言信息处理的研究，都具有开创性。这项工作首次在汉语语法研究中，将词类理论体系落实到汉语的各个具体词上，在对具体词的语法属性考察的基础上检验理论体系的正确性与合理性，使得理论与实践密切结合在一起，这种研究理念和实践方法都是语言信息处理所要求的。朱德熙的工作更为后来在更大规模词表以及真实语料上进行词类研究奠定了坚实的理论基础，积累了宝贵的实践经验。但由于受当时的语料资源和计算机处理性能所限，朱德熙并没有能够在一个较大规模的真实语料上进一步实现他的理论，因此一些在理论框架以及静态描写层面难以暴露出来的问题就可能被忽视掉，例如，汉语中某些词的抽象语义在语境中可能会模糊不清、句法结构也可能会有模糊等问题，而这些问题很可能是汉语词类问题的关键所在，也是语言信息处理最需要解决的问题，因此从这个角度看，朱德熙在词类问题上为我们留下前行空间。

郭锐（2002）在朱德熙工作基础之上，进行了更大规模的调查工作，具体方法是：首先确定一个较大的词表和词的属性集合，然后判断每个词的各种属性的属性值，而后为各词类确定划分标准。郭锐区分了划类依据与划类标准，他认为词类的划类依据是词的表述功能，大概可以分为"陈述、指称、修饰、辅助"等类型，而具体的词类划分标准则是词的句法功能分布，表现为词所能够占据的句法位置、词与词之间的搭配可能性等。在这样的词类思想下，郭锐给出了汉语词类的形式表达定义，并据此为较大规模的词进行了归类实践。郭锐的工作具有明晰的形式依据和形式表达，并且对于一个较大规模的词表中的所有词进行了属性标注，这些都符合语言信息处理的需要，能够为计算机提供明确可靠的知识。但这种方法仍然面临一些问题，例如，如何解决划类依据与划类标准的统一问题，即如何将词的"表述功能"与词的"语法功能"整合统一的问题，更具体的困难表现为能否将划分出的词类体系一以贯之地落实到语料库中的每一个具体词例的词性标注中去。

陈小荷（1999）在词类问题上采取了彻底的句法功能分布的分类原则，主张"彻底地贯彻按照词的语法功能来划分词类的原则，根据这个原则能分出多少类就是多少类"，其分类方法是：首先确定一个句法功能集合，假设该集合基本覆盖了语句中词与词之间的句法关系，然后选择调查语料，并对语料中的每一个词例进行句法功能调查，进而得到每一个词的句法功能分布的总和，由于调查语料有限，不能够覆盖所有可能语言现象，因此为了弥补语料覆盖面有限的不足，还通过研究者的内省，确定出每一个词的所有可能句法功能，然后根据句法功能分布为依据划分词类。这种方法一个显著特点是分类原则与分类实践相统一，切实从句法功能分布出发确定词的分类，而不预设词类数目和框架，符合句法功能分布的分类总原则，这样的分类一致性也在一定程度上保证了分类知识适用于计算机进行自动句法分析，从实践（徐艳华，2006）来看，这种方法也获得了较好的效果。同时，这种方法的另一个突出优点是较好地解决了兼类问题，对于那些具有多功能的词都根据其功能的不同而确定了新类，不会出现由于兼类而造成词类体系的破坏。但这种方法面临的首要问题是：句法功能集合如何确定，以及确定的句法功能集合是否能够完整准确地描述汉语的句法结构；其次是对于词的句法功能调查存在着局限性，尽管加入了研究者的自我反省来辅助调查，但由于研究者个人语感等条件所限，仍然会存在某些句法功能的疏漏，而且缺乏充当句法成分的频率统计，从而造成分类结果的不可靠性。

袁毓林（1995）提出词类是一种原型范畴，是人们根据词与词之间在分布上的家族相似性而聚集成类的，他根据句法功能分布为每一类词的典型成员确定了分布框架，并利用这些分布框架为其他词进行划类。这种方法从分类思想上允许同类内部存在不同属性的词，只要其与典型词有尽可能多的相似属性即可归为该类，避免了分类原则与分类实践的矛盾。但该体系面临的问题是：如何确定词类的"原型"，用什么样的标准来确定"原型"中的典型词？当"原型"确定后又如何确定一个非典型的词是否属于该"原型"的问题？对于那些既具有"原型 1"的某些属性，也具有"原型 2"的某些属性的词，如何处理？对于词的入类问题，袁毓林给出了一种"机器提问，用户回答"的方法。机器拟定了一些区分性好、操作性强的问题，让用户根据自己的语感回答是或否，机器便可算出这个词入不同词类的不同可能性。这种方法将词的入类的把关问题推给用户，于是就会发生仁者见仁，智者见智的情况。实际上是回避了词类定义和词例标注中的种种矛盾。

俞士汶等（1998，2002，2003）在汉语语言信息处理基础资源建设上做出了重要贡献，他以朱德熙的词类体系为蓝本，以语言信息处理应用为目标，开发出《语法信息词典》，该词典对 8 万多汉语词给予了详尽的语法属性描述，不仅为语言信息处理提供了宝贵的基础资源，更为深入研究汉语词的特点和规律提供了重要的知识支撑。同时，俞士汶还在《语法信息词典》的基础之上，将汉语词类工作推进到大规模真实语料之中，对 2000 年全年《人民日报》语料进行了全面系统的词性标注工作，形成了标注规范和标注语料，如此大规模的加工语料为深入全面真实地考察汉语特点，尤其是汉语词类的特点提供了宝贵素材，使得过去许多难以开展的研究都得以实现。但由于俞士汶的工作受到汉语语言本体研究的限制，未能更加全面深入地考察汉语词类问题的自身特点，基本上是在传统词类框架下开展的工作，因此也就难以摆脱传统词类框架的局限，如兼类问题造成的词类体系的缺陷直接影响了实践中的词类工作；从实践上看，如何对《语法信息词典》中词进行先验性归类、如何将汉语中面向词的词类定义和面向词例的词性确认二者一致地统一起来，使二者既不混淆，又不割裂，这些都还需要进一步思考和解决。

以上这些研究是近年来汉语词类研究中的典型代表，其研究深度与广度都较之前的研究有了很大的推进，并且凸显出语言研究与语言信息处理的密切结合，有明确的应用方向。但是，在词类体系的实践基础、词类体系与词性标注体系的关系等方面尚存在一些根本性的问题，没有得到解决。

第3章 词性标注研究概述

词性自动标注是面向语言工程的一项重要工作，该项工作不仅与语言研究相关，还与数学模型和计算方法相关。本章首先对词性标注作一般性介绍，然后介绍主要的英语语料库和汉语语料库，并以具体语料库为例，分析现有的语料库词性标注的主要思想与做法，最后介绍有关汉语词性标注的主要评测活动。

3.1 词性标注与语料库加工

语言工程领域的词类研究目的非常明确，就是将具有相似属性的词汇集在一起，使类的属性能够代表词个体的属性，进而能够从抽象层面对语言进行研究分析，更好地把握语言结构和意义，从而为诸如机器翻译、信息检索等实际应用服务。

对于词类而言，有两种研究角度，一种是基于传统词类体系的研究，主要是以名词、动词、形容词等词类为代表的所谓句法（语法）词类，这可以认为是从语言研究的角度进行分类，大部分语料库标注工作都是从这个角度开展的；而另外一种是从数据挖掘或是数据驱动的角度开展的，通过以一个大规模的生语料库为基础，统计每个词的出现语境，并利用一定的相似性计算方法将词进行聚类，这种研究并不考虑词与词之间在句法或形态上的相似性，而是更多地考虑词的实际分布相似性，这类研究也被称为无监督的词类学习。两类研究各有特色和用处，本章则主要从英语词性标注的角度，对语言研究视角下的词类研究工作进行介绍。

3.1.1 词性标注集的确定原则

确定词性标注集是开展词性标注工作的必备前提，而如何确定一个合理的标注集是十分复杂且没有定论的问题。Manning 和 Schutze（1999）在谈到使用何种特征来指导标注集的设计时，讲到"通常一个标注集同时依据分类目标特征和预测特征来进行编码。分类目标特征告诉用户关于一个词的语法类别的有用信息，预测特征是对预测上下文中其他词语特征有用的特征"。这段话可以理解为，当确定词性标注集时，既要考虑到词性标记对于词本身给予的信息，也要考虑词性标记对于描述和预测周围词时所能给出的信息，一个好的词性标记集要能够将二者结合起来，使得词性标记尽可能多地提供有用信息。

历史上最有影响的英语词类标注集是美国 Brown 语料库使用的标注集（Brown 标注集），英国国家语料库也开发了自己的标注集（the Constituent Likelihood Automatic Word-tagging System，简称 CLAWS，CLAWS1 到 CLAWS5：CLAWS5 又被称作 C5 标注集）。Penn 树库标注集是计算语言学领域使用最为广泛的标注集，是 Brown 标注集的简化版。表 3-1 给出了英语主要标注集的规模比较。

表 3-1　英语主要标注集的规模比较　（单位：个）

标注集	基本规模	总标记数
Brown	87	179
Penn	45	45
CLAWS1	132	132
CLAWS2	166	166
CLAWS5	62	62
London-Lund	197	197

注：上表中"总标记数"是指在基本规模基础上加入扩展标记后的总标记数，如果没有进行扩展，则总标记数与基本规模数相等。

不同的标注集的分类标准、标记符号也存在不同，表 3-2 给出了不同的英语主要标注集对同样的词的标记形式。

表 3-2　英语主要标注集对于相同词的标记符号

词	CLAWS5	Brown	Penn	ICE
She	PNP	PPS	PRP	PRON(pers,sing)
was	VBD	BEDZ	VBD	AUX(pass,past)
told	VVN	VBN	VBN	V(ditr, edp)
That	CJT	CS	IN	CONJUNC(subord)
the	ATO	AT	DT	ART(def)

续表

词	CLAWS5	Brown	Penn	ICE
journey	NN1	NN	NN	N(com, sing)
might	VM0	MD	MD	AUX(modal,past)
kill	VV1	VB	VB	V(montr, infin)
her	PNP	PPO	PRP	PRON(poss,sing)

以上两个表给出了不同的标注集的规模,以及在对待同样的词时所使用的标记符号的比较。从标记规模来看,面向语料库标注的词性标注集的规模要大于基本的 8 大类的词类规模,也就是说在语料库的词性标注中,对词的类别划分更加细致,甚至对于标点符号都进行分类,在 C5 标注集中区分 4 种标点符号,在 Penn 树库标注集中区分出 9 种标记符号。同时,对于同一个大类的词也有不同的区分颗粒度,例如对于代词、冠词等大类在不同的标注集内都有不同的小类,甚至会对一些语言特征独特的单个词单独分类,例如,在 BNC(British National Corpus)语料库中将 "be" "do" "have" 等词分别单独作为一类,且在类内根据时态和数的不同进行更加细致的分类。

3.1.2　分类标准与分类原则的制衡

尽管理想分类原则是让词类体系能够提供尽可能多的有用信息,并且能够有比较明确的依据来确定各个类别。但实际中,分类原则与分类标准之间有着互相制衡的关系,表现为原则需要用标准来落实,而标准需要以原则为指导。例如,根据以上分类原则,希望同一类内的词的使用特征相似,比如出现的句法位置相似等,但是在实际的分类标准中会将语义标准、语用标准、形态标准混同使用,以至于同一个词性标记的词却可能有不同的使用特征。例如,英语中以-ing 结尾的现在分词的使用特征与名词更加相似,但是在 Brown 语料库将其标注为 VBG(动词的现在时),这样的标记并没有显示出词本身的信息,也不能够很好地预测周围的词的信息。例如,Fulton/NP-TL County/NN-TL Purchasing/VBG Department/NN。在该短语中,purchasing 被标注为 VBG 即动词的现在时形式,一般这类词是作句子的谓语成分,而此句中却是定语成分;属于 VBG 类的词的前方一般是主语,而此例中却是定语;后方应该是宾语,而此例中却是名词短语中心语。这些都表明将这类词标记为 VBG 并不能带来预期的分类效果。

造成这种问题的一个重要原因就是分类标准与分类原则的制衡,分类标准需要有明显的形态标记作为操作特征，利用这些高形式化的特征可以使得标准得到较好的执行，例如 Brown 语料库中将 -ing 结尾的动词都标注为 VBG，这样的标准很好执行，并且标注的一致性也很高，但其带来的问题就是与分类原则偏离，使得分类结果不能够反映语言的分布特征。标准与原则二者之间互相制衡，而如何实现较好的平衡是一个较为困难的问题。

3.1.3　词类规模与分类效果的制衡

通常的想法是词类信息既能够较好地反映出该类词所独有的语法属性，使其能够很好地区别于其他类词，同时又能够在分类实践和词性标注中得到较好的执行，更为一致地区分不同类的词。这种想法也带来另外一种制衡，就是词类规模与分类效果的制衡。如果想要一个分类体系提供更多的信息，使得词与词之间的差别都尽可能得到体现，那么必须扩大词类的规模，使得不同语法特征可以通过不同的词类来表现；但在扩大词类规模的同时，也会造成类与类之间的差别过于细微，以至于在分类和词性标注中难以很好操作的问题，造成实际分类的不一致性。因此，Manning 和 Schutze（1999）认为这是一把双刃剑，分裂标记可以得到更加详细的划分，为预测提供更多有用的信息，但是同时也使得分类工作变得更加不容易。

以上这些词性工作中的问题和困难不仅存在于英语之中，而且普遍存在于各个语言的词类工作之中，是语言工程中开展与词类相关工作都必须面临的问题。

由于语料库在词性标注中发挥着重要作用，因此对典型的英文与中文语料库进行介绍，以便对词性标注的基础资源有更全面了解。

3.2　主要的英语语料库介绍

1）**Brown 语料库**。Brown 语料库是第一代语料库的典型代表，其语料来源于美国英语的书面语语料，容量为 100 万词，并进行了认真分类和取样，具有较强的语言代表性。与之对应的 LOB（Lancaster-Oslo/Bergen Corpus）语料库的语料来源于英国英语，其语料构成与 Brown 语料库类似，为美国英语与英国英语之间的对比研究提供了便利。Brown 语料库采用了87 个词性标记集，其后一些研究者以 Brown 语料库的词性标注集为基础进行修改增补，形成新的词性标注集，例如，LOB 语料库采用了 135 个词性标记。Brown 语料库采用自动词性标注的方法，并开发出 CLAWS 词性标注系统，为语料库的自动加工提供了便利。

2）宾州树库（Penn Treebank）。宾州树库中的语料不仅带有词性标记信息，而且带有句法结构信息，其目的是服务自动句法分析。宾州树库的词性标记集也是建立在 Brown 语料库的标记集基础之上，对 Brown 词性标记进行了归并和修订，形成 48 个词性标记集。

3）ICE 语料库（International Corpus of English）。ICE 语料库开始于 1990 年，其首要目的是收集世界各个地区的英语语料，为开展不同地区间的英语对比研究提供支持，有大约 20 个不同地区的研究机构提供语料资源。ICE 语料库有 3 层标注信息，分别是：文本自身信息标注、词性标注和句法信息标注，词性标注使用 ICE 标注器（ICE tagger）进行词性的自动标注，词性标注集共有 20 个主要词性标记。

4）BNC 语料库（British National Corpus）。BNC 语料库由英国政府、学术单位、商业出版机构共同合作完成，其目标是成为最有代表性的当代英语信息库。BNC 语料库容量为 1 亿词次，样本类型丰富，来源广泛，它的词性标注由机器自动完成，使用的工具是 CLAWS4，在 CLAWS4 标注的基础上，又使用模板标注（Template tagger）对标注结果进行修订，形成最终结果。BNC 采用的词性标注集被称为 C5 标注集，只有 60 多个基本词性标记，而在 BNC 的样本语料库中采用了 C6 标记集，含有 160 多个词性标记，并在此基础上形成 C7 和 C8 标注集。

3.3　主要的汉语语料库介绍

汉语语料库的建设最早开始于 1979 年，武汉大学建立了汉语现代文学作品语料库（527 万字），这是一个生语料库，但建立了字索引，便于分类查找统计。此后建成的语料库还包括现代汉语语料库（1983 年，北京航空航天大学，2000 万字）、中学语文教材语料库（1983 年，北京师范大学，106 万字）和现代汉语词频统计语料库（1983 年，北京语言学院，182 万字）。这些语料库都可以归入早期语料库，未进行深度加工，不带有词性信息。

到了 20 世纪 90 年代，汉语语料库的建设和加工工作得到了较快发展，语料库的规模和加工深度都有了长足发展，主要的语料库有以下五种。

3.3.1　北京大学语料库

北京大学计算语言学研究所与富士通公司合作建成 1998 年《人民日报》标注语料库，该语料库进行了词的切分和词性标注，规模达到 2600 多万字。此后，北京大学还独立完成了 2000 年《人民日报》语料的加工工作。该语料的词性标注集分为 26 个基本词类代码，76 个扩充词类代码。标记集中共有 106 个代码（俞士汶等，2002）。其中，26 个基本词类包括：名词（n）、时间词（t）、处所词（s）、方位词（f）、数词（m）、量词（q）、区别词（b）、代词（r）、动词（v）、形容词（a）、状态词（z）、副词（d）、介词（p）、连词（c）、助词（u）、语气词（y）、叹词（e）、拟声词（o）、成语（i）、习惯用语（l）、简称（j）、前接成分（h）、后接成分（k）、语素（g）、非语素字（x）、标点符号（w）。

3.3.2　国家语委现代汉语语料库

该语料库由中华人民共和国国家语言文字应用委员会主持建立，其语料为现代汉语书面语语料，自 1993 年开始建立，收录了 1919 年以来的汉语语料，容量达到 1 亿字，其中 5000 万字的语料带有词性标注信息，且对 100 万字（5 万句）语料进行了句法结构分析，形成句法树，在该语料的加工过程中制定了《信息处理用词类标记集规范》（靳光瑾等，2003）。

3.3.3　清华汉语树库（Tsinghua Chinese Treebank，TCT）

该树库由清华大学计算机系智能技术与系统国家重点实验室于 1998 开始建设，2003 年完成。树库的语料来源于大规模的经过基本信息标注（切分和词性标注）的汉语平衡语料库，从中提取出 100 万汉字规模的语料文本，并经过自动断句、自动句法分析和人工校对，形成带有完整句法结构树标注的汉语句法树库语料。该语料的词类标记集共有 42 个，句法功能标记集 49 个。

3.3.4　台湾"中研院"语料库（Sinica Corpus）

该语料库由台湾"中研院"词知识库小组主持，规模为 520 万词（789 万汉字），语料来源于 1990 年至 1996 年期间出版的哲学、艺术、科学、生活、社会和文学领域的文本，并对语料进行了分词和词性标注。词类体系分为大类、次类和三类共三层，其中大类包括：述词（V）、体词（N）、介词（P）、副词（D）、连接词（C）、语助词（T）、感叹词（I）、非谓形容词（A）。

次类包括：动作不及物（VA）、动作类单宾述词（VB）、动作单宾述词，语义上需要两个参与论元（VC）、双宾述词（VD）、动作句宾述词（VE）、动作谓宾述词（VF）、分类述词（VG）、状态不及物述词（VH）、状态单宾述词（VI）、状态单宾述词（VJ）、状态句宾述词，后接句宾语的状态及物述词（VK）、状态谓宾述词，后接述词组的状态及物述词（VL）、名词（Na）、专有名词（Nb）、地方名词（Nc）、时间名词（Nd）、定词，用以表示物品指涉或物品的数量（Ne）、量词（Nf）、方位词（Ng）、代名词（Nh）、范围数量（Da）、评价（Db）、表否定的副词（Dc）、时间副词（Dd）、程度副词（Df）、地方副词（Dg）、方式副词（Dh）、标志副词，表时态（Di）、疑问副词（Dj）、句副词（Dk）、并列连接词（Ca）、关系连词（Cb）、了、的（Ta）、没有、而已、罢了、也好、也罢（Tb）、啊、呀、哇、哪、呢（Tc）、了吗、了否、而已嘛、啦云云、咧云云（Td）。

3.3.5 香港城市大学语料库（Linguistic Variation in Chinese Speech Communities，LIVAC）

该项目从 1995 年开始，目的是建立不同汉语地区的语料库，语料主要来自香港、澳门等多个地区的当地有代表性中文媒体，内容包括社评、重要新闻、当地新闻、综合新闻、国际新闻、港澳台新闻、经济新闻、体育新闻、娱乐新闻、广告等。每四天定量下载一次。有关语料经机器切词标注、人工校对后，提取各地词语，加入各地词库组合为 LIVAC 大语料库。截至 2008 年 1 月，该语料库共收集 150 万个词条，总字数超过 3 亿 5 千万字，并仍不断扩充中。在大语料库基础上，LIVAC 还建立了人名库、地名库、专名库、动词词库、形容词词库、各地每月新词词库等多个专项语料库。

3.4 有关汉语词性标注的评测活动

在汉语语料库建设的同时，汉语分词与词性标注系统评测也对语料库建设和自动分词与标注的方法研究起到了积极的推动作用，主要的评测活动有两种。

3.4.1 国内的 "863" 计划中文与接口技术评测组组织的汉语分词与词性标注评测

2003 年 10 月山西大学承担了汉语分词与词性标注系统评测任务，评测采用一套语料，以现场评测的方式进行。评测指标采用正确率、召回率和 F 值，在词性标注测试中，将相对标注精确率和兼类词标注精确率也作为测试指标（杨尔弘等，2006）。由于词性标注是基于分词结果进行的，因此词性标注的正确率受到分词性能的影响。

3.4.2 SIGHAN 举办的汉语分词及词性标注评测活动

SIGHAN 至 2017 年已经举办了 9 届有关汉语信息处理的评测活动，评测范围也在逐渐扩大，从前两届只对汉语分词进行评测，发展到最近一次对汉语的分词、命名实体识别以及词性标注进行评测。

2003 年 SIGHAN 组织举办了国际上第一届汉语分词评测（Chinese Word Segmentation Bakeoff）（Sproat & Emerson，2003），评测语料分别采用中国北京大学、中国台湾 "中研院"、中国香港城市大学和美国 LDC 提供的 4 种语料。测试分为封闭测试和开放测试两种，评测指标包括分词正确率、召回率、F 值和未登录词的召回率。

2005 年举办第二届评测，评测内容仍为汉语分词。

2006 年第三届评测除了汉语分词任务外，还增加了汉语命名实体识别任务。

2007 年第四届评测，与中国中文信息学会联合举办，增加了词性标注任务。

汉语的评测工作有力推动了汉语的信息处理水平，并且也越来越受到各个研究机构和相关企业公司的关注，评测的内容也逐渐拓展，2010 年由中国中文信息学会与 SIGHAN 联合举办第一届中文信息处理评测活动，此次评测的内容较 SIGHAN 之前的评测又有较大不同，内容包括汉语分词、汉语句法分析、人物聚类、词义推断四项内容。从评测内容看，评测正在从基础技术向语言研究的更深层面和应用技术发展的更前沿层面拓展。

3.5 语言工程中的自动标注方法研究

标注是语言工程中处理实际应用问题的一项重要方法，例如，利用标注来识别人名、地名等专有名称，提取简单名词词组，甚至用于特定信息的提取等。在英语等形态丰富的语言中，词性自动标注一直是语言工程关注的重点，汉语基本上是按照英语中的总体词类体系和标注模式开展工作。这里仅针对自动标注问题进行模型算法层面的讨论，暂不考虑英语与汉语在词类问题上的差异。

语言工程实践中，对于词性标注问题，需要在给定词类集合和标注规范的条件下，为给定语料中的每一个词例标注上词性。由于语料量庞大，人力难以胜任，并且很多语言处理任务需要以词性的自动标注为前提，如句法分析、机器翻译等，因此语言信息处理就需要实现词性的自动标注功能。根据标注方法的不同，可以分为基于规则和基于统计的两大类。

3.5.1　基于规则的词性标注方法

基于规则的方法主要思路是通过已有的语言学知识以及已有的词性标注语料，总结出词性标注的具体规则，然后利用这些规则去为未标注语料进行标注。由于语言的复杂性，只依靠人总结规则，然后利用规则进行标注的方法是难以覆盖到所有语言现象的，因此基于规则的词性标注方法的性能也难以达到令人满意的水平，例如，最初的 TAGGIT 系统就是以人总结规则为基础进行词性标注的，其正确率只有 77%（Manning & Schutze，1999）。目前，基于规则的方法主要利用已标注语料，通过机器学习来提取相关的标注规则，其代表是 Brill（1994，1995）的基于错误驱动和转换的词性标注方法，该方法主要思路是：首先，准备好一批已经人工标注好词性的语料作为供机器学习的训练语料；其次，制定一系列与词性标注相关的转写规则，例如，"如果当前词的前一个词的词性是 b，则将当前词的词性由 c 改变为 a"，"如果当前词的前一个词是 Y，则将当前词的词性由 c 改变为 b"等诸如此类转写规则；然后利用一个初始标注器为训练语料标注上词性；最后，再按顺序逐个使用转换规则集中的规则来修正初始标注中的错误，并对每一次的修正效果进行评估，保留效果最好的规则，一直重复这个过程，直至转换规则不能减少训练语料中的错误，或是没有转换规则可以被选择为止。主要的标注流程如图 3-1 所示（Brill，1995）。

这种基于错误驱动和转换的标注方法被用来标注英文词性，取得了较好的标注效果。利用这种方法在不同语料上进行自动标注实验，根据 Brill（1995）的介绍，不同语料的训练和测试规模不同，但训练语料的规模大概在 95 万词，测试语料在 15 万到 20 万词，其标注正确率如表 3-3 所示。

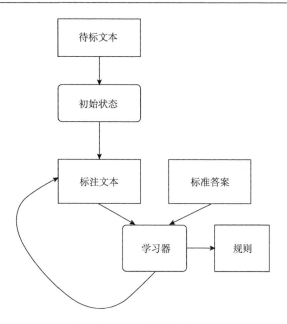

图 3-1　基于错误驱动和转换的词性标注流程

表 3-3　错误驱动和转换的标注方法的实验结果　　　（单位：百分比）

语料	正确率
宾州树库中华尔街日报	96.6
宾州树库中 Brown 语料	96.3
原始 Brown 语料	96.5

　　但由于该方法是根据规则为词语指派词性，并没有附带概率信息，因此在以概率为基础的更大的应用系统中，如概率句法分析系统中，该方法的使用就会受到限制，这也成为基于错误驱动和转换方法的一个不足。

3.5.2　基于统计的词性标注方法及主要代表

　　基于统计的词性标注方法可以分为基于生成模型的词性标注方法和基于判别模型的标注方法，第一类的代表是基于 HMM 模型的标注方法，第二类的代表是最大熵模型、CRF 模型等。

　　HMM 模型在处理词性标注问题时，将词性认为是隐藏在词语背后的一种状态，词语是通过词性的输出生成的，因此，根据生成的词语（观察）可以估计隐藏在其背后的词性（状态）。由于 HMM 模型的数学基础牢固，参数训练较为简单，易被理解和掌握，因此，该模型被广泛运用在词性标注领域，并获得了相当好的应用效果。但是 HMM 模型的使用有一系列的假设前提，主要的一条假设是输出独立性假设，即状态到观察的输出具有独立性，不受前后观察值和状态值的限制，而这种输出独立性假设在运用到词性标注任务时，使得模型与语言实际不相符合，因为实际语言中的词性是受到前后词语的限制的，并非独立，这也成为 HMM 模型在解决自然语言问题时的一个重要不足。

判别模型的主要思路是尽可能多地利用词语所在语境的各种特征，通过一定的权重分配原则（最大熵、最大间隔等原则）为各个特征确定其在判断词性时的权重，然后将所有特征综合在一起，做出特定语境条件下词语的最可能词性的判断。最大熵模型在词性标注中的工作以 Ratnaparkhi（1996）为代表，Ratnaparkhi 利用华尔街日报语料进行训练和测试，语料使用情况如表 3-4 所示。

表 3-4　最大熵模型词性标注实验的数据集　　（单位：个）

数据集	句子数	词数	未登录词数
训练集	40000	962687	-
开发集	8000	192826	6107
测试集	5485	133805	3546

最大熵模型词性标注的正确率如表 3-5 所示。

表 3-5　最大熵模型的词性标注正确率　　（单位：百分比）

总体正确率	未登录词正确率	句子正确率
96.63	85.56	47.51

从标注正确率来看，最大熵模型与基于错误驱动和转换的标注模型的标注正确率基本持平，但由于最大熵模型给出了词性标注的概率信息，因此更容易整合到更大的以概率为基础的语言处理任务之中。然而，最大熵模型的训练时间和解码时间都较长，在 Ratnaparkhi（1996）的实验中，其报告的训练时间是 24 小时，而解码时间需要 1 小时，因此，从训练和标注的时间效率来看，最大熵模型具有较大缺陷。

另外一个应用较为普遍的判别模型是 CRF 模型，其代表是 Lafferty 等（2001）介绍的方法，同时 Lafferty 等还利用 CRF 模型进行词性标注，并与 HMM 模型和 MEMM 模型进行比较，实验采用的训练语料和测试语料均来自宾州树库，这些标注模型的准确率如表 3-6 所示。

表 3-6　不同标注模型的准确率比较　　　　　（单位：百分比）

标注模型	整体准确率	未登录词准确率
HMM 模型	94.31	54.01
MEMM	93.63	45.39
CRF	94.45	51.95

从对比实验可以看出，基于 CRF 模型的标注准确率要高于其他两种模型，并且由于 CRF 模型考虑了词语之间的互相联系，因此较最大熵模型更加符合语言实际情况，但因此也会增加计算的复杂度，使得参数训练时间更长，但在 Lafferty 等（2001）中并未具体给出训练和测试的时间。可以从利用 CRF 模型进行汉语词性标注的实验报告中获取有关信息，据姜维等（2006）报告，当利用 5 个月的《人民日报》语料（约 700 万词）训练 CRF 模型的参数时，大约需要 20 天的时间（这会受到模型训练参数的设置和机器性能的影响），这样长的一个训练周期是一般实用系统难以接受的。

词性自动标注任务可以分为两部分，一部分是兼类词的排歧问题，另一部分是未登录词的词性估计，这两部分问题都制约着标注模型的性能，而其中兼类词的排歧问题更为突出，因为未登录词中有一大部分是专有名词，例如人名、地名、机构名等，对于这些未登录词可以利用专门的专名识别系统单独进行识别，当这部分词被有效识别出来后，未登录词的规模会大大降低，因此，兼类词的词性排歧成为词性自动标注的主要任务。

此外，除了标注算法会对标注性能产生影响外，词性标注的性能还受到词类体系的合理性影响，如果词类体系自身存在较多模糊不清的地方，类与类之间的界限不够清晰，那么就很可能导致人工标注语料时的模糊与混乱，从而使得标注语料自身的不一致性增高，造成训练语料中存在较大的噪音，进而影响到模型的训练效果，降低模型的标注准确率。但这个难点并非模型算法所能解决的，而是需要从语言规律层面进行深入的研究分析。

第4章 词类属性调查

词类问题可以从两方面考察：一是词类体系；二是词性标注。所谓词类体系是指以某种原则和标准确定词类的整体框架，并确定每一具体词类的属性和特征，根据这些属性特征为一个静态词表中的词确定其应该归属的词类。所谓词性标注是指根据词性判定规则和词例所在语境特征，为具体语境中的每一个词例标注上词性的过程。词类体系是从分类框架、原则标准的角度考察词类问题，并不与具体语境发生直接关系，因此可以认为是静态条件下的词类工作；而词性标注则需要在词类标准的指导下，制定词性标注规则，依据具体语境的特征对具体的词例进行词性确认，与具体的语境直接相关，因此可以认为是动态环境下的词类工作。本章分别就静态和动态环境下的词类问题开展调查研究，静态环境下主要调查词类体系的整体面貌，各个词类的主要属性、分布等；动态环境下主要调查在真实语境下词性标注情况。本章以《语法信息词典》为参照，对汉语词类体系中的主要词类属性及分布情况进行调查。

4.1 调查目的及方法

汉语词类研究的一项重要工作是为既定词类①选择典型特征，使类与类之间能够较为清晰地区分开，进而为具体的词划定其应属的类别。当前汉语词类的主流做法是利用词的句法功能分布作为词类划分的依据，即类与

---

① 严格地从句法功能分布的分类思想看不应该有"既定词类"的存在，应该是在彻底考察每个词的句法功能分布之后，根据分布的异同确定可能词类。但目前绝大部分汉语词类工作中都是先有一个既定词类框架，总体上是与英语中的词类框架相对应，包括名词、动词、形容词等词类，不同的词类体系会做出一些微调，如是否单独为时间词设类、是否从形容词中分化出区别词等，但大的框架没有太大差异，然后为这个既定的框架寻找分类特征。详见第6章。

类之间的区别是句法功能分布的不同，在这个总原则下构建起汉语的词类体系。为了考察在这样的分类原则下的汉语词类情况，展开以下调查：

①词类体系的总体面貌；

②各个词类内部的兼类情况；

③各个词类间的相互兼类的情况；

④主要实词类的语法属性及其分布；

⑤各个实词类中另类词①的分布。

通过该项调查试图说明以下问题：

①现有词类体系的设定标准是否具有一致性；

②兼类词对现有词类体系的影响到底有多大；

③是否可以找到某种或某些语法属性能够彻底地区分出某一类词；

④同一词类的内部成员的语法属性是否具有较强的一致性；

⑤既定词类的依据是什么？词是如何被先验地划归到某一类或某几类的。

为开展以上调查工作，本书选取《语法信息词典》（2005 年版）为调查对象，该词典从词语的词法属性、句法功能属性等层面对汉语词进行详细描写，并采用关系数据库的形式予以记录。词典共有 32 个数据文件，总库 1 个，各类词库 23 个（叹词、象声词、非语素字没有另建库）。词典中的现代汉语词语共有 26 类。

在《语法信息词典》中对语素和词组进行了更加细致的分类，如语素分为名词性语素，其标记为 Ng，动词性语素为 Vg，这类标记的规则为：第一个大写字母是语素的类型，第二个小写字母 g 代表语素；词组也进行了细致分类，如名词性成语为 in，动词性习用语为 lv，这些标记的规则为：第一个字母是词组单位的类型，分为成语 i，习用语 l，简称略语 j，第二个字母是词组的句法功能类型，如 n 就是名词性，v 就是动词性。根据以上规则可以解析出细类标记符号的含义，此处不再给出所有细类标记的具体含义。

《语法信息词典》的词库共有 80163 个词条，词条按照词语+义项为计数单位，即同一个词形可能会有多个义项，而每个不同义项会对应不同词条，例如，"菠萝蜜"会有两个义项：①树；②果实。不同的义项会单独作为一个词条给予记录和描写。如果以不同的词形为统计单位，将多个义

---

① 另类词是指不具有所在类的部分或全部典型特征的词，例如形容词类内那些不能受"很"修饰的词。

项的同一个词形作为一个单位看待的话，词库共有 74252 个词形。

　　该词典的每一个子库中都列举了该子库所在词类的语法属性特征，并对每个词条的每个属性进行描写标记，例如，该词典使用 23 种属性对名词进行描写，这些属性包括数名、数量名、个体量词、主语、宾语、状语等，每个词对应的每个属性都有相应的属性值，如此构成了对词的语法属性描述。《语法信息词典》规定了填写的内容，且对于没有在规定内容范围内的属性值，以空表示，不填写具体值。例如"数名"的属性值是"能够直接受系数词修饰的填写 1……"，如果没有填写值，则表示不能够受系数词修饰；"数量名"的属性值是"不能够受数量短语修饰的填'否'"，如果为空，则表示能够受数量词修饰。表 4-1 是关于"包装"的词语属性示例。

表 4-1　　"包装"的词语属性示例

词语	全拼音	同形	义项	兼类	数名	数量名	主语	宾语	状语
包装	bao1zhuang1			v					

　　这个例子只从词典中描写名词的 23 种属性中选择了 8 种属性，词条是"包装"，其兼类属性是"v"，指"包装"还具有动词词性；"数名"属性是空，指"包装"不能直接受数词修饰；"数量名"属性是空，指"包装"能够受数量词组修饰；"主语"属性值是空，指其能够直接作主语；"宾语"属性值是空，指其能够直接作宾语；"状语"属性值是空，指该词不能加"地"作状语。有关各个词类属性和属性值的具体介绍请参见《现代汉语语法信息词典详解》（后文简称为《详解》）规格说明书。

4.2　词类及其兼类的总体分布

4.2.1　词类体系的总体概貌

　　在《语法信息词典》中按照切分单位的不同可以将词条分为三大部分：语素、词和词组，在词典中对这三种不同切分单位都进行了语法属性的描述，并且在分类上予以区分。表 4-2 是《语法信息词典》中不同切分单位的总体分布情况。

表 4-2　《语法信息词典》中不同切分单位的分布表

序号	切分单位	数目/个	占比/%
1	词	61878	77.19
2	词组	10865	13.55
3	语素	7420	9.26
总计		80163	100.00

为了对该体系有一个整体把握，对《语法信息词典》中所有切分单位的词类总体分布情况进行调查，得到如表4-3所示的数据。

表 4-3　《语法信息词典》中词类总体分布情况表

序号	词类	词条数/个	占总词数的比例/%
1	n	36988	46.14
2	v	15859	19.78
3	i	6518	8.13
4	l	3738	4.66
5	Ng	3628	4.53
6	a	3156	3.94
7	Vg	1463	1.83
8	d	1226	1.53
9	z	1125	1.40
10	x	1018	1.27
11	b	916	1.14
12	Ag	704	0.88
13	j	609	0.76
14	t	564	0.70
15	q	525	0.65
16	r	243	0.30
17	c	229	0.29
18	f	228	0.28
19	s	194	0.24
20	o	187	0.23
21	m	167	0.21
22	V	126	0.16
23	p	114	0.14

续表

序号	词类	词条数/个	占总词数的比例/%
24	Dg	87	0.11
25	e	72	0.09
26	y	57	0.07
27	w	52	0.06
28	Tg	51	0.06
29	k	43	0.05
30	u	42	0.05
31	A	41	0.05
32	N	36	0.04
33	Mg	28	0.03
34	Q	26	0.03
35	Bg	26	0.03
36	Rg	20	0.02
37	h	11	0.01
38	D	10	0.01
39	R	7	0.01
40	U	6	0.01
41	Qg	4	0.00
42	Y	3	0.00
43	Zg	3	0.00
44	Yg	2	0.00
45	Pg	2	0.00
46	E	2	0.00
47	C	2	0.00
48	P	1	0.00
49	Og	1	0.00
50	M	1	0.00
51	Fg	1	0.00
52	Cg	1	0.00
	总计	80163	100.00

注：①上表按照词条数的多少降序排列；②在《语法信息词典》中"V"与"Vg"都表示动词性语素，二者没有差别，但是在《语法信息词典》的总表中二者同时使用，本统计保持了数据库的原貌，未对这些没有区别的标记进行合并，类似情况发生在"C""Cg"等标记上。③表格中的百分比数据保留小数点后两位，多出部分四舍五入，因此累加值并非100%。

4.2.2 兼类词调查

1. 兼类词总体分布情况

兼类词[①]是语言工程中的排歧对象,因此在静态词典中调查兼类词的分布情况,对进一步探究兼类词问题有重要意义。表 4-4 是对《语法信息词典》中兼类词的总体分布情况的调查。

表 4-4　《语法信息词典》中兼类词总体分布表

总词形数/个	兼类词总数/个	兼类词占总词形数的比例/%
74252	3590	4.83

注:表中"总词形数"是指在《语法信息词典》中出现的不同的词形的总数,而非词条数(80163条),由于在《语法信息词典》中有时会根据词义或词类的不同而对同一个词形给出不同的词条,因此"总词形数"要少于词条数。

当以词形作为单位统计兼类词的分布比例时发现,兼类词只占到词典总词形数的不到 5%,说明在静态词典的范围内,兼类词的比例并不高,绝大部分词是单类词。

2. 各词类中兼类词的分布情况

为了考察现有词类体系下各个词类中兼类词的分布情况,我们以词类为单位进行兼类词的分布调查,结果如表 4-5 所示。

表 4-5　《语法信息词典》中各词类的兼类词分布表

序号	词类	词数/个	兼类词数/个	兼类词占本类词比例/%	兼类词占兼类词总数的比例/%	兼类词占总词数的比例/%
1	v	15859	1652	10.42	19.97	2.06
2	Ng	3628	1645	45.34	19.89	2.05
3	n	36988	1166	3.15	14.10	1.45
4	Vg	1463	749	51.20	9.06	0.93
5	a	3156	492	15.59	5.95	0.61
6	Ag	704	421	59.80	5.09	0.53
7	d	1226	410	33.44	4.96	0.51
8	q	525	338	64.38	4.09	0.42

①　关于兼类词有多种界定,常见的是分为狭义兼类和广义兼类,本书在使用"兼类词"时,如无特殊声明,则指同一个词形属于不止一种词类的情况。

续表

序号	词类	词数/个	兼类词数/个	兼类词占本类词比例/%	兼类词占兼类词总数的比例/%	兼类词占总词数的比例/%
9	x	1018	282	27.70	3.41	0.35
10	b	916	159	17.36	1.92	0.20
11	V	126	108	85.71	1.31	0.13
12	p	114	78	68.42	0.94	0.10
13	Dg	87	77	88.51	0.93	0.10
14	j	609	67	11.00	0.81	0.08
15	c	229	67	29.26	0.81	0.08
16	m	167	42	25.15	0.51	0.05
17	k	43	41	95.35	0.50	0.05
18	f	228	39	17.11	0.47	0.05
19	Tg	51	38	74.51	0.46	0.05
20	o	187	38	20.32	0.46	0.05
21	A	41	34	82.93	0.41	0.04
22	r	243	33	13.58	0.40	0.04
23	e	72	32	44.44	0.39	0.04
24	y	57	28	49.12	0.34	0.03
25	u	42	27	64.29	0.33	0.03
26	s	194	25	12.89	0.30	0.03
27	Q	26	23	88.46	0.28	0.03
28	N	36	22	61.11	0.27	0.03
29	Mg	28	20	71.43	0.24	0.02
30	Bg	26	18	69.23	0.22	0.02
31	Rg	20	17	85.00	0.21	0.02
32	i	6518	12	0.18	0.15	0.01
33	h	11	11	100.00	0.13	0.01
34	z	1125	11	0.98	0.13	0.01
35	D	10	9	90.00	0.11	0.01
36	l	3738	7	0.19	0.08	0.01
37	R	7	6	85.71	0.07	0.01
38	t	564	5	0.89	0.06	0.01
39	U	6	3	50.00	0.04	0.00
40	Qg	4	3	75.00	0.04	0.00

序号	词类	词数/个	兼类词数/个	兼类词占本类词比例/%	兼类词占兼类词总数的比例/%	兼类词占总词数的比例/%
41	Y	3	3	100.00	0.04	0.00
42	Zg	3	2	66.67	0.02	0.00
43	Yg	2	2	100.00	0.02	0.00
44	Pg	2	2	100.00	0.02	0.00
45	E	2	2	100.00	0.02	0.00
46	C	2	1	50.00	0.01	0.00
47	P	1	1	100.00	0.01	0.00
48	Og	1	1	100.00	0.01	0.00
49	M	1	1	100.00	0.01	0.00
50	Fg	1	1	100.00	0.01	0.00
51	w	52	0	0.00	0.00	0.00
52	Cg	1	0	0.00	0.00	0.00

注：按兼类词数降序排列。

为了清楚考察词类内部兼类词的分布情况，将表 4-5 按照词类内部兼类的比例重新进行排序，得到表 4-6。

表 4-6　《语法信息词典》中不含语素的词类兼类分布表

序号	词类	总词数/个	兼类词数/个	兼类词占本类词比例/%	兼类词占总词数的比例/%
1	p	114	78	68.42	0.11
2	q	525	338	64.38	0.46
3	u	42	27	64.29	0.04
4	y	57	28	49.12	0.04
5	e	72	32	44.44	0.04
6	d	1226	410	33.44	0.56
7	c	229	67	29.26	0.09
8	m	167	42	25.15	0.06
9	o	187	38	20.32	0.05
10	b	916	159	17.36	0.22
11	f	228	39	17.11	0.05
12	a	3156	492	15.59	0.68
13	r	243	33	13.58	0.05
14	s	194	25	12.89	0.03
15	j	609	67	11.00	0.09

序号	词类	总词数/个	兼类词数/个	兼类词占本类词比例/%	兼类词占总词数的比例/%
16	v	15859	1652	10.42	2.27
17	n	36988	1166	3.15	1.60
18	z	1125	11	0.98	0.02
19	t	564	5	0.89	0.01
20	l	3738	7	0.19	0.01
21	i	6518	12	0.18	0.02
总计		72757	4728	——	6.50

注：词类内部兼类比例降序排列。

统计数据讨论如下。

①主要的兼类词类：动词、名词、形容词、副词、量词、区别词的兼类词数排在前列，是主要的兼类词类。

②内部兼类比例较高的词类：介词、量词、助词、语气词、叹词、副词、连词等词类内部的兼类比例较大。

③内部兼类比例较低的词类：成语、习语、时间词、状态词等内部兼类程度较低。

4.2.3　兼类类型分布

为了更全面地考察兼类类型的分布情况，我们从"全兼类"和"两两兼类"两种不同的角度进行调查。以"根本"为例解释"全兼类"与"两两兼类"。"根本"在《语法信息词典》中有 3 种词类标记，分别为"a、d、n"，那么"全兼类"就将"a-d-n"（兼类类型按照字母升序排列）作为一种兼类类型对待，而"两两兼类"就会有"a-d""d-n""a-n"（兼类类型按照字母升序排列）三种不同兼类类型。从全兼类的统计结果可以观察到所有可能的兼类类型，而从两两兼类则可以更方便地观察各个词类之间的兼类并存关系。

1. 全兼类分布统计

《语法信息词典》中全兼类的兼类类型总数共计 571 种，兼类词总数 3590 个。表4-7 给出了兼类词数占兼类词总数的比例大于1%的兼类类型，共计 15 类，兼类词数 2154 个，占兼类总词数的60%。

表 4-7　《语法信息词典》中全兼类分布统计表

序号	兼类类型	兼类词数/个	兼类词占兼类词总数的比例/%
1	n-v	644	17.94
2	Ng-Vg	313	8.72
3	Ng-v	220	6.13
4	a-v	195	5.43
5	Ag-Ng	145	4.04
6	b-d	107	2.98
7	Ng-x	85	2.37
8	a-n	80	2.23
9	Ng-q	80	2.23
10	d-n	56	1.56
11	n-q	51	1.42
12	Ng-n	47	1.31
13	Ag-Ng-Vg	46	1.28
14	Ag-Vg	46	1.28
15	Ng-a	39	1.09
15 类合计		2154	60.00
其余合计		1436	40.00
总计		3590	100.00

2. 两两兼类类型分布统计

《语法信息词典》中两两兼类类型共计 381 种，6197 个词，表 4-8 给出了兼类词数占兼类词总数的比例高于 1% 的兼类类型，共计 21 类，兼类词数 4082 个，占兼类总词数的 65.87%。

表 4-8　《语法信息词典》中两两兼类分布统计表

序号	兼类类型	兼类词数/个	兼类词数占兼类词总数的比例/%
1	n-v	743	11.99
2	Ng-Vg	525	8.47
3	Ng-v	480	7.75
4	Ag-Ng	285	4.60
5	a-v	268	4.32
6	Ng-q	205	3.31

续表

序号	兼类类型	兼类词数/个	兼类词数占兼类词总数的比例/%
7	Ng-n	162	2.61
8	Ng-x	150	2.42
9	Ng-a	135	2.18
10	Ag-Vg	125	2.02
11	q-v	123	1.98
12	b-d	117	1.89
13	a-n	111	1.79
14	n-q	109	1.76
15	Ng-d	97	1.57
16	d-v	87	1.40
17	Vg-v	81	1.31
18	d-n	75	1.21
19	Vg-n	74	1.19
20	v-x	67	1.08
21	p-v	63	1.02
21 类合计		4082	65.87
其余合计		2115	34.13
总计		6197	100.00

3. 两两兼类类型的分类

在《语法信息词典》中，根据兼类类型中兼类词的语法单位大小不同对兼类类型进行了分类，其中"词兼类"是指兼类双方皆为词，如"n 与 v 兼类"；"语素兼类"是指兼类双方中（至少）有一方为语素，如"Ng 与 a""Ag-Ng"兼类；"词组兼类"是指兼类双方中不含语素，且有一方为词组，如"j 与 n"兼类[①]，具体数据如表 4-9 所示。

---

① 由于 n（名词）与 j（简称略语）是不同分类体系下的分类结果，n 是语法功能的分类，j 是构词单位的分类，二者并不在同一个平面上，因此从理论上不可能兼类。由于《语法信息词典》将语法功能与构词单位同时作为分类的标准，并且共享同一套符号标记体系，因此造成了像 n 与 j 兼类这样的在理论上不可能兼类的发生，对于这些兼类类型我们并未做干预，而是按照原貌进行统计。

表 4-9　《语法信息词典》中两两兼类类型分类表（以语法单位为标准）

序号	语法单位	兼类 单位数/个	兼类单位数占总兼 类单位数的比例/%	兼类 类型数/个	兼类类型数占总兼 类类型数的比例/%
1	词兼类	2175	35.10	97	25.46
2	语素兼类	3964	63.97	268	70.34
3	词组兼类	58	0.94	16	4.20
	总计	6197	100.00	381	100.00

统计数据讨论如下。

①全兼类共有 571 种，两两兼类共有 381 种，说明兼类类型十分丰富，兼类词语的类型分布及其语法属性十分复杂。

②语素造成的兼类类型占到总兼类类型的 70% 强，其兼类词数占到总兼类词数的近三分之二，说明语素是造成《语法信息词典》中兼类的一个主要原因。

4.3　主要词类属性调查

本节将报告主要实词类，名词、动词、形容词、副词、区别词等词类的属性分布情况，并根据各个词类定义中的主要属性特征分析典型词与非典型词在各个词类中的分布情况。

调查中除了对各词类的典型语法属性进行单项统计外，还对某些联合属性进行了调查，例如在名词类中，调查了"既不能受数量词组修饰，也不能作主语和宾语"的情况，联合属性调查更能反映出语法属性对于词类的区分能力，并发现那些不具有典型属性但被归入该类的另类词。

4.3.1　名词属性调查

《语法信息词典》中共使用 23 种语法属性对名词进行描写，这里只给出"能否作主语""能否作宾语""能否作状语"以及"既不受数量词修饰，也不能作主语和宾语"的调查结果，对于像"是否具有数量名结构"这样的属性，并非名词类的区别特征，因此没有在此列出。具体情况详见表 4-10、表 4-11、表 4-12 所示。

1. 能否作主语

表 4-10　名词能否作主语的属性分布表

词语属性	可否	频数/个	比例/%	例词							
主语	可	35487	96.54	阿爸	阿伯丁	阿迪达斯	阿弟	阿爹	阿斗	阿尔卑斯	阿尔萨斯
主语	定	957	2.60	哀思	爱称	岸	案卷	把式	把势	败绩	班
主语	否	318	0.87	氨基	薄暮	保甲	表率	不惑	部标	草芥	草莽

说明：①《语法信息词典》中对本属性标注的说明，名词若不能作主语，填"否"，如"地步、歧途、肺腑"等；若必须有定语修饰才能作主语，如"时期、地区"虽然本身不能作主语，但可以说"战争时期条件很艰苦""有些地区条件很好"，本字段就填"定"；否则不填，如"人、书包"。②表 4-10 中的"可"对应于《语法信息词典》中不填的词，即可以直接作主语的词。

2. 能否作宾语

表 4-11　名词能否作宾语的属性分布表

词语属性	可否	频数/个	比例/%	例词							
宾语	可	35872	97.59	阿爸	阿伯丁	阿迪达斯	阿弟	阿爹	阿斗	阿尔卑斯	阿尔萨斯
宾语	定	712	1.94	爱妻	安危	败绩	版	邦交	膀臂	保健法	报告会
宾语	否	174	0.47	百花	薄暮	兵火	兵戎	层状	出手	垂暮	丛莽

说明：①《语法信息词典》中对本属性标注的说明，名词若不能作宾语，填"否"，如"步履、年事"；若必须有定语修饰才能作宾语，如"本身、单元、方面"等虽然本身不能作宾语，但可以说"不要只局限于问题本身""他住三单元""兼顾各个方面"，本字段就填"定"；若可以直接作宾语，如"桌子、人、学问"等，不填。②表 4-11 中的"可"对应于《语法信息词典》中的不填的词，即可以直接作宾语的词。

3. 能否作状语

表 4-12　名词能否作状语的属性分布表

词语属性	可否	频数/个	比例/%	例词							
状语	否	36692	99.82	阿爸	阿伯丁	阿迪达斯	阿弟	阿爹	阿斗	阿尔卑斯	阿尔萨斯
状语	状	65	0.18	超前性	纯文学	粗线条	单线	定点	定量	独创性	高标准

说明：①《语法信息词典》中对本属性标注的说明，名词加"地"后可以作状语，比如对于"历史地看问题""本能地躲避""片断地记录了一些内容"中的"历史、本能、片断"，本字段就填"状"；否则不填，如"马、水"。②表 4-12 中的"否"对应于《语法信息词典》中的不填的词，即不可以加"地"后作状语的词。③作状语并非名词的典型句法功能，因此能够作状语的名词与其他名词的属性具有一定的差异性，故单独对该属性进行统计调查。

4. 既不受数量词修饰又不作主宾语

这类词共计 38 个，基本不具备名词定义中所应具有的典型特征，属于名词内部的另类词。这类词具体是：高层、表面性、吉庆、毁灭性、航天、海拔、广义、共享性、老年性、膏腴、特异质、否定性、多方面、垂暮、层状、财务、薄暮、表演性、供求、河滨、重奏、硬质、压卷、五常、特功、双语、双百、口头、话务、工读、国贸、丛莽、职业性、阵挛性、游艺、庸俗性、易碎性、耄耋。

4.3.2　形容词属性调查

《语法信息词典》共使用 29 种语法属性来描写"形容词"的语法特征，表 4-13、表 4-14 列出 2 种独立的形容词的属性特征的分布情况，表 4-15、表 4-16 列出 2 种联合的属性特征的分布情况。

1. 能否受"不"修饰

表 4-13　形容词能否受"不"修饰的属性分布表

词语属性	可否	频数/个	比例/%	例词								
不	可	2948	93.86	啰唆	哀愁	哀怨	哀戚	哀伤	哀痛	哀怨	矮	矮小	碍事
不	否	193	6.14	安好	安康	磅礴	抱歉	不安	不便	不错	不当	不道德	不得劲

说明：①《语法信息词典》中对本属性标注的说明，形容词一般都能受"不"修饰，如"不白""不聪明""不干净"等；"不苍白"比较少用，但"一点也不苍白"在一定语境下可以出现，因此，该词典仍认为"苍白"能够受"不"修饰，本字段不填。当然，也有些形容词确实不能受"不"修饰，如不能说"不微小""不无情""不荣幸"，对于这些词，本字段就填"否"。②表4-13中的"可"对应于《语法信息词典》中的不填的词，即可以受"不"修饰。

2. 能否受"很"修饰

表4-14　形容词能否受"很"修饰的属性分布表

词语属性	可否	频数/个	比例/%	例词									
很	可	3096	98.57	啰唆	哀愁	哀怒	哀戚	哀伤	哀痛	哀怨	矮	矮小	碍事
很	否	45	1.43	安好	安康	不良	苍郁	长足	绰约	繁多	寒湿	浩渺	急骤

说明：①《语法信息词典》中对本属性标注的说明，不能受"很"修饰，填"否"，如"繁多、凛冽"；能受"很"修饰的，如"很多""很聪明""很可爱""很干脆""很孤独"等，"多、聪明、可爱、干脆、孤独"的本字段不填。②表4-14中的"可"对应于《语法信息词典》中的不填的词，即可以受"很"修饰。

3. 既不能受"不"也不能受"很"修饰的形容词

表4-15　形容词既不能受"不"也不能受"很"修饰的属性分布表

词语属性	频数/个	比例/%	例词					
形容词不能受"不、很"修饰	27	0.86	安好	安康	不良	绰约	繁多	寒湿

4. 既不能受"不、很"修饰，也不能作定语的形容词

表4-16　形容词既不能受"不、很"修饰，也不能作定语的属性分布表

词语属性	频数/个	比例/%	例词					
形容词不能受"不、很"修饰也不能作定语	17	0.54	安好	安康	绰约	繁多	急骤	急遽

这 17 个形容词的语法属性与形容词定义的语法属性差距最大,它们既不能受"不、很"修饰,也不能作定语,基本上不具备形容词定义中的基本特征。

4.3.3　动词属性调查

《语法信息词典》中共使用 121 种语法属性来描写动词的语法特征,表 4-17、表 4-18 只给出动词的 2 种联合属性的调查结果,从中可以较为清晰地看到非典型动词的分布情况。

1. 既不受"不"也不受"没"修饰

表 4-17　动词既不受"不"也不受"没"修饰的属性分布表

词语属性	频数/个	比例/%	例词					
动词既不受"不",也不受"没"修饰	1384	8.73	跋涉	笔答	必胜	辨义	濒死	不齿　不得

2. 既不受"不、没"修饰也不带宾语

表 4-18　动词既不受"不、没"修饰也不带宾语的属性分布表

词语属性	频数/个	比例/%	例词					
动词既不受"不、没"修饰也不带宾语	695	4.38	安乐死	安身	安神	安息	暗喜	昂首

4.3.4　区别词属性调查

《语法信息词典》中区别词的属性调查情况如表 4-19 和表 4-20 所示。

1. 是否兼类

表 4-19　区别词是否兼类的属性分布表

是否兼类	兼类词性	频数/个	比例/%	例词				
兼类	d	120	13.10	半自动	报复性	本来	毕生	长期　超负荷

2. 是否作主宾语

表 4-20　区别词是否作主宾语的属性分布表

词语属性	可否	频数/个	比例/%	例词				
主宾	可	526	57.42	阿拉伯式	暗黑	暗灰	暗绿	白领	白热
主宾	否	390	42.58	半封建	保洁	保育	饱学	北洋	毕生

说明：①《语法信息词典》中对本属性标注的说明，区别词在一定条件下，如在包含对举格式的句子里，可以作主语或宾语。如：对"彩色比黑白贵""急性好治，慢性不好治"等例句中的"彩色、黑白、急性、慢性"，本字段均不填。完全不能作主语或宾语，填"否"，如"公共、盥洗"。②表 4-20 中的"可"对应于《语法信息词典》中的不填的词，即可以"作主宾语"的词。

4.3.5　副词属性调查

在《语法信息词典》中副词属性调查从"是否兼类""能否修饰名词""能否修饰数量词"三个方面来考察，具体情况详见表 4-21、表 4-22 和表 4-23。

1. 是否兼类

表 4-21　副词是否兼类的属性分布表

是否兼类	兼类词性	频数/个	比例/%	例词				
兼类	a	27	2.21	臭	粗	分明	干脆	
兼类	b	104	8.50	半自动	本来	毕生	长期	成批	成心
兼类	c	19	1.55	诚然	果然	果真		
兼类	n	59	4.82	必然	大概	大略	大体	

2. 能否修饰名词

表 4-22　副词是否修饰名词的属性分布表

词语属性	可否	频数/个	比例/%	例词				
修饰名词	否	1184	96.81	挨次	挨个	挨个儿	挨门挨户	按价
修饰名词	可	40	3.27	不仅仅	大半	单	单单	但凡

说明：①《语法信息词典》中对本属性标注的说明，有一类范围副词可以直接修饰名词，指明它后面的词语的范围，如"就班长一个人"中的

"就"把范围限制在"班长一个人"，同样，"这件事仅仅小李知道"中的"仅仅"也是修饰"小李"的。那么，对于"就、仅仅"，本字段填"可"；否则不填，如"竟然、竭力"等。②表 4-22 中的"否"对应于《语法信息词典》中的不填的词，即不可以"修饰名词"的词。

3. 能否修饰数量词

表 4-23　副词是否修饰数量词的属性分布表

词语属性	可否	频数/个	比例/%	例词				
修饰数量词	否	1072	87.65	挨次	挨个	挨个儿	挨门挨户	按价	按理
修饰数量词	可	153	12.51	八成	本当	本该	本来	毕竟	必得

说明：①《语法信息词典》中对本属性标注的说明，可以直接修饰数量结构，填"可"，如"已经三年了""再一次""才两岁""将近十年""又一次"等例子中的"已经、再、才、将近、又"；否则不填，如"连忙、刻意"等。②表 4-23 中的"否"对应于《语法信息词典》中的不填的词，即不可以"修饰数量词"的词。

4.4　另类词分布统计

从以上调查可以初步看出，尽管在词类体系中为各个词类给出了划分标准和区别特征，但是在词典中各类词内部都存在一部分词并不具有所在类的典型特征的情况，这类词被称作"另类词"。由于另类词的语法特点与现有各词类的主要语法特点不同，因此调查另类词的分布及其语法特点，有助于更加全面地把握汉语词的语法分布特点。表 4-24 给出了《语法信息词典》中主要实词类中不具有本类典型语法特征的另类词的分布情况。

表 4-24　《语法信息词典》中主要实词类中的另类词分布表①

序号	词类	词类属性	该属性词数/个	总词数/个	比例/%
1	名词	名词不作主宾语	42	36988	0.11
2		名词既不受数量词修饰又不作主宾语	38	36988	0.1

---

① 本表中给出的另类词的主要属性都来自《语法信息词典》中有关各个词类的属性描述，而某些确属某些词的"另类"属性，但是由于没有被《语法信息词典》收录，我们在此没有列举。例如"很、极"作为副词，还能够充当补语，这种"另类"属性并没有出现在《语法信息词典》中，因此也没有出现在本表的统计中。此外，本表中的"另类"属性，是指某些词具有与该类大多数词不一样的属性，即非典型属性，例如"受'不、没'修饰"是绝大多数动词的属性，而某些动词并不具有该属性，因此称其为"另类词"，但并不等于这类词不具有动词的其他属性，如"作谓语""受状语修饰"等。

续表

序号	词类	词类属性	该属性词数/个	总词数/个	比例/%
3	动词	动词不受"不、没"修饰	1384	15859	8.37
4		动词既不受"不、没"修饰也不带宾语	695	15859	4.38
5	形容词	形容词不能受"不、很"修饰	27	3156	0.86
6		形容词不能受"不、很"修饰也不能作定语	17	3156	0.54
7	区别词	区别词可作主宾语	526	916	57.42
8	副词	副词可修饰名词	40	1226	3.26

　　另类词的存在与多种因素有关，第 6 章将结合词性标注调查结果一并进行分析。

第5章　词性标注调查

词类调查的另一个主要方面是在语料中考察词性标注情况，考察如何将词类标准贯彻到具体词例的词性标注上，进而发现词性标注以及词类体系中可能存在的问题，找到制约汉语词类问题研究的一些可能因素。

5.1　相关术语及定义

为了能够在分析词类问题时规范一致地使用术语，不产生歧义，本书对一些相关的术语给出以下定义，这些定义参考语言学研究中的主流观点并结合本研究的实际需求和目的而制定。为了明确定义内容，使用以下两段文本（语料 A 和语料 B）为例对定义进行解释说明，这两段文本选自《人民日报》语料，编号为 20000106-09-001-009（A）和 20000107-04-013-011（B），内容如下。

语料 A: 共产党人/n 的/ud 理想/n 信念/n ，/wd 不/d 是/vl 空洞/a 的/ud 说教/vn ，/wd 必须/d 体现/v 在/p 行动/vn ，/wd 体现/v 在/p 能否/v 经得起/v 执政/vi 的/ud 考验/vn 、/wu 改革/v 开放/v 的/ud 考验/vn 和/c 权力/n 、/wu 金钱/n、/wu 美色/n 的/ud 考验/vn 。/wj

语料 B: 这/rz 是/vl 继/Vg 1985 年/t 发现/v 南极/ns 臭氧/n 空洞/n 以来/f 的/ud 又/d 一/m 重大/a 发现/vn ，/wd 引起/v 全球/n 科学家/n 的/ud 广泛/a 关注/vn 。/wj

以上面两段语料为例，对相关概念说明如下。

①字符（**Character**）：是指对应唯一机器内码的符号，字符包括字母、数字、汉字、标记符号等，例如，文本中的"n""5""/""共""，"等都是字符，空格、制表符、换行符等文本编辑符号也都是字符。

②字符串（**String**）：是指由字符拼接而成的串，如"共产""共产党

人""共产党人/n 的/ud"等都是字符串。

③**词例（Token）**：是指文本中出现的被分隔符（《人民日报》语料中是空格）分开的且不包含标注内容的字符串，每一个字符串是一个词例。在《人民日报》语料中，标注内容包括"/"及其后的词性标记、多音字的注音、专有名称的标注等内容。语料 A 有 36 个词例，语料 B 有 22 个词例。本定义中的"词例"对应于朱德熙等（1961）定义的"个体词"。

④**词形（Word Form）**：也称为词型（Type），是指文本中出现的被分隔符（《人民日报》语料中是空格）分开且不包含标注内容的字符串，相同的字符串是同一个词形。词形的判断只与字符串的物理形式有关，而与意义无关，只要是形式相同的字符串就记为同一个词形。例如，例文中共出现 7 个"的"，这 7 个"的"是同一个字符串，因此记为同一个词形；例文中还出现了 2 个"空洞"，尽管语料 A 中的"空洞"与语料 B 中的"空洞"的词性不同，词义也不同，但是字符串的形式相同，因此仍记为同一个词形。例文中共出现 40 个词形。

⑤**词频（Word Frequency）**：是指文本中不同词形的出现频数。例文中词频高于 1 的词形及词频如表 5-1 所示。

表 5-1　例文中词频高于 1 的词形表　　　　（单位：个）

词形	词频
的	7
，	4
、	3
考验	3
在	2
空洞	2
体现	2
发现	2
是	2

⑥**词**：是指在现代汉语层面核心意义相同的词例的集合。词是一个抽象概念，其具体实例体现为文本中具体的词例。语料 A 中，出现了 3 个"考验"，这 3 个"考验"具有同一个核心意义，因此同属于词"考验"；语料 B 中还出现了 2 个"发现"，其中第一个"发现"被标注为 v，表示动作义，第二个被标注为 vn，表示对动作的指称义，尽管在具体意义上有差

别，但在核心词义上没有区别，因此属于同一个词"发现"；例文中还出现了 2 个"空洞"，其中语料 A 中的"空洞"表示缺乏实际内容的、空泛的，语料 B 中的"空洞"表示一种自然界的物理现象，二者在现代汉语这个层面没有明显联系，因此分属两个不同的词，可记为"空洞 1"和"空洞 2"。本定义的"词"对应于朱德熙等（1961）定义的"概括词"。例文中共有 41 个词,比词形数多一个,因为同一个词形"空洞"由于词义不同,而被记为 2 个词。

⑦**词条**：是指在词典中的每一个条目。同一个词形如果具有不同的词义会被分列为不同的条目。例如，在《语法信息词典》中，同一个词形"菠萝蜜"因为具有两个词义，一个指树，另一个指果实，而被列为两个词条。

⑧**语境**：指词例所在的上下文环境，上下文的窗口大小可以根据需要取不同的长度。例如，例文中"理想/n"的前后两个词例的语境是："共产党人/n""的/ud""信念/n""，/wd"。

⑨**抽象语义**：与语法意义相当，特指较具体词汇义更为抽象的意义，一般包括：事物义、动作义、性质义等。

⑩**属性**：指与词相关的语法、语义、语用等层面的性质。例如，是否作主语、是否受"很"修饰、是否表示动作义、是否表示修饰义等，这些都被称为属性，词的功能可以通过由多种属性构成的框架进行描写。

⑪**属性值**：指与词相关的语法、语义、语用等层面的性质取值。例如，可以作主语、不能受"很"修饰、表示动作义、不表示修饰义等，这些都被称为属性值，对词的属性描述是通过为词的每一个属性确定属性值实现的。

⑫**语义关系**：指同一个词形的不同词例的语义之间的关系，主要有同形异质、多语义侧面、隐喻与同义等关系类型。

⑬**同形异质关系**：指在现代汉语层面词形相同，但核心词义不同的一组词的语义关系。例如，词形"空洞"的部分词例表示"无实际内容的，空泛的"意义，而另一部分词例则表示"自然界的一种物理现象"意义，两部分"空洞"词例的词义在现代汉语层面已经难以看到任何联系，因此称这两种词义之间是同形异质关系.具有类似语义关系的词还有"制服 歹徒"和"身穿 制服"中的"制服""仪表 堂堂"和"仪器 仪表"中的"仪表"等。为方便起见，称具有同形异质关系的词为同形异质词。

⑭**多语义侧面关系**：指同一个词形的词例具有两种或更多的抽象语义，这些抽象语义之间具有内在的联系。例如，"参谋"有动作义和指称人的词义，二者之间具有行为和行为主体的语义关系，此类词还有"导游、

助理、教练"等。又如"锁、犁、锉"等有工具和行为的不同抽象语义，"报告、协议、声明"等有行为和内容的不同抽象语义。具有多语义侧面关系的词称为多语义侧面词。

⑮**隐喻关系**：是指同一个词形的核心语义相同，而不同词例的语义之间具有隐喻、引申、泛化等关系，例如"材料、上台、红"等。

⑯**同义关系**：是指同一个词形的不同词例具有相同词义的语义关系，如"长期、共同、并排"等。

⑰**语法功能**：也称为"句法功能""句法成分""句法角色"等，指词在句法结构里所能占据的语法位置，主要位置包括主语、谓语、定语、状语、补语、动词宾语、介词宾语、定中结构中心语、状中结构中心语、"的"字结构中心语等。主要语法成分的编码如下。

s：主语；p：谓语；vb：动词宾语；jb：介词宾语；d：定语；z：状语；　c：补语；dz：定语中心语；zz：状语中心语；fz："的"字结构中心语；v+b：带宾语的动词；j+b：带宾语的介词；l：连接功能。

竖线"|"表示"或"，被"|"分开的句法特征标记是指在当前语境下兼有多种可能的语法功能，例如，s|d 表示既可能是主语，也可能是定语。

⑱**标示**：为了区别于语料加工中的"标注"，本书将词类调查中的标注工作，如标注词的语义关系类型，标注词例的词性判断是否欠据等均称为"标示"。

5.2　语料标注调查的必要性

第 4 章讨论过，汉语在静态条件下区分不同词类之间的标准是类与类之间的区别特征，只要两个词之间具有某种类之间的区别特征，那么它们就分属不同的词类，而不论它们在其他句法功能方面有多少相同或相似的地方。这里以"打仗"与"战争"的词类判定为例具体解释，二者有以下用例，如表 5-2 所示。

表5-2　"打仗"与"战争"的用例

"打仗"用例	"战争"用例
（1）打仗 很 残酷	（1`）战争 很 残酷
（2）我们 憎恨 打仗	（2`）我们 憎恨 战争
（3）我们 没有 打仗 经历	（3`）我们 没有 战争 经历

续表

"打仗" 用例	"战争" 用例
（4）我们 打仗	（4`）*我们 战争
（5）*三场 打仗	（5`）三场 战争
（6）不 打仗 就 好 了	（6`）*不 战争 就 好 了

注：用例前加 "*" 表示该用例不合语法，下同。

从以上用例可以初步得出二者的语法属性分布，如表 5-3 所示。

表 5-3　　"打仗" 与 "战争" 的语法属性分布表

	主语	宾语	定语	谓语核心词	受 "不" 修饰	受数量词修饰
打仗	+	+	+	+	+	−
战争	+	+	+	−	−	+

从属性分布可以看出 "打仗" 与 "战争" 具有多种相同的语法属性，只在能否受 "不" 修饰、能否受 "数量词" 修饰和是否作谓语核心词上具有不同的分布特征，而这三项语法属性是名词与动词之间的区别属性，即只要两个词在这两个属性上对立分布，那么就可以将其区分成不同的词类。

这种依据区别特征的分类方法有其优越性，集中体现在可操作性强，弥补了意义判别中不易操作的缺陷，使得词类判定获得较为明显的形式标准。但为词划定类别并不等同于为语境中的词例标注词性，这种分类方法存在局限性，主要表现在：此种方法的分类对象是词而非词例，其分类结果表现为带有词类信息的词典，词典中的词类信息是针对词的，而非词例。当要为语境中的词例标注词性时，首先要从语义上证明语境中的词例与词典中的某个具体词具有语义同一性，在同一性基础上，如果词典中的词只属于一种词类，那么该词对应的语境中的词例就只有一种词性，但实际语言中有大量兼类词存在，对于兼类词就必须要进一步考察词例所在的语境，根据语境提供的语法功能信息为其确定词性。过往大多数词类研究都集中于如何找到一个合适的形式标准为词归类，这些标准包括词的句法功能分布、词的表述功能、词的典型性等。研究的最终结果是得到一份带有词类标记的词表，词表中的每个词都根据划类标准被划入相应词类，如 "打仗" 被划入动词类，"战争" 被划入名词类。这样的研究是有意义的，但是对于语言工程而言还不够，因为语言工程不仅要求有一份带有词类标记的词表，同时，还要将词表中的词类落实到词例身上，为真实语料中的每个词例标注上词性，由于词表中存在同一个词形属于不止一个词类的现象，这就必须在具体语境中进行词性排歧工作。

为了进行这项工作，必须考察清楚汉语中是如何确定词例的词性，这类问题属于词类研究的另一个大的方面，即语境中的词性标注问题。过往的研究中，由于缺少大规模标注的语料资源以及调查手段，因此较少顾及这类问题，也没有很全面深入的调查分析，但词性标注问题是词类问题的核心所在，不搞清楚具体语境中词例的词性标注情况，就无法彻底剖析词类问题。因为，对于汉语而言，词例的词性是否能够通过语境特征确定，换句话说，词类这个语法范畴是否在词例身上得到表达和体现，我们对此并没有清楚的认识。事实上，只有当词类的语法范畴在词例身上得到表达，才能够有依据地为词例确定词性。这种表达不仅局限于词形本身的特点，如词的构词特征与构形特征等，还可以是语句中词语之间的组合类型与组合关系，词语在语句中的句法功能等，这些特征都作为判定词性的形式特征。因此，利用较大规模的标注语料，考察标注语料中词例的标注情况，尤其是兼类词的词性标注情况[①]，将有助于全面了解汉语词类范畴是否得到表达的问题，进而对汉语的词类体系有更加深入的认识。

5.3　词性标注的调查原则

为了更加明确地开展调查，对一些概念与调查原则做以下说明。

5.3.1　标注失误与标注不一致

本书在调查中区分标注失误与标注不一致的情况。所谓标注失误是指由于标注者的疏忽或其他偶然因素而造成标注错误的情况。

例句（1）：ST/nx 板块/n 及/c 预期/v 年报/n 差/n 的/ud 股票/n 遭到/v 抛售/vn 。/wj

此句中"差"被标注为名词，而稍微考察语境特征，"差"在这里作谓语，表示性质义，可以说"预期年报很差的股票"，且其他类似语境中都被标为了形容词，因此此处属于标注失误。

---

① 目前暂不考虑单类词，因为对于单类词而言，在词性判断上可以通过查词典的方式进行，不需要词性排歧，尽管单类词的分布也有可能不符合所在词类的分类标准，以及语境中没有给出词类的明确表达形式等问题。

例句（2）：从/p 清/a 孤/Ag 简/Ag 疏/Ag 的/ud 线条/n 中/f 我们/rr 似乎/d 可以/vu 看出/v 画家/n 辛苦/ad 遭逢/v 的/ud 一/m 抹/qc 淡/a 痕/Ng ，/wd 但/c 在/p 纯净/v 清明/t 的/ud 整体/n 画境/n 中/f 我们/rr 又/d 难以/d 找到/v 那种/rz 苦苦艾艾/z 的/ud 印迹/n 。/wj

此句中"清明"被标注为时间词，但从语境可以明显看出"清明"与"纯净"并列，共同修饰"画境"，表示性质义，应该标注为形容词 a，此外，"纯净"此处也并非动词，也应该是形容词。

诸如此类的标注问题，都将其称作"标注失误"，本书并不十分关心标注失误的情况，因为这些失误是偶然因素造成的，与调查目的关系不大，但也在语料标注中将其标示出来，在一定程度上也能帮助考察语料本身的标注质量。

标注不一致是指在同样或类似的语境中，同一个词被标注为不同的词性，而不同的词性都具有其合理性，没有足够的证据证明到底哪一种标注结果是正确或是错误的。

例句（3）：和平/a 稳定/a 是/vl 经济/n 发展/v 的/ud 基本/a 前提/n 。/wj

例句（4）：发展/v 是/vl 目的/n ，/wd 稳定/v 是/vl 前提/n

例句（5）：反复/d 强调/v 一个/mq 道理/n ，/wd 稳定/v 是/vl 政治/n ，/wd

在以上例句中，"稳定"都是作主语，谓语动词是"是"，但是例句（3）中被标注为形容词，例句（4）与例句（5）中被标注为动词，我们并不能够从语境中找到其标注的根据，甚至也无法通过语感为其加入一些判定条件来决定其词性，例如看能否加入"很"、能否接宾语来判断其词性。

标注不一致是调查关心的现象，因为它能够帮助考察语境中的词例是否具有足够的特征来辅助判断它的词性，具体讲，如果某个词的词例存在标注不一致的情况，就能在一定程度上说明标注者在确认该词的词例的词性时存在困难，导致不一致的发生，而之所以出现困难很可能就是因为缺少明确的语境特征以供词性判断，从而使得标注具有随意性，进而产生标注不一致。

5.3.2　词性有据与词性欠据

词性调查区分了词性有据与词性欠据。

所谓词性有据是指同一个词形属于不止一种词类，在具体的语境中，可以通过考察具体语境特征，唯一地确认该词的词例词性。

例句（6）：非洲/ns 国家/n 为/p 解决/v 争端/n 和/c 稳定/v 政局/n 作出/v 了/ul 积极/a 努力/an

在词典中"稳定"分别属于动词和形容词两个不同词类，此语境中，由于"稳定"后带宾语，具有明显的动词词类特征，因此可以确认其动词词性，而排除其形容词词性的可能。这种情况称为词性有据，其特点是可以通过考察语境特征，从不止一种的词性中确定唯一正确的词性。

所谓词性欠据是指同一个词形属于不止一种词类，而在具体的语境中，由于缺乏判定词性的区别性特征，因此无法唯一地确认词例的词性。例如例句（4）中，"稳定"同样具有两种词性可能，但是在该句中没有足够的语法证据来确定"稳定"到底是动词性，还是形容词性，因为根据词类定义和词性的标注规范，只有当"稳定"带有宾语时，才能判定其动词性，当"稳定"受"很"修饰，或作定语，或作补语时才能判定其形容词性，而例句（4）的语境中的"稳定"不具有以上任何一项语法特征，因此称其为词性判定欠据。

汉语词性判定中会使用语法特征与语义特征来共同判定词性，因此将词性判定欠据分为两个层面，一个是语法欠据，另外一个是语义欠据。语法欠据是指根据词类定义、词性判定规则等不能够唯一确定词性的情况，具体判定方法下节给予详细描述。

例句（7）：应该/vu 满足/v 居民/n 对/p 生活/vi 便利/v 的/ud 需要/n

上句中的"便利"充当谓语成分，并且没有带宾语，由于动词与形容词都可以充当谓语，因此从语法特征上无法判定"便利"的词性，因此称之为语法欠据。但是从语义上看，该句中的"便利"更倾向于指"生活"的一种状态性质，是形容词的语义特征，因此"便利"的词性判断虽然语法欠据，但是在语义上可以找到判定词性的依据。

语义欠据是指在判定词性时，不仅缺乏语法特征的支持，并且从语义上也难以区分出不同的语义，进而无法以语义为依据判定词性。例如，例句（4）中"稳定"的词性判定不仅缺乏语法特征支持，而且从语义上看，"稳定"可以被理解为行为义，也可以理解为状态性质义，属于抽象语义模糊（第 6 章将给予详细说明），因此称之为语义欠据。

可以看出，语义欠据是语法欠据的一个子集，语义欠据的词例必然语法也欠据，而语法欠据的词例可能语义欠据，也可能语义不欠据。

由于本书词性标注调查的主要目的是考察从语法功能上能否明确判定词例的词性，因此在词例的具体标示中，没有区分语法欠据与语义欠据，而统一标示为"欠据"或"有据"，而对于其中"语义欠据"的现象将在抽象语义模糊中给予具体讨论。

5.3.3　词性欠据的判定方法

本节给出的是从语法特征上判定词性是否有据或欠据的操作规范，亦即如何判定"语法欠据"的词例。具体方法如下。

步骤一：参考《北大语料库加工规范：切分·词性标注·注音》（简称为《加工规范》）（俞士汶等，2003）中有关兼类区分的操作规范给予认定，但由于该《加工规范》本身存在不全面和不合理之处，因此也并非完全依赖该《加工规范》进行词性有据或欠据的判定。例如《加工规范》中在区分形容词与动词的兼类时给出了四条规则，内容如下。

① 若该词在句子中带了真宾语，则标为 v。

② 若该词受"很"一类程度副词修饰，则标为 a。

③ 若该词修饰名词作定语，则一般应标为 a。

④ 若该词作动词的补语，则应标为 a。

当调查遇到符合以上规则的样例，则参考规则给予有据标示。

例句（8）：[韩国/ns 政府/n]nt 认为/v ，/wd 稳定/v 物价/n 是/vl 保持/v 经济/n 稳定/vn 增长/vn 的/ud 关键/n 。/wj

在这个样例中，由于"稳定"带有真宾语"物价"，符合规则①，因此给予有据标示。

但以上 4 条区分形容词与动词的规则存在问题，例如规则③当修饰名词作定语时，标注为形容词，但是汉语中存在大量动词修饰名词的现象，例如"测试提纲""标注过程"，而规则④规定作动词的补语标注为形容词，但是有大量的动词可以作补语，例如"打下去""提出来"等。另外，该《加工规范》也不完备，并没有给出所有兼类类型的区分规则，在实词兼类类型中只有形容词与动词、动词与名词、区别词与副词三种兼类类型给予了说明和规定，而其他七种兼类类型都没有提及。在提及的三种兼类类型中，也没有对兼类词的可能句法功能给予完全描述和规定，例如当动形兼类词不在四条规则之列的句法位置时，如主宾语位置时，如何进行区分也没有给予规定。因此，不能仅依靠《加工规范》来判断词性是否有据或欠据。

步骤二：对于规范没有覆盖的兼类类型以及没有被规则覆盖的语法现象，通过考察词类定义中的区别特征是否得到表达来辅助判断词性是否欠据。例如形容词—名词兼类类型并没有在《加工规范》中提到，但可以根据形容词与名词的区别特征"是否受'不'或'很'修饰"来区分形容词与名词。

例句（9）：看到/v 他们/rr 制止/v 不/d 文明/a 行为/n 的/ud 身影/n

"文明"兼属名词和形容词词类，这里可以根据"文明"受到了"不"的修饰，来判定此处的"文明"是形容词，因为"能否受'不'修饰"是名词与形容词的区别特征，名词不能够受"不"修饰，而形容词则可以。

步骤三：如果语境中并没有出现某个词类的区别特征，如没有出现受"很"或"不"修饰等区别特征，但可以通过调查者的语感加入某些区别特征。

例句（10）：这/rz 是/vl 典型/a 的/ud 热带/n 气候/n 特征/n

这个例句中，"典型"同样有名词和形容词两种词性可能，此处并没有显性地给出区别特征，但是可以在"典型"前加入"很"或"不"，从而形成"这是 很 典型 的 热带 气候"或"这是 不 典型 的 热带 气候"，就可以判定"典型"在此处是形容词。这种凭借语感加入区别特征的方法放宽了词性欠据的判别条件，有利于找到那些确实无任何根据可供词性判断的样例。但是此条规范其实已经不是单纯地依靠语法特征条件来判定词性了，而是带有一定的语义特征性质，需要人根据语义加入一些辅助的判别条件，这些条件并未在语言表达层面出现，但是为了更全面地调查词性欠据情况，也将这种不纯粹的语法特征条件纳入到语法欠据的判定之中。

步骤四：由于词性欠据会造成标注的不一致，因此考察标注语料内部是否标注一致，也可以用来辅助判断词性是否欠据。

例句（11）：商讨/v 如何/ryw 推动/v 巴/jn 以/jn 和平/a 进程/n 。/wj

例句（12）：其他/rz 成员国/n 将/d 全力/d 支持/v 中东/ns 和平/a 进程/n

例句（13）：美国/ns 将/d 继续/v 推动/v 巴/jn 以/jn 和平/n 进程/n

例句（14）：举行/v 会晤/v 时/Ng 评估/v 了/ul 巴/jn 以/jn 和平/n 进程/n

以上四句中的"和平"同处于"和平 进程"的结构之中，其语法功能与语义内容没有差别，但是却被标注为不同的词性，这种情况确实难以找到任何依据来判断哪种标注正确，因为名词与形容词均可以修饰名词，表示限定意义，因此这4个例句并非标注失误，而是标注不一致，这种不一致反映出"和平"在这些语境下的词性判断欠据。

在进行词性欠据判断的时候，一个总原则是"宜宽不宜严"，也就是指没有确实把握判断样例中的词性欠据时，都按照有据处理，这样标示的结果是能够得到一个对汉语词性欠据分布较为保守而可靠的估计，不至于夸大汉语词性欠据的程度。

5.3.4　词的语义关系类别

在词性标注的调查中对词的语义关系进行了标示，主要的语义关系包括：同形异质关系、多语义侧面关系、隐喻关系、同义关系等（具体定义请参见 5.1）。语义关系的调查目的是要考察词义与词性标注之间的关系，看不同语义关系对于词性欠据分布的影响。

此外，还对多语义侧面词在语境中的词义采用"语义极"的分析方法，区分出具体语境中被调查词所表现出来的抽象词义，判断其是否属于某个清晰的语义极，或是处于两个语义极之间。具体的"语义极"可以分为"事物""性质""动作"等。

例如，"报告"在《现代汉语词典》（以下简称《现汉》）中有两个义项：①动词，把事情或意见正式告诉上级或群众；②名词，用口头或书面的形式向上级或群众所做的正式陈述。

这两个义项在词性标注中对应"报告"的动词词性与名词词性，分别是"报告"的两个"语义极"，为了区分这两极，分别将名词的"报告"义项称为"名词语义极"，动词的"报告"义项称为"动词语义极"，而将难以分辨出语义极的样例称为"抽象语义模糊"。

"报告"的名词语义极样例，如下面例句所示。

例句（15）：起草/v 了/ul 述职/vn 报告/n

"报告"的动词语义极样例，如下面例句所示。

例句（16）：专题/n 报告/v 党风/n 廉政/n 建设/vn 工作/vn 情况/n

"报告"的抽象语义模糊样例，如下三句例句所示。

例句（17）：实行/v 拟任/vn 报告/n 制/kn

例句（18）：接到/v 执勤/vn 哨兵/n 的/ud 报告/n 后/f

例句（19）：接到/v 情况/n 报告/v 后/f

在"报告"的抽象语义模糊的样例中，很难确定其中的"报告"到底是义项①的"报告"，还是义项②的"报告"，也就是上节提到的"语义欠据"，但无论义项①还是义项②，在这里都可以得到合理解释。例如，"接到/v 情况/n 报告/v 后/f"中的"报告"可以在其前方加入数量词组"一份"，形成"接到 一份 情况 报告 后"，这时可以理解为"用口头或书面的形式向上级或群众所做的正式陈述"（义项②），即名词语义极；也可以在 "报告"前加入"及时"，形成"接到 情况 的 及时 报告后"，这时可以理解为"把事情或意见正式告诉上级"（义项①），即动词语义极，两个语义极同时存在而造成抽象语义的模糊。

抽象语义的模糊会直接导致词性判断的欠据，因此语义关系类型的判断和标示有利于深入分析词性欠据的分布和成因。

语义关系类型的判定主要有两种办法：方法一，考察具体语境中词语的语义特征，主要通过分析词例所在语句的句法结构以及利用语境中邻接搭配信息等来辅助判断；方法二，借助《现汉》《知网》（Hownet）等语义知识源来辅助分析。

5.4　调查目的及方法

5.4.1　调查的主要目的

调查目的主要包括两个：一是词性欠据的分布情况；二是造成词性欠据的可能原因。

词性欠据会直接造成词性标注的不一致，因为同一个词例在有多种可能词性的条件下，其词性的确定会随着标注者的不同，或同一个标注者在不同的时期而有不同的选择，进而使得词性标注结果内部出现非偶然性的噪音，这种噪音反映出词性标注的本质性而非偶然性的问题，这种问题对于词性研究还是词性自动标注都具有重要价值。因此，调查的一个目标是调查汉语中词性欠据的分布情况，进而对词性标注中可能出现的噪音有一个总体的把握；另一个目标是分析造成词性欠据的原因，进而能深入认识汉语的词类特点。

5.4.2　调查的主要方法

1. 确定调查范围

调查的范围确定在主要的兼类词的词性标注，具体的兼类类型包括实词兼类和虚词兼类两大类。

实词兼类（共 10 类）：形容词—名词、形容词—动词、名词—动词、区别词—副词、形容词—区别词、形容词—副词、区别词—名词、区别词—动词、副词—名词、副词—动词。

虚词兼类（共 4 类）：连词—副词、连词—动词、名词—介词、介词—动词。

2. 确定调查的兼类词词表

以 2000 年 1 月《人民日报》标注语料为调查语料，对以上列出的兼类类型进行穷尽式提取，也是说对于每一类被调查的兼类类型，把其在 2000 年 1 月《人民日报》语料中出现的所有词形都作为调查词，形成调查词表。由于调查的兼类类型为两两兼类，因此对于那些属于两种以上词类的词，对其所有可能词类进行两两组合，将组合后所有属于调查范围的两两兼类类型进行抽取，并将该词归入为不同的兼类类型调查词表中。例如，"根本"在语料中属于"a、d、n"三个词类，那么"根本"具有三种两两兼类类型，分别为"a-d""a-n"与"d-n"，而这三种兼类类型都属于调查范围之列，因此"根本"会出现在三种兼类类型的调查词表之中。具体词表见附录。

3. 抽取兼类词的例句

以 2000 年 1 月《人民日报》标注语料为例句抽取源，抽取出被调查词及其词性出现的所有样例分布如表 5-4 所示。

表 5-4　2000 年 1 月《人民日报》语料中被调查的词及词性样例分布表

序号	兼类类型	词数/个	词比例/%	词例数/个	词例比例/%
1	a-b	2	0.22	36	0.03
2	a-d	46	5.11	12676	10.17
3	a-n	77	8.56	10542	8.46
4	a-v	167	18.56	11493	9.22
5	b-d	101	11.22	6373	5.11
6	b-n	12	1.33	165	0.13
7	b-v	14	1.56	833	0.67
8	c-d	24	2.67	7904	6.34
9	c-v	14	1.56	1967	1.58
10	d-n	46	5.11	5727	4.59
11	d-v	60	6.67	9948	7.98
12	n-p	10	1.11	2947	2.36
13	n-v	282	31.33	22176	17.79
14	p-v	45	5.00	31872	25.57
总计		900	100.00	124659	100.00

从表 5-4 可看出，调查的兼类类型有十四类，涉及的词形有 900 个，词例有 124659 个，因此抽取的例句也有 124659 个。

表 5-5 以"稳定"的 4 个形容词—动词（a-v）兼类样例来显示抽取出的样例格式。

表 5-5 "稳定"的 a-v 兼类样例分析

兼类类型	词	词性	样例
a-v	稳定	a	西藏/ns 人民/n 过/v 着/uz 富裕/a 、/wu 稳定/a 的/ud 幸福/a 生活/vn 。/wj
a-v	稳定	a	也/d 有利于/v 世界/n 的/ud 和平/a 、/wu 稳定/a 与/c 发展/vn 。/wj
a-v	稳定	v	稳定/v 物价/n 保持/v 经济/n 稳定/vn 增长/vn
a-v	稳定	v	其/rz 根本/a 目标/n 是/vl 稳定/v 和/c 繁荣/v 。/wj

抽取样例的方法是以被调查词及其词性为检索词，在 2000 年 1 月《人民日报》标注语料中检索出其所有包含检索词的样例，然后抽取检索词词前后不多于 40 个字符的语境，如果语境范围不足 40 个字符，则取所有字符。

4. 考察被调查词在样例中的词性标注情况

主要考察内容包括两项。

①语义关系：语义关系标示在被调查的词上，主要关系类型有同形异质、多语义侧面、隐喻、同义以及各种语义关系类型的组合。

②词例词性的判断是否有据或欠据：词性判断是否有据或欠据标示在每个词例的所在例句上，标示内容分为有据、欠据、失误。

举例说明，"稳定"的总体标注情况见表 5-6，具体样例标示情况见表 5-7。

表 5-6 "稳定"总体标注情况表

兼类类型	词	词性分布	语义关系类型	《现汉》释义
a-v	稳定	588|223|139|	多语义侧面	词义：①形容词，稳固安定；没有变动；②动词，使稳定；③形容词，指物质不易被酸、碱、强氧化剂等腐蚀，或不易受光和热的作用而改变性能

注："词性分布"中被"\|"分割开的三个数字分别代表"稳定"在 2000 年 1 月《人民日报》中的总词数 588 个、词性为 a 的词数 223 个、词性为 v 的词数 139 个；"语义关系类型"是对的词义关系类型的分类，具体分类方法在前文论述，此处"稳定"的语义关系类型属于多语义侧面关系；"《现汉》释义"是指"稳定"在《现汉》第五版中所有义项，这些释义可用以辅助语义类型和词性标注的判断。

表 5-7　"稳定"的 a-v 兼类样例分析

兼类类型	词	词性	标示	样例
a-v	稳定	a	有据	西藏/ns 人民/n 过/v 着/uz 富裕/a 、/wu 稳定/a 的/ud 幸福/a 生活/vn
a-v	稳定	a	欠据	有利于/v 世界/n 的/ud 和平/a 、/wu 稳定/a 与/c 发展/vn
a-v	稳定	v	欠据	稳定/v 物价/n 保持/v 经济/n 稳定/vn 增长/vn
a-v	稳定	v	欠据	根本/a 目标/n 是/vl 稳定/v 和/c 繁荣/v

注："标示"中的"有据"代表在该语境中该词的词性得到较为明确的句法表达，能够唯一确定其词性；"欠据"代表语境中该词的词性缺乏明确的句法表达，不能够唯一确定其词性。例如，在"有利于/v 世界/n 的/ud 和平/a 、/wu 稳定/a 与/c 发展/vn 。/wj"中，"稳定"作为定中结构的中心语，而动词与形容词均具有这种句法功能，在标注规范中也未明确规定在这种语境下的词性如何区分和确定，因此"稳定"在这个样例中的词性判断欠据，标示为"欠据"。词性欠据往往也会带来词性标注的不一致，对于不一致的情况没有特别标示，只是作为判断词性判断是否欠据的一个外部条件对待。

5.5　标注语料的总体情况

对 2000 年 1 月《人民日报》标注语料的词性标注的总体情况进行了调查，表 5-8 和表 5-9 给出了在该语料中兼类词的分布情况。根据是否对多标记进行合并将兼类词的统计分为两部分。所谓"合并多标记"是指将《人民日报》中的词性标记 vn、vd 合并为 v，将 an、ad 合并为 a，在合并后对兼类词进行统计。不合并多标记是指在兼类词的统计中将 vn、vd、an、ad 等都当作不同的词性对待，不做合并。在统计中，还将数字、地名、人名、机构名等作了归并处理，凡是这类词都作为一个词对待，例如，将数字替换为"*数字*"等。以下是统计结果。

表 5-8　2000 年 1 月《人民日报》中兼类词分布情况表（不合并多标记）

兼类词数/个	4818	兼类词例数/个	501502
总词数/个	38527	总词例数/个	1224793
兼类词占总词数的比例/%	12.51	兼类词例占总词例数的比例/%	40.95

表 5-9　2000 年 1 月《人民日报》中兼类词分布情况表（合并多标记）

兼类词数/个	1546	兼类词例数/个	327248
总词数/个	38527	总词例数/个	1224793
兼类词占总词数的比例/%	4.01	兼类词例占总词例数的比例/%	26.72

当不做多标记合并时，兼类词数的比例超过了 10%，其词例比例超过了 40%，说明兼类现象较为普遍；即使将多标记合并后，兼类词的词例分布也占到了总词例的近 30%，说明兼类词在语料的整体分布中占有较大比例。

还将调查的兼类词的词数与词例数与合并多标记后的总的兼类词数与词例数进行了统计，统计结果如表 5-10 所示。

表 5-10　调查的兼类词、词例数与总兼类词、词例数的统计结果

调查的兼类词数/个	900	调查的兼类词词例数/个	124659
总兼类词数/个	1546	总兼类词例数/个	327248
调查的兼类词数占总兼类词数的比例/%	58.21	调查的兼类词词例数占总兼类词词例数的比例/%	38.09

从表 5-10 可以看出，调查词数占到总的兼类词数的近 60%，词例数也占到总兼类词例数的近 40%，调查的覆盖面较为广泛。

5.6　实词兼类调查

调查的实词兼类类型主要包括：形容词—名词（a-n）、形容词—动词（a-v）、名词—动词（n-v）、区别词—副词（b-d）、形容词—区别词（a-b）、形容词—副词（a-d）、区别词—名词（b-n）、区别词—动词（b-v）、副词—名词（d-n）、副词—动词（d-v）。

表 5-11 给出 2000 年 1 月《人民日报》语料中的实词兼类类型的分布情况。

表 5-11　2000 年 1 月《人民日报》语料中实词兼类类型的分布表　（单位：个）

	a	n	v	b	d
a	—	77	168	2	46
n	10542	—	282	12	46
v	11493	22176	—	15	63
b	36	165	833	—	101
d	12676	5727	9948	6373	—

该表被以对角线（由内容为"—"的单元格组成）分割为右上角和左下角两部分，在右上角部分给出的数字是调查的兼类类型的词数，左下角

给出的数字是调查的兼类类型的词例数。例如 a 行 n 列的数字 77 是指 a-n 兼类的调查词数为 77 个；而 n 行 a 列的数字 10542 是指兼类类型 a-n 的调查词例数为 10542 个。

5.6.1 形容词—名词兼类

形容词—名词（a-n）兼类并未包含在《加工规范》之中，从北大《语法信息词典》的体系来看，形容词与名词的兼类只能属于广义兼类，因此词性的判定实际上是词的同一性判定，但在同一性判定中存在欠据问题。下文给出了形容词与名词的区别性语法特征，将这些特征作为形容词与名词兼类判定的语法特征依据如表 5-12 所示。

表 5-12 形容词—名词（a-n）兼类的区别性语法特征

	是否受"不"修饰	是否受"很"修饰	是否受数量词组修饰
形容词	+	+	−
名词	−	−	+

除以上区别特征外，诸如"能否作主宾语""能否作定语"等都不是形容词与名词的区别特征，因为二者均可以出现在主宾语和定语的位置上。

对于同形异质词而言，可以根据具体语境判断其词义而确定其词性，例如"大气"在"大气层""大气环流"等结构中表示一种事物，指包围地球的气体，是名词的"大气"，而在"她 的 台风 大气 不俗"中，"大气"表示的是一种性质，指不拘谨，是形容词的"大气"，二者在意义上有本质差别，因此在词性判断上，如果可以根据意义做出区分，那么也认为是有据的。

在 2000 年 1 月《人民日报》语料中，a-n 兼类词共有 77 个，10542 个词例，对这些词例所在的语境进行了调查，并根据能否根据语境特征清晰确认词例的词性进行了标示，整体结果如表 5-13 和表 5-14 所示。

表 5-13 a-n 兼类标注情况统计表

序号	兼类类型	词性	词例数/个	欠据/个	欠据比例/%
1	a-n	a	3985	851	21.36
2	a-n	n	6557	389	5.93
总计		a-n	10542	1240	11.76

说明：在 a-n 兼类类型中，有 11.76%的词例的词性判断欠据，其中在语料中被标注为形容词的词例中有 21.36%的词例的词性判断欠据，在被标注为名词的词例中有 5.93%的词例的词性判断欠据。（注：为了行文简练，

在后文的诸兼类类型调查结果中，如无特殊需要将不再对调查结果给予解释，可参照本节的解释解读其他兼类类型的调查结果。）

表 5-14　a-n 兼类中语义关系与词性欠据分布表

序号	语义关系	总词数/个	欠据词数/个	欠据词比例/%	总词例数/个	欠据词例数/个	欠据词例比例/%
1	多侧面	42	26	61.90	4748	778	16.39
2	同义	12	12	100.00	2016	447	22.17
3	同形异质	19	5	26.32	3685	11	0.30
4	同形异质+多侧面	2	2	100.00	52	4	7.69
5	多侧面+隐喻	1	0	0.00	3	0	0.00
6	同形异质+隐喻	1	0	0.00	38	0	0.00
	总计	77	45	58.44	10542	1240	11.76

注：按照"欠据词数"的降序排列，下同。

说明：表 5-14 给出了 a-n 兼类中的各个语义关系的总词数以及欠据词数、总词例数以及欠据词例数。

欠据词比例=欠据词数/总词数

欠据词例比例=欠据词例数/总词例数

欠据词比例与欠据词例比例从不同的侧面反映出不同语义类型中的词性判断的欠据程度，从欠据词比例的数据来看，"同义"类型与"同形异质兼多语义侧面"类型的欠据程度最高，达到100%，排除隐喻类词语后，"同形异质"类型的欠据程度最低，"多语义侧面"类型的欠据程度居中；从欠据词例的数据来看,同样是"同义"类型的欠据比例最高,其次是"多语义侧面"类型，"同形异质"类型的词例欠据程度最低。表 5-15 给出 a-n 兼类中各语义关系中存在词性欠据的词。

表 5-15　a-n 兼类中各语义关系中词性欠据的词表

语义关系	词性欠据的词									
同形异质	大气	风光	假	气派	自然					
多侧面	标准	不幸	痴情	传统	典型	关键	光彩	光明	经典	科学
	客观	理想	理智	秘密	内行	平常	清香	权威	热	实际
	酸	文明	无辜	先进	现实	油	错误			
同义	诚心	对口	高	和平	基本	宽	泥泞	善意	深	万幸
	稚气	主观								
同形异质+多侧面	神	香								

可以将表 5-14 与表 5-15 综合在一起分析语义关系与词性欠据的分布情况。a-n 兼类词性欠据程度如表 5-16 所示。

表 5-16　a-n 兼类词性欠据程度词表

序号	欠据程度	词性欠据的词									
1	0<欠据比例≤0.5	标准	不幸	传统	大气	典型	风光	高	关键	光彩	光明
		基本	假	科学	客观	宽	理想	理智	秘密	内行	气派
		权威	热	深	神	实际	酸	文明	先进	香	油
		自然	错误								
2	0.5<欠据比例<1	痴情	和平	经典	平常	无辜	现实	主观			
3	完全欠据	诚心	对口	泥泞	清香	善意	万幸	稚气			
4	无欠据	保险	差	潮	自重	大意	肥	隔膜	根本	光	光辉
		规范	规矩	规则	花	活	火	机械	精神	经济	空洞
		累赘	前卫	生气	投入	土	系统	形象	用心	圆	蕴藉
		值									

注：本表给出了 a-n 兼类中，词性判断的不同欠据程度等级的词表。

欠据比例=词性欠据的词例数/词例总数

欠据程度等级共分为 4 级：完全欠据（欠据比例=1）、0<欠据比例≤0.5、0.5<欠据比例<1、无欠据（欠据比例=0）。

从表 5-16 可以看出，不同的词其词性欠据程度是有差别的，有些词（诚心、对口、善意）的所有词例的词性判断都存在欠据情况，而有些词（保险、差、潮）的所有词例的词性判断都不存在欠据情况，还有一部分词的部分词例的词性判断存在一些欠据，而部分词例的词性判定不存在多少欠据，总体分布如表 5-17 所示。

表 5-17　a-n 兼类中欠据程度的统计表　　　　　（单位：个）

兼类类型	总词数	全欠据	全有据	欠据有据兼有
a-n	77	7	31	39

a-n 兼类的典型样例分析见表 5-18。

表 5-18　"错误"的 a-n 兼类样例分析

序号	标示	句法功能	语境
1	有据	dz	丢掉/v 这些/rz 市场/n 将/d 是/vl 一个/mq 严重/a 错误/n 。/wj
2	有据	zz	这种/r 作法/n 是/vl 十分/d 错误/a 的/ud ,/wd

续表

序号	标示	句法功能	语境
3	欠据	dz|zz	特别/d 是/vl 十/m 年/qt "/wyz 文革/jn" /wyy 的/ud 严重/a 错误/a , /wd
4	欠据	dz|zz	在/p 纠正/v "/wyz 文化大革命/nz " /wyy 的/ud 严重/a 错误/n 时 /Ng , /wd
5	欠据	d	错误/a 性质/n 十分/d 严重/a
6	欠据	d	错误/n 性质/n 是/vl 严重/a 的/ud
7	欠据	dz|p|sc	诊断/vn 错误/n 或/c 治疗/vn 错误/n
8	欠据	dz|p|sc	属于/vl 裁判员/n 宣判/v 错误/a
9	欠据	dz|p|sc	计算/v 错误/a 曾/d 给/p 戈尔/nr 多/d 计算/v 500/m 多/m 张/qe 选票 /n
10	欠据	dz|p|sc	由于/c 填写/v 错误/a 而/c 多次/mq 退/v 单{dan1}/n
11	欠据	vb	不/d 能/vu 识别/v 正确/a 和/c 错误/a 、/wu 主流/n 和/c 支流/n
12	欠据	vb	一个/mq 敢于/vu 直面/v 历史/n 和/c 错误/n 的/ud 民族/n , /wd

在以上"错误"的样例中，例1中的"错误"是受数量词修饰，因此可以判定其为名词；例2中的"错误"受程度副词修饰，因此有依据判定其为形容词；例3和例4中的"错误"都受"严重"修饰，二者形成定中或状中两种可能的句法结构，在定中结构中，"错误"是名词，而在"状中结构"中，"错误"是形容词，因此依据语法特征无法明确地判定"错误"的词性，因此标示为"欠据"。例5和例6中的"错误"都作定语，而形容词与名词都可以作定语，因此无法明确判定"错误"词性；例7至例10中，"错误"所在的句法结构都有3种可能的句法类型，例如"计算错误"可以解析为定中结构，"计算"作定语修饰"错误"，也可以是主谓结构，"计算"作主语，"错误"作谓语，还可以是述补结构，"计算"作谓语，而"错误"作结果性补语，3种不同的句法类型，会导致"错误"的不同词性判定，因此词性欠据。例11和例12中的错误都作宾语，而名词、形容词都可以作宾语，因此也被标示为词性欠据。并且在例5至例12的例句中，"错误"不仅在语法特征上欠据，而且在语义特征上也欠据，不能够根据语义区分出表示事物的"错误"和表示性质的"错误"，亦即"错误"在这些例句中的抽象语义模糊。

下面再对"和平"的一些典型样例进行分析，详见表5-19。

表 5-19　"和平"的 a-n 兼类样例分析

序号	标示	句法功能	语境
1	有据	fz	以/c 保证/v 一个/mq 和平/a 、/wu 安定/a 的/ud 社会/n 环境/n
2	有据	fz	澳大利亚/ns 是/vl 一个/mq 和平/a 、/wu 稳定/a 和/c 富有/v 凝聚力/n 的/ud 国家/n
3	有据	p	希望/v 的/ud 是/vl 下/f 个/qe 世纪/n 世界/n 和平/a 。/wj "/wyy
4	有据	zz	国际/n 环境/n 相对/d 和平/a 。/wj
5	欠据	d|dz|p	[大阪/ns 市政府/n]nt 、/wu [大阪/ns 国际/n 和平/a 中心/n]nt 发出/v 抗议书/n
6	欠据	d|dz|p	不/d 应/vu 在/p [大阪/ns 国际/n 和平/n 中心/n]nt 召开/v 这样/rz 的/ud 会议/n
7	欠据	p|dz|dz	诺沃亚/nr 在/p 电视/n 讲话/vn 中/f 强调/v 国家/n 和平/a 与/c 安定/a 的/ud 重要性/n
8	欠据	dz|p	通过/p 民族/n 和解/vn 实现/v 国内/s 和平/a 与/c 稳定/a 。/wj
9	欠据	vb	米洛舍维奇/nr ：/wm 祝愿/v 和平/a 自由/a
10	欠据	vb	共同/d 巩固/v 和平/a 与/c 安全/an
11	欠据	vb	政治/n 解决/v 国内/s 冲突/vn 、/wu 逐步/d 走向/v 和平/a 与/c 稳定/v 的/ud 一个/mq 成功/a 范例/n
12	欠据	dz	希望/vu 看到/v [南亚/ns 地区/n]ns 的/ud 和平/a 与/c 稳定/a 。/wj
13	欠据	d	通过/p 和平/a 手段/n 妥善/ad 处理/v
14	欠据	d	非统/j 和平/n 柱/Ng 流光溢彩/la

在以上"和平"的样例中，例 1 至例 4 的"和平"充当"的"字短语的中心语、谓语、状中结构的中心语，这些例子中的"和平"词性判断有据；但在例 5 至例 8 中，"和平"的句法角色不清晰，例如"大阪 国际 和平 中心"中的"和平"可以解析为与"国际"形成定中结构和主谓结构，作定语中心语和谓语，也可以解析为与"中心"形成定中结构，作定语，不同的句法类型会对"和平"的词性判定产生影响，因此标示为欠据；例 9 至例 11 中，"和平"充当动词宾语，由于形容词与名词均可以充当动词宾语，因此词性判断欠据；例 12 中"和平"充当定语中心语，同样名词与形容词均可以作定语中心语，因此词性欠据；例 13、例 14 中"和平"作定语，而形容词与名词均可以作定语，因此词性也欠据。

5.6.2　形容词—动词兼类

在北大《语法信息词典》的体系中，允许形容词与动词的兼类存在，也就是认为这类兼类词在意义上具有同一性。但作为兼类词，这类词的语法特征不同于形容词与及物动词中的任何一类，是具有语法独特性的单独一类词，因此在词性标注中不必也不能进行区分。在北大的实际词性标注中还是对这类兼类词进行了区分，实际上等同于将这类词中同形不同类的词作为两个词对待，词性标注也就是进行词的同一性判定，但同一性判定也存在欠据问题。北大在《加工规范》中对形容词与动词的区分时给出了4条规则，分别如下。

① 若该词在句子中带了真宾语，则标为v。

② 若该词受"很"一类程度副词修饰，则标为a。

③ 若该词修饰名词作定语，则一般应标为a。

④ 若该词作动词的补语，则应标为a。

在2000年1月《人民日报》语料中，形容词—动词（a-v）兼类词共有167个，11493个词例，整体的标注结果如表5-20所示。

表5-20　2000年1月《人民日报》语料中a-v兼类标注情况统计表

序号	兼类类型	词性	词例数/个	欠据/个	欠据比例/%
1	a-v	a	6483	916	14.13
2	a-v	v	5010	1643	32.79
总计		a-v	11493	2559	22.27

a-v兼类中语义关系与词性欠据分布如表5-21所示。

表5-21　a-v兼类中语义关系与词性欠据分布表

序号	语义关系	总词数/个	欠据词数/个	欠据词比例/%	总词例数/个	欠据词例数/个	欠据词例比例/%
1	多侧面	105	87	82.86	6639	1946	29.31
2	同义	38	37	97.37	3220	335	10.40
3	同形异质	14	9	64.29	872	57	6.54
4	多侧面+隐喻	4	4	100.00	247	95	38.46
5	同形异质+多侧面	4	4	100.00	410	110	26.83
6	同义+隐喻	1	1	100.00	79	4	5.06
7	同形异质+同义	1	1	100.00	26	12	46.15
总计		167	143	85.63	11493	2559	22.27

a-v 兼类中各语义关系中词性欠据的词表如表 5-22 所示。

表 5-22　a-v 兼类中各语义关系中词性欠据的词表

语义类型	词性欠据的词								
同形异质	长	怪	生	盛	投入	行	值	准	自信
同形异质+ 多侧面	方便	满	平	少					
同形异质+ 同义	亮								
多侧面	安定	保险	便利	便宜	不足	充实	淡薄	端正	繁荣	烦
	放松	肥	分散	丰富	腐化	富有	感动	公开	巩固	孤立
	固定	规范	坏	缓和	活跃	集中	急	坚定	健全	讲究
	解放	近	开放	开阔	肯定	苦	类似	流行	乱	麻烦
	满足	忙	明白	模糊	难忘	暖	偏	平衡	破	强壮
	亲	清	清楚	清洁	确定	热	热心	深入	湿润	舒展
	顺	松	挑剔	通	统一	透	突出	团结	弯	完善
	为难	委屈	温暖	稳	稳定	稳固	稀罕	响	协调	辛苦
	严格	严肃	隐蔽	诱人	粘	正	重			
多侧面+ 隐喻	独立	活	死	壮					
同义	矮	磅礴	畅销	吵闹	错误	低	动摇	对口	多	多余
	饿	感慨	高	革命	光	缓	火	进步	精确	闹
	配套	疲惫	飘逸	平均	破碎	齐	欠缺	清醒	适用	松动
	松懈	投机	斜	兴奋	拥挤	杂	自觉			
同义+隐喻	红								

a-v 兼类词性欠据程度词表如表 5-23 所示。

表 5-23　a-v 兼类词性欠据程度词表

序号	欠据程度	词性欠据的词									
1	0<欠据比例<0.5	安定	便利	便宜	长	畅销	充实	错误	淡薄	低	独立
		端正	多	多余	方便	放松	肥	分散	丰富	富有	感动
		高	公开	巩固	孤立	固定	规范	红	坏	缓和	活
		活跃	火	集中	急	坚定	健全	讲究	解放	进步	精确
		开放	开阔	肯定	苦	类似	流行	乱	麻烦	满足	忙
		明白	模糊	闹	暖	配套	偏	平	平衡	平均	破

续表

序号	欠据程度	词性欠据的词									
1	0<欠据比例<0.5	齐	强壮	亲	清	清楚	清洁	清醒	确定	热	热心	
		少	深入	生	盛	湿润	适用	舒展	松	松动	挑剔	
		投机	投入	透	突出	弯	完善	为难	温暖	稳	稳固	
		稀罕	响	协调	辛苦	兴奋	行	严格	严肃	拥挤	杂	
		粘	正	值	重	壮	准	自觉				
		不足	动摇	饿	繁荣	烦	感慨	革命	怪	缓和	近	
		亮	满	难忘	欠缺	顺	死	通	统一	团结	委屈	
		稳定	隐蔽	诱人	自信							
2	完全欠据	矮	磅礴	保险	吵闹	对口	腐化	光	疲惫	飘逸	破碎	
		松懈	斜									
3	无欠据	保守	纯净	对	负责	合拍	花	滑	紧	辣	赖	
		密切	明确	明晰	普及	轻	融洽	碎	压抑	严密	严明	
		冤枉	整	正当	直							

a-v 兼类中全有据与全欠据的分布如表 5-24 所示。

表 5-24 a-v 兼类中全有据与全欠据的分布表 （单位：个）

兼类类型	总词数	全欠据	全有据	欠据有据兼有
a-v	167	12	24	131

a-v 兼类标注样例见表 5-25。

表 5-25 "便利"的 a-v 兼类样例分析

序号	标示	句法功能	语境
1	有据	fz	关键/n 在于/v 建立/v 起/vq 一整套/mq 便利/a 、/wu 管用/a 、/wu 有/v 约束力/n 的/ud 机制/n
2	有据	zz	可/c 有时候/d 真/d 是/vl 不/d 便利/a 。/wj
3	有据	fz	中企/j 投资/v 境外/s 创造/v 了/ul 便利/a 的/ud 条件/n 。/wj
4	有据	d	管理/vn 人员/n 则/d 利用/v 其/rz 便利/a 条件/n 弄虚作假/iv 、/wu 暗箱/n 操作/v
5	有据	v+b	为/p 便利/v 患者/n

续表

序号	标示	句法功能	语境
6	有据	v+b	最/d 大/a 可能/vu 地/ui 便利/v 旅客/n 通行/vi
7	有据	v+b	边检站/j]nt 通过/p 开展/v 正规化/vi 执勤/vi 、/wu 便利/v 旅客/n 出入境/jn 活动/vn
8	欠据	p	应该/vu 满足/v 居民/n 对/p 生活/vi 便利/v 的/ud 需要/n
9	欠据	p	扎根/v 基层/n 、/wu 贴近/v 群众/n 、/wu 服务/v 便利/v 的/ud 优势/n ，/wd
10	欠据	vb	农业/n 企业/n 的/ud 合并/vn 创造/v 了/ul 便利/v 。/wj
11	欠据	vb	提供/v 便利/a 和/c 优惠/vn 条件/n

　　"便利"的样例中，例 1 至例 4 中的"便利"充当定语、"的"字结构中心语、状中结构中心语，其形容词词性判断有据，而在例 5 至例 7 中，其充当带宾语的谓语，动词词性判断有据；但是在例 8 至例 9 中，"便利"充当不带宾语的谓语，在例 10、例 11 中充当动词宾语，由于动词与形容词均可充当这些句法成分，因此词性判断欠据，不能够清晰分辨其是动词词性还是形容词词性。表 5-26 再以"繁荣"一词为例进行标示样例分析。

表 5-26　"繁荣"的 a-v 兼类样例分析

序号	标示	句法功能	语境
1	有据	fz	中国/ns 必将/d 是/vl 一个/mq 富强/a 、/wu 繁荣/a 、/wu 统一/a 的/ud 中国/ns 。/wj
2	有据	zz	民族/n 更加/d 繁荣/a 。/wj
3	有据	fz	没有/v 这些/rz 改革/vn ，/wd 就/d 没有/v 今天/t 繁荣/a 的/ud 深圳/ns 。/wj
4	有据	v+b	发展/v 民族/n 经济/n 、/wu 繁荣/v 民族/n 文化/n
5	有据	v+b	普及/v 农村/n 科技/n 和/c 教育/vn ，/wd 努力/ad 繁荣/v 农村/n 文化/n ，/wd
6	有据	v+b	努力/ad 繁荣/v 社会主义/n 文化/n 市场/n 。/wj
7	欠据	p|dz	是/vl 世界/n 繁荣/a 的/ud 一个/mq 重要/a 源泉/n 。/wj
8	欠据	p|dz	大量/m 史料/n 的/ud 发现/vn 是/vl 史学/n 繁荣/a 的/ud 重要/a 原因/n 。/wj
9	欠据	p|dz	坚持/v 走/v 发展/v 文化/n 产业/n 促/v 事业/n 繁荣/v 的/ud 道路/n
10	欠据	p|z	迎接/v 科学/n 繁荣/v 发展/v 的/ud 新/a 世纪/n
11	欠据	jb|z	中华民族/n 从/p 衰败/vi 落后/a 到/p 繁荣/v 振兴/v 的/ud 全/a 过程/n 。/wj

续表

序号	标示	句法功能	语境
12	欠据	dz|zz	国际/n 贸易/n 的/ud 持续/vd 繁荣/v
13	欠据	p	版协/j 是/vl 出版/v 改革/v 和/c 出版/v 繁荣/v 的/ud 促进者/n 和/c 见证者/n 。/wj
14	欠据	vb	"/wyz 创建/v 出/v 文明/n 、/wu 文明/n 出/v 繁荣/a 、/wu 繁荣/a 出/v 效益/n "/wyy
15	欠据	vb	"/wyz 一手/d 抓/v 繁荣/v 、/wu 一手/d 抓/v 管理/v "/wyy
16	欠据	vb	创建/v 促/v 文明/n 、/wu 文明/n 促/v 繁荣/v 、/wu 繁荣/v 出/v 效益/n
17	欠据	dz	同时/c 对/p 亚太地区/jn 的/ud 和平/a 与/c 繁荣/a 也/d 是/vl 重要/a 的/ud 关系/n 。/wj "/wyy
18	欠据	dz	此地/rz 逐渐/d 冷清/a ，/wd 往日/t 的/ud 繁荣/a 已/d 不复存在/lv 。/wj

"繁荣"在例 1 至例 3 中充当"的"字结构中心语、状中结构中心语，其形容词词性判断有据；在例 4 至例 6 中"繁荣"充当带宾语的谓语，其动词词性判断有据；但在例 7 至例 12 中，句法成分不清时，"繁荣"可能作谓语也可能作定中结构的中心语，或是可能是定中结构也可能是状中结构时，其词性判断欠据。另外，当"繁荣"充当不带宾语的谓语（例 13）、动词宾语（例 14 至例 16）、定中结构中心语（例 17 至例 18）时，其词性判断也欠据。

5.6.3　名词—动词兼类

按照《语法信息词典》的词类体系，名词和动词的兼类只能是广义兼类，词性判定实际上做的是词的同一性判定，在同一性判定中存在欠据的问题。《加工规范》对名词动词的兼类判定给予了说明，"（名词动词兼类）实际上指的是广义兼类现象。当该词表示一种动作时，后面带真宾语，则是 v；当它指称人或物时，则是 n"（俞士汶等，2002）。该规定只是在判定动词时给出了"后面带真宾语"的形式依据，并没有涉及这类词在位于其他句法位置时的词性判定形式依据，只是从意义的角度给出了定性规定，但是如何判定一个名词—动词（n-v）兼类词是否表示动作，还是表示人或事物，没有明确说明。

根据名词与动词的词类定义，给出二者的主要语法特征，如表 5-27 所示。

表 5-27　名词—动词（n-v）的主要语法特征

	是否受"不"修饰	是否带真宾语	是否作核心谓语动词	是否受数量词组修饰
名词	−	−	−	+
动词	+	+	+	−

依据以上区别特征，可以进一步辅助判断词性。

在 2000 年 1 月《人民日报》语料中，n-v 类兼类词共有 155 个，11132 个词例，整体的标注结果如表 5-28 所示。

表 5-28　n-v 兼类标注情况统计表

序号	兼类类型	词性	词例数/个	欠据/个	欠据比例/%
1	n-v	n	12986	1128	8.69
2	n-v	v	9190	428	4.66
总计		n-v	22176	1556	7.02

n-v 兼类中语义关系与词性欠据分布如表 5-29 所示。

表 5-29　n-v 兼类中语义关系与词性欠据分布表

序号	语义关系	总词数/个	欠据词数/个	欠据词比例/%	总词例数/个	欠据词例数/个	欠据词例比例/%
1	多侧面	188	117	62.23	16634	1087	6.53
2	同义	53	51	96.23	2218	444	20.02
3	同形异质	32	4	12.50	2956	10	0.34
4	同形异质+多侧面	6	3	50.00	187	15	8.02
5	隐喻	2	0	0.00	26	0	0.00
6	同形异质+隐喻	1	0	0.00	155	0	0.00
总计		282	175	62.06	22176	1556	7.02

n-v 兼类中各语义关系中词性欠据的词表见表 5-30。

表 5-30　n-v 兼类中各语义关系中词性欠据的词表

语义关系	词性欠据的词									
同形异质	把握	出口	光	通路						
同形异质+多侧面	补贴	新生	信							
多侧面	爱好	包装	报道	报告	编辑	编制	标识	冰	病	补助
	布局	步	裁判	残疾	倡议	承诺	出纳	处分	传说	传言
	错	打算	代表	导游	雕刻	雕塑	分枝	辐射	负担	感觉
	贡献	构造	关系	广播	规定	规范	规划	害	横	花费
	画	幻想	回味	贿赂	积累	计划	记录	记载	简介	建筑
	奖励	交易	经历	警卫	决定	开支	可能	领导	梦想	命令
	配置	批示	漆	起源	请求	区别	燃煤	热	认识	伤
	申请	声明	收获	收入	说明	损失	锁	提议	天赋	通报
	通知	投资	文	武装	舞	误差	习惯	下属	信仰	需要
	许诺	言谈	要求	移民	饮水	赢利	用车	用地	用水	用药
	寓意	预言	遭遇	支出	指令	指示	志愿	挚爱	重奖	主导
	主演	注释	驻军	装备	自述	总结	组织			
同义	保健	保险	笔记	变异	储蓄	创作	挫折	大屠杀	大战	毒害
	对口	纺织	奉献	高	公告	公证	构成	汗颜	呼号	稽查
	计	家教	借贷	进出口	进球	救济	空缺	空闲	库存	立意
	买卖	贸易	铺垫	前瞻	欠息	盛世	司法	投入	拖网	温饱
	写意	行政	选料	医疗	迎春	预算	造化	指向	终审	装潢
	纵深									

n-v 兼类不同词性欠据程度词表如表 5-31 所示。

表 5-31　n-v 兼类不同词性欠据程度词表

序号	欠据程度	词性欠据的词									
1	0<欠据比例<0.5	爱好	把握	包装	保险	报道	报告	笔记	编辑	编制	标识
		冰	病	补贴	补助	布局	步	裁判	残疾	倡议	承诺
		出口	出纳	处分	传说	传言	创作	错	打算	大屠杀	代表
		导游	雕塑	毒害	分枝	奉献	辐射	负担	感觉	公告	公证
		贡献	构成	构造	关系	光	广播	规定	规范	规划	害
		花费	画	幻想	回味	稽查	积累	计	计划	记录	记载

序号	欠据程度	词性欠据的词									
1	0<欠据比例<0.5	简介	建筑	奖励	交易	借贷	进出口	进球	经历	警卫	救济
		决定	可能	空缺	库存	领导	买卖	贸易	梦想	命令	配置
		批示	铺垫	漆	起源	欠息	请求	区别	热	认识	伤
		申请	声明	盛世	收获	收入	说明	司法	损失	锁	提议
		天赋	通报	通路	通知	投入	投资	拖网	文	武装	舞
		习惯	新生	信	信仰	行政	需要	许诺	选料	言谈	要求
		医疗	移民	赢利	用车	用地	用药	寓意	预算	预言	遭遇
		造化	指示	指向	志愿	挚爱	终审	主演	注释	驻军	装备
		自述	总结	组织							
2	0.5<欠据比例<1	保健	变异	大战	雕刻	纺织	高	汗颜	横	呼号	贿赂
		开支	立意	燃煤	误差	下属	写意	饮水	用水	支出	指令
		重奖	主导								
3	完全欠据	储蓄	挫折	对口	家教	空闲	前瞻	温饱	迎春	装潢	纵深
4	无欠据	摆设	包	报	比	比方	比喻	标志	操	策划	超
		成就	打扮	道	点	雕	动议	动作	斗	发明	翻译
		肥	费	分	缝	俘房	根据	工作	鼓	顾虑	关
		花	怀抱	环	会	活	积蓄	寄语	记忆	纪元	假定
		监督	见识	见证	建议	奖	酱	教导	教授	结构	结果
		借口	经过	卡	开始	犁	理	理论	连	连体	量
		列	令	流向	码	美餐	铭刻	磨	排	派	盘
		偏向	评论	倾向	趋向	上下	省	树	数	题	图
		图谋	团	希望	像	笑话	胸怀	修养	学会	依据	意味
		意欲	用书	站	招	证明	值	指挥	指望	制服	忠告
		主编	主张	转机	装饰	阻碍	佐证	昵称			

n-v 兼类中全有据与全欠据的分布如表 5-32 所示。

表 5-32　n-v 兼类中全有据与全欠据的分布　　（单位：个）

兼类类型	总词数	全欠据	全有据	欠据有据兼有
n-v	282	10	107	165

表 5-33 以"包装"一词为例进行样例展示。

表 5-33　　"包装"的 n-v 兼类样例分析

序号	标示	句法功能	语境
1	有据	dz	做到/v 小/a 包装/n 、/wu 清洁/a 、/wu 卫生/a 、/wu 方便/a 。/wj
2	有据	jb	从/p 质量/n 、/wu 包装/n 、/wu 口感/n 和/c 外观/n 上/f 看
3	有据	jb	包括/v 在/p 音像/n 制品/n 及/c 包装/n 上/f 录制/v 、/wu 印制/v 、/wu 加贴/v
4	有据	zz	在/p 运送/vn 过程/n 中/f ，/wd 必须/d 妥善/ad 包装/v ，/wd 专人/n 护送/v ，/wd 保证/v 完整/ad 无损/vi
5	有据	zz	然后/c 包装/v 而/c 成/v 的/ud 方便/a 食品/n 。/wj
6	欠据	dz|p	而且/c 更加/d 注重/v 企业/n 形象/n 、/wu 品牌/n 包装/n 、/wu 产品/n 推销/vn 、/wu 售后服务/ln 等/u 。/wj
7	欠据	dz|zz	戏称/v "/wyz 一等/mq 产品/n 、/wu 三等/b 包装/n "/wyy 。/wj
8	欠据	dz|zz	发现/v 桌上/s 有/v 一/m 长方形/n 硬/a 塑/Ng 包装/v 的/ud 钢笔/n 速写/n 风景画/n ，/wd
9	欠据	s|p	蔚县/ns 剪纸/n 图案/n 长期/d 以/p 传统/a 的/ud 鸟兽/n 鱼虫/n 、/wu 戏剧/n 人物/n 为主/vi ，/wd 且/c 包装/v 简单/a ，/wd
10	欠据	s|p	品种/n 齐全/a 、/wu 花样/n 繁多/a 、/wu 包装/n 讲究/a 、/wu 方便/a 卫生/a 的/ud 干/a 鲜/a 食品/n
11	欠据	s|p	黄/nrf 市长/n 送给/v 新人/n 一/m 套/qj 包装/v 精美/a 的/ud 农科/jn 书籍/n
12	欠据	s|p	商标/n 明确/a 、/wu 包装/n 整齐/a 的/ud 白酒/n
13	欠据	s	但/c 包装/n 有/vx 些/qb 不/d 同/v

　　"包装"在充当定中结构中心语（例 1）、介词宾语（例 2 和例 3）时，其名词词性判断有据，当充当状中结构的中心语时（例 4 和例 5），其动词词性判断有据；而当样例的句法功能模糊时（例 6 至例 12），"包装"的词性判断则欠据，当"包装"充当主语时（例 13），其词性也欠据。n-v 兼类的句法功能模糊主要类型有两类。

1. 定中结构与状中结构

定中结构与状中结构的区分存在模糊。

例句（20）：长方形 硬 塑 包装 的 钢笔 速写 风景画。（自拟）

在此句中，如果理解为"使用硬塑材料对风景画进行了包装"，那么"硬塑包装"是状中结构，"包装"为动词；当理解为"风景画的外包装是硬塑材料的"，那么"硬塑包装"是定中结构，"包装"为名词。由此可见，句法结构的不同分析使得词性不同，因此标示为欠据，而这种可能具有多种词性的情况并未影响到整个语句意义的传达。

2. 主谓结构与述补结构

主谓结构与述补结构也存在边界模糊的现象。

例句（21）：他 送 给我 一本 包装 精美 的 图书。（自拟）

在此句中，如果理解为"书的外包装物很精美"，那么"包装精美的图书"就是主谓结构，"包装"为名词作主语；如果理解为"书被包装得很精美"，那么"包装精美的图书"就是述补结构，"包装"为动词作述语成分。

表 5-34 以"补贴"一词为例进行样例分析。

表 5-34　"补贴"的 n-v 兼类样例分析

序号	标示	句法功能	语境
1	有据	vb	突击/v 花钱/vi 和/c 巧立名目/iv 发/v 津贴/n 、/wu 补贴/n 、/wu 实物/n 和/c 代/v 币/Ng 购物券/n 。/wj
2	有据	dz	为/p 她们/rr 提供/v 学费/n 和/c 生活/vn 补贴/n ，/wd
3	有据	dz	坐/v 在/p 家里/s 等/v 那/rz 一点儿/mq 生活/vn 补贴/n ，/wd
4	有据	dz	并/d 没有/d 从/p 以前/f 获得/v 的/ud 补贴/n 中/f 得到/v 益处/n
5	有据	p	一半/m 由/p 北京市/ns 财政/n 补贴/v ，/wd 一半/m 由/p 本人/rr 负担/v
6	有据	v+b	机关/n 干部/n 订阅/v 党报/n 补贴/v 50%/m ，/wd
7	有据	v+b	全省/n 各地/rz 为/p 驻军/n 补贴/v 粮/n 、/wu 油/n 、/wu 水/n 、/wu 电/n 等/u
8	欠据	dz|p	[瑞典/ns 政府/n]nt 还/d 通过/p 政府/n 补贴/v 的/ud 方式/n
9	欠据	dz|p	瑞典/ns 通过/p 税收/n 优惠/v 、/wu 政府/n 补贴/v 等/u 方式/n
10	欠据	dz|p	该/rz 公司/n 曾/d 接受/v 政府/n 补贴/v
11	欠据	jb	欧盟/jn 认为/v 有违/v [世贸/j 组织/n]nt 有关/p 补贴/n 的/ud 协议/n
12	欠据	fz	总公司/n 采取/v 的/ud 不/d 是/vl 补贴/v 的/ud 办法/n

当"补贴"充当定中结构中心语、动词宾语时（例 1 至例 4），其名词词性判断有据；当"补贴"充当谓语、状中结构中心语时（例 5 至例 7），其动词词性判断有据；而当"补贴"所在句法结构的类型不清晰时（例 8 至例 10），或是充当介词宾语（例 9）、"的"字结构中心语时（例 12）时，其词性判断欠据。主要的结构模糊类型是定中结构和主谓结构之间的模糊。

例句（22）：该/rz 公司/n 曾/d 接受/v 政府/n 补贴/v 。/wj

这句中"政府 补贴"既可以理解为"政府的补贴行为"，这种理解对应主谓结构，政府是补贴行为的发出者，也是主语；也可以理解为"政府发放的补贴"，这种理解对应定中结构，指由政府发放的补贴，"政府"是限定语，"补贴"是中心语。两种理解均可以接受，因此，不仅是语法欠据，而且是语义欠据，造成"补贴"在这些语境中的词性难以确定。

5.6.4　区别词—副词兼类

在《语法信息词典》的词类体系中，区别词与副词的兼类是狭义兼类，即认为这类词具有意义同一性，但由于语法功能不同而发生兼类。区别词与副词的定义决定了二者不可能发生兼类，因此这类兼类词在逻辑上存在问题。即使不考虑二者在词类定义层面是否可能兼类，仅考察词性标注也存在欠据问题。区别词—副词（b-d）兼类在《加工规范》中进行了规定，具体内容有两点。

① 若此词作状语，则为副词。

② 若此词作定语，或与"的"组成"的"字结构，则为区别词。

从区分的规则来看，《加工规范》中的操作方法已经背离了区别词与副词的定义，将"副词是只能作状语的词"变为了"若此词作状语，则为副词"，区别词与此类似。但此处不深入探讨这个问题，而是依照《加工规范》的规定来判断 b-d 兼类词在语境中是否能够清晰判断。根据《加工规范》的规定，此类调查集中在"是否能够清晰地区分出定语还是状语"，对于能够清晰地区分出定语或状语的样例，则标示为有据，对于不能清晰区分出定语还是状语，或是兼有定语和状语的两种可能的样例，则标示为欠据。表 5-35 给出调查结果。

表 5-35　b-d 兼类的总体标注情况

序号	兼类类型	词性	词例数/个	欠据/个	欠据比例/%
1	b-d	b	2606	428	16.42
2	b-d	d	3767	233	6.19
总计		b-d	6373	661	10.37

从表 5-35 可以看出，尽管在标注规范中明确地提出以词例在具体语境中的句法功能为标准确定词性，但仍然有 10.37%强的词例的句法功能难以确定，进而就不可能清晰地为这些词标注词性，产生词性欠据。这种词性

欠据与前面提到的广义兼类中的词性欠据稍有不同，广义兼类的不同词性的词之间的词义有明显差别，而在狭义兼类中的不同词性的词之间的词义没有明显差别，属于同一个意义的词由于句法功能不同而具有不同词性。表 5-36 给出了 b-d 兼类词在语义关系中的词性欠据的分布情况。

表 5-36　b-d 兼类中语义关系与词性欠据分布

序号	语义关系	总词数/个	欠据词数/个	欠据词比例/%	总词例数/个	欠据词例数/个	欠据词例比例/%
1	同义	89	77	86.52	4379	533	12.17
2	同形异质	7	3	42.86	1326	44	3.32
3	多侧面	3	3	100.00	608	80	13.16
4	隐喻	1	1	100.00	17	2	11.76
5	同形异质+同义	1	1	100.00	43	2	4.65
	总计	101	85	84.16	6373	661	10.37

表 5-37 给出了 b-d 兼类中各语义关系中词性欠据的词表。

表 5-37　b-d 兼类中各语义关系中词性欠据的词表

语义关系	词性欠据的词								
同形异质	反	一定	总						
同形异质+同义	人工								
多侧面	共同	口头	快速						
同义	毕生	长期	长足	超常规	超高速	成批	初步	大规模	单个	单向
	定期	定向	独家	短期	对内	多重	恶性	非常	非法	非正式
	高速	急剧	间接	跨越式	历次	立体	连年	良性	临场	临时
	零星	切身	亲笔	亲身	全景式	全盘	全天候	人为	日常	书面
	双向	双重	随机	随身	天然	跳跃式	通常	同等	同样	唯一
	无偿	无记名	无私	无障碍	相对	相互	一次性	一贯	硬性	永久
	永远	由衷	有偿	有机	原	原来	原先	暂时	真正	衷心
	逐案	主要	专门	自动	自费	最初	最终			
隐喻	正面								

表 5-38 给出了 b-d 兼类不同词性欠据程度词表。

表 5-38　b-d 兼类不同词性欠据程度词表

序号	欠据程度	词性欠据的词									
1	0<欠据比例<0.5	毕生	长期	成批	初步	大规模	单个	定期	定向	独家	短期
		多重	恶性	反	非常	非法	非正式	高速	共同	急剧	间接
		跨越式	快速	历次	连年	临场	临时	零星	切身	亲笔	亲身
		全景式	全盘	人工	人为	双重	随机	随身	天然	通常	同等
		同样	唯一	无偿	无记名	无私	相对	相互	一次性	一定	一贯
		硬性	永久	永远	由衷	有偿	有机	原	原来	原先	暂时
		真正	正面	衷心	主要	专门	自动	自费	总	最初	最终
2	0.5<欠据比例<1	长足	超常规	超高速	对内	口头	立体	良性	全天候	日常	书面
		双向									
3	完全欠据	单向	跳跃式	无障碍	逐案						
4	无欠据	本来	超负荷	大幅	大致	单独	方	分外	起码	全新	任意
		天生	小幅	整个	正	专职	自发				

b-d 兼类中全有据与全欠据的分布情况如表 5-39 所示。

表 5-39　b-d 兼类中全有据与全欠据的分布　　（单位：个）

兼类类型	总词数	全欠据	全有据	欠据有据兼有
b-d	101	4	16	81

表 5-40 以"长期"一词为例给出了 b-d 兼类的样例分析。

表 5-40　"长期"的 b-d 兼类样例分析

序号	标示	句法功能	语境
1	有据	z	要求/v 长期/d 在/p 渔排/n 上/f 生产/v 作业/vi
2	有据	z	长期/d 在/p 基层/n 工作/vi 的/ud 同志/n
3	有据	z	希望/v 欧盟/jn 长期/d 支持/v 中国/ns 加入/v [世贸/j 组织/n]nt 的/ud 立场
4	有据	d	其次/c，/wd [艾默生/nz 电气/n 公司/n]nt 将/p 长期/b 战略/n 目标/n 寓于/v 精确/ad 量化/v 的/ud 短期/b 目标/n
5	有据	d	规划/n 必须/d 体现/v 全局/n 意识/n 和/c 长期/b 行为/n
6	欠据	d|z	重视/v 公司/n 的/ud 长期/b 发展/vn
7	欠据	d|z	以色列/ns 的/ud 长期/b 封锁/vn 使/v 巴/jn 经济/n 严重/ad 依附/v 于/p 以

续表

序号	标示	句法功能	语境
8	欠据	d|z	老/a 同志/n 们/k 在/p 长期/d 革命/vi 斗争/v 中/f 形成/v 的/ud 光荣/a 传统/n
9	欠据	d|z	大/a 批/qj 国内/s 有/vx 影响/vn 报刊/n 的/ud 长期/d 合作/v
10	欠据	d|z	导致/v 长期/b 激励/vn 机制/n 的/ud 失效/vn 。/wj
11	欠据	d|z	企业/n 陷于/v 长期/b 亏损/vn 境地/n 。/wj

当"长期"所在的句法成分清晰时（例 1 至例 5），"长期"的词性判断有据，如作定语为区别词词性，而作状语是副词词性；当"长期"所在的句法成分不清晰时（例 6 至例 11），"长期"的词性判断欠据，句法成分不清晰的原因有两种情况。

1. 句法结构不清晰

造成"长期"词性判定欠据的一个原因是其所在短语的句法结构类别不清晰，例如：

长期　激励　机制

这个短语的句法结构可以分析为以下两种。

[dz[zz 长期　激励] 机制]

[dz 长期　[dz 激励　机制]][1]

两种不同的句法结构分析，使得"长期"修饰的成分发生变化，当"长期"修饰"激励"时，句法结构是状中结构，"长期"作状语，标为副词词性；当"长期"修饰"机制"时，句法结构是定中结构，"长期"作定语，标为区别词词性。

2. 被修饰词的词性不清

另外一个造成词性判定欠据的原因是被修饰词的词性不清，例如：

企业　陷于　长期　亏损　境地　。

由于"亏损"在词典中属于名词与动词两个类别，因此在"亏损"的不同词性条件下，"长期"的句法功能是不同的。当"亏损"为名词时，"长期"作定语，应标注为区别词词性；当"亏损"是动词时，"长期"

---

① 注：dz 代表定中结构，zz 代表状中结构。

作状语，应标注为副词词性。

以上这些情况都被标示为欠据。表 5-41 以"非法"一词为例给出了 b-d 兼类的样例分析。

表 5-41 "非法"的 b-d 兼类样例分析

序号	标示	句法功能	语境
1	有据	d	为了/p 做成/v 这些/rz 非法/b 的/ud 赚钱/a 买卖/n
2	有据	d	走私/v 导弹/n 到/v 利比亚/ns 是/vl 非法/b 的/ud ，/wd
3	有据	d	贩卖/v 非法/b 读物/n
4	有据	z	不得/v 非法/d 干涉/v 、/wu 干预/v 公安/n 民警/n
5	有据	z	利用/v 职权/n 非法/d 干预/v 统计/vn 数据/n
6	有据	z	债权人/n 被/p 县/n 公安局/n 非法/d 关押/v 长/a 达/v 天/qt 。/wj
7	欠据	vb	为/vl 理由/n 的/ud 歧视/vn 皆/d 为/vl 非法/d 。/wj
8	欠据	d|z	以/p 此/rz 打击/v 非法/b 盗版/n 活动/vn 。/wj
9	欠据	d|z	许多/m 非法/b 屠宰/vn 点/n ，/wd 屠宰/vn 设施/n 简陋/a ，/wd
10	欠据	d|z	在/p 非法/b 武装/vn 分子/n 企图/v 攻占/v 的/ud 沙利镇
11	欠据	d|z	俄军/j 士兵/n 在/p 格罗兹尼/ns 郊区/s 向/p 非法/b 武装/vn 分子/n 射击/vi 。/wj
12	欠据	d|z	近年来/l ，/wd 社会/n 上/f 非法/d 行医/vi 者/k 甚/Dg 多/a
13	欠据	d|z	古/jn 美/jn 之间/f 在/p 古巴/ns 非法/b 移民/vn 问题/n 上/f 的/ud 争执/vn 由来已久

"非法"的词性欠据情况与"长期"基本相同，也存在句法结构模糊以及被修饰词词性模糊而造成其词性判断欠据的情况，例如：

非法/b 屠宰/vn 点/n

可以分析为以下两种。

[dz 非法/b [dz 屠宰/vn 点/n]]

[dz[zz 非法/d 屠宰/vn] 点/n]

这两种结构中的"非法"对应着不同的词性，任何一种分析都有其合理性，都不会影响到整个短语的理解，因此认为"非法"的词性判断欠据，此外在"非法"充当动词宾语时，如表 5-41 中的例 7，其词性判定也欠据。

5.6.5 形容词—区别词兼类

按照《语法信息词典》的词类体系，形容词与区别词的兼类词只能是同形异质的词，词性判断实际上也是词的同一性判断，在同一性判断中存在欠据问题。形容词—区别词（a-b）兼类在《加工规范》中并未规定区分方法，在调查中，这类兼类词只有"机动"和"正"两个词，这两个词的语义关系都是同形异质，尽管"机动"具有两个不同的词义，但这两个不同词义的"机动"在词性判断上仍然存在欠据的情况，具体调查数据如表5-42所示。

表 5-42　a-b 兼类的总体标注情况

序号	兼类类型	词性	词例数/个	欠据/个	欠据比例/%
1	a-b	a	23	3	13.04
2	a-b	b	13	2	15.38
总计		a-b	36	5	13.89

表 5-43 给出了 a-b 兼类中语义关系与词性欠据分布情况。

表 5-43　a-b 兼类中语义关系与词性欠据分布表

序号	语义关系	总词数/个	欠据词数/个	欠据词比例/%	总词例数/个	欠据词例数/个	欠据词例比例/%
1	同形异质	2	1	50.00	36	5	13.89
总计		2	1	50.00	36	5	13.89

表 5-44 给出了 a-b 兼类中各语义关系中词性欠据的词表。

表 5-44　a-b 兼类中各语义关系中词性欠据的词表

语义关系	词性欠据的词
同形异质	机动

表 5-45 给出了 a-b 兼类不同词性欠据程度词表。

表 5-45　a-b 兼类不同词性欠据程度词表

序号	欠据程度	词性欠据的词
1	0<欠据比例<0.5	机动
2	无欠据	正

表 5-46 给出了 a-b 兼类中全有据与全欠据的分布情况。

表 5-46　a-b 兼类中全有据与全欠据的分布　　（单位：个）

兼类类型	总词数	全欠据	全有据	欠据有据兼有
a-b	2	0	1	1

表 5-47 以"机动"一词为例给出了 a-b 兼类样例分析。

表 5-47　"机动"的 a-b 兼类样例分析

序号	标示	句法功能	语境
1	有据	d	交通部/nt 要求/v 有关/vn 部门/n 准备/v 部分/m 机动/b 车船/n
2	有据	d	机动/b 车辆/n 总量/n 继续/v 增加/v
3	有据	d	财产/n 保险/vn 、/wu 家庭/n 财产/n 保险/vn 、/wu 机动/b 车辆/n 保险/vn
4	有据	d	近日/t 推出/v 的/ud 一/m 项/qe 机动/b 车险/j 名/Ag 优/Ag 工程/n
5	有据	d	治理/v 出租车/n 、/wu 中巴车/n 、/wu 机动/b 三轮车/n 、/wu 自行车/n 交通/n 违章/vn 行为/n
6	欠据	d	发射/v "/wyz 飞毛腿/n "/wyy 导弹/n 的/ud 机动/b 发射器/n
7	欠据	vb	由于/p 分配/v 多/a 层次/n 、/wu 层层/q 留/v 机动/b ，/wd 也/d 造成/v 预算/n 的/ud 随意性/n 。/wj
8	欠据	d	记者/n 随/p [云南省/ns 林业/n 厅/n 公安/n 处/n 机动/b 队/n]nt
9	欠据	d	成立/v 应急/vn 机动/a 维修/vn 分队/n
10	欠据	d	应急/vn 机动/a 维修/vn 分队/n
11	欠据	d|z	空降兵/n 部队/n 通过/p 空降/v 机动/a 训练/vn

　　"机动"在《现汉》中被分为两个词条给予释义，分别是：①形容词，属性词，利用机器开动的。②形容词，一表权益（处置）、灵活（运用）的意思，另一是属性词，表准备灵活运用的意思。

　　在词性判断有据的 5 个"机动"的样例中，"机动"都表示"利用机器开动的"，并且都在定语位置上；而在 6 个欠据样例中，"机动"的词义表示"权宜（处置）；灵活（运用）"或"准备灵活运用的"。在表示这种词义时，"机动"发生了兼类，有时被标为形容词，有时被标为区别词。由上表可知，例 7 中"机动"作谓词宾语，在这个语法位置无法区分形容词与区别词；例 8 至例 10 中"机动"都作定语，而形容词与区别词都可以作定语，因此也无法清晰区分形容词与区别词；例 11 中的"机动"既可能是定语也可能是状语，当作定语时，"机动"无法区分区别词与形容词。因此，尽管"机动"的语义关系为同形异质，但是在某一种特定词义的不同词例上还是存在有词性判断欠据的现象。

5.6.6　形容词—副词兼类

按照《语法信息词典》的词类体系，形容词与副词的兼类词只能是同形异质的词，词性判断实际上也是词的同一性判断，在同一性判断中存在欠据问题。形容词—副词兼类在《加工规范》中没有说明，由于北大词类体系中承认词类的多功能性，也就是承认形容词可以作状语，而副词的唯一句法功能就是作状语，所以除了同形异质外，当同一个形容词与副词的兼类词处于状语位置时，都难以清晰分辨其词性。由于形容词还可以处于其他句法位置，副词只能作状语，所以二者之间存在区别特征，如表 5-48 所示。

表 5-48　形容词—副词（a-d）的主要语法特征

词类	能否受"很"修饰	能否受"不"修饰	能否作谓语	能否作定语	能否作主宾语	能否作状语
形容词	+	+	+	+	+	+
副词	−	−	−	−	−	+

表 5-49 给出了 a-d 兼类的总体标注情况。

表 5-49　a-d 兼类的总体标注情况

序号	兼类类型	词性	词例数/个	欠据/个	欠据比例/%
1	a-d	a	10321	0	0.00
2	a-d	d	2355	930	39.49
总计		a-d	12676	930	7.34

表 5-50 给出了 a-d 兼类中语义关系与词性欠据分布情况。

表 5-50　a-d 兼类中语义关系与词性欠据分布

序号	语义关系	总词数/个	欠据词数/个	欠据词比例/%	总词例数/个	欠据词例数/个	欠据词例比例/%
1	同义	20	20	100.00	4469	705	15.78
2	隐喻	7	4	57.14	3420	24	0.70
3	同形异质+同义	2	2	100.00	1480	192	12.97
4	同形异质	16	1	6.25	3277	8	0.24
5	多侧面	1	1	100.00	30	1	3.33
总计		46	28	60.87	12676	930	7.34

表 5-51 给出了 a-d 兼类中各语义关系中词性欠据的词表。

表 5-51　a-d 兼类中各语义关系中词性欠据的词表

语义关系	词性欠据的词								
同形异质	真								
同形异质+同义	多	快							
多侧面	肯定								
同义	长	纯粹	大	独	分明	干脆	高效	根本	狠	净
	绝对	乱	满	齐	全	少	深	虚	异常	专
隐喻	粗	紧	死	细细					

表 5-52 给出了 a-d 兼类不同词性欠据程度词表。

表 5-52　a-d 兼类不同词性欠据程度词表

序号	欠据程度	词性欠据的词									
1	0<欠据比例<0.5	长	纯粹	粗	大	多	高效	根本	净	肯定	快
		满	全	少	深	死	虚	异常	真		
2	0.5<欠据比例<1	独	分明	干脆	狠	紧	绝对	乱	齐	细细	专
3	无欠据	白	光	好	老	猛	偏	轻轻	实在	顺手	特别
		新	硬	正	直	重	准	自然	足		

表 5-53 给出了 a-d 兼类中全有据与全欠据的分布情况。

表 5-53　a-d 兼类中全有据与全欠据的分布　　（单位：个）

兼类类型	总词数	全欠据	全有据	欠据有据兼有
a-d	46	0	18	28

表 5-54 以"绝对"一词为例给出了 a-d 兼类样例分析。

表 5-54　"绝对"的 a-d 兼类样例分析

序号	标示	句法功能	语境
1	有据	fz	以/p 绝对/a 的/ud 优势/n 击败/v 了/ul 对手/n
2	有据	fz	你/rr 决策/vi 来/v 利泰/ns 是/vl 绝对/a 的/ud 正确/a 。/wj
3	有据	d	当作/vl 无可/d 怀疑/v 的/ud 绝对/a 命令/n

续表

序号	标示	句法功能	语境
4	有据	d	可以/vu 作为/vl 依据/n 的/ud 绝对/a 年代/n 只能/vu 上溯/vi 到/p 西周/tt 晚期/f
5	有据	d	俄军/j 占有/v 绝对/a 优势/n
6	有据	d	以/p 绝对/a 优势/n ，/wd 战胜/v 对手/n 巴西队/nt 获得/v 冠军/n
7	欠据	z	非/h 处方药/n 是否/v 绝对/d 安全/a ？/ww
8	欠据	z	卤/v 制/v 时/Ng 要/vu 绝对/d 把握/v 好/a 火候/n
9	欠据	z	占据/v 议会/n 绝对/d 多数/m 席位/n
10	欠据	z	绝对/d 盲从/v ，/wd 不/d 能/vu 去/vi 研究/v
11	欠据	z	约/d 有/v 45%/m 的/ud 居民/n 生活/vi 在/p 绝对/d 贫困/a 之中/f
12	欠据	z	目前/t ，/wd 全/a 县/n 已/d 告别/v 了/ul 绝对/d 贫困/a 。/wj
13	欠据	d|z	乘客/n 对/p 民航/n 的/ud 绝对/d 信任/v 是/vl 民航/n 市场/n 的/ud 基础/n
14	欠据	z	不/d 知情/vi 的/ud 人/n 路过/v 此处/rz ，/wd 绝对/d 以为/v 它/rr 原本/d 就/d 是/vl 一个/mq 吃喝玩乐/i 的/ud 地方/n

在表 5-54 中的例 1 至例 6 中，"绝对"都作"的"字结构中心语或是定语，可以明确判定其形容词词性，而在例 7 至例 14 中，"绝对"都作状语（其中例 13 中如将"信任"当作名词，"绝对"还可能作定语），而形容词与副词都可以占据状语位置，且"绝对"在作状语时的词义与作定语时的词义没有大的变化，都表示"完全、一定"或者表示程度很高的意思，所以，例 7 至例 14 中"绝对"的词性都欠据。

5.6.7　区别词—名词兼类

按照《语法信息词典》的词类体系，区别词与名词的兼类词只能是同形异质的词，词性判断实际上也是词的同一性判断，在同一性判断中存在欠据问题。《加工规范》中没有给出区别词—名词（b-n）兼类的区分方法，二者在非同形异质关系的情况下，如果都位于定语或"的"字结构中心语的位置时，词性难以分辨，而位于其他句法位置时，一般情况下名词词性是有据的，主要语法特征如表 5-55 所示。

表 5-55　区别词—名词（b-n）的主要语法特征

词类	主宾语	数量词修饰	作定语	"的"字结构中心语
区别词	－	－	＋	＋
名词	＋	＋	＋	＋

表 5-56 给出了 b-n 兼类的总体标注情况。

表 5-56　b-n 兼类的总体标注情况

序号	兼类类型	词性	词例数/个	欠据/个	欠据比例/%
1	b-n	b	71	19	26.76
2	b-n	n	94	13	13.83
3	总计	b-n	165	32	19.39

表 5-57 给出了 b-n 兼类中语义关系与词性欠据分布情况。

表 5-57　b-n 兼类中语义关系与词性欠据分布表

序号	语义关系	总词数/个	欠据词数/个	欠据词比例/%	总词例数/个	欠据词例数/个	欠据词例比例/%
1	同义	8	8	100.00	46	19	41.30
2	隐喻	1	1	100.00	20	9	45.00
3	同形异质	3	1	33.33	99	4	4.04
4	总计	12	10	83.33	165	32	19.39

表 5-58 给出了 b-n 兼类中各语义关系中词性欠据的词表。

表 5-58　b-n 兼类中各语义关系中词性欠据的词表

语义关系	词性欠据的词						
同形异质	人工						
同义	后进	尖端	口头	全景式	五星	学龄	一年期　远洋
隐喻	正面						

表 5-59 给出了 b-n 兼类不同词性欠据程度词表。

表 5-59　b-n 兼类不同词性欠据程度词表

序号	欠据程度	词性欠据的词				
1	0<欠据比例<0.5	尖端	口头	人工	远洋	正面
2	完全欠据	后进	全景式	五星	学龄	一年期
3	无欠据	分	家用			

表 5-60 给出了 b-n 兼类中全有据与全欠据的分布情况。

表 5-60　b-n 兼类中全有据与全欠据的分布　　　（单位：个）

兼类类型	总词数	全欠据	全有据	欠据有据兼有
b-n	12	5	2	5

表 5-61 以"后进"为例给出了 b-n 兼类样例分析。

表 5-61　"后进"的 b-n 兼类样例分析

序号	标示	句法功能	语境
1	欠据	d	村级/b 后进/b 班子/n 整顿/v 、/wu 综合治理/l 、/wu
2	欠据	d	湖南省/ns 怀化市/ns 从/p 集中/ad 整顿/v 农村/n 后进/b 党组织/n 等/u 方面/n 入手/vi
3	欠据	d	超前性/n 创新型/n 思考题/n ，/wd 为/p 后进/b 学生/n 设计/v 基本题/n
4	欠据	d	采取/v 有效/a 措施/n ，/wd 解决/v 四一村/ns 后进/n 问题/n

"后进"在这 4 个样例中都作定语，其中例 1、例 2、例 3 中"后进"被标注为 b，例 4 的"后进"被标注为 n，无论 b 还是 n 都可以出现在定语位置上，且这 4 个样例中的"后进"的词义没有差别，非同形异质关系，因此词性判断欠据。

5.6.8　区别词—动词兼类

按照《语法信息词典》的词类体系，区别词与动词的兼类词只能是同形异质的词，词性判断实际上也是词的同一性判断，在同一性判断中存在欠据问题。《加工规范》中没有给出区别词—动词（b-v）兼类的区分方法，二者在非同形异质关系的情况下，如果都位于定语或"的"字结构中心语的位置时，词性难以分辨，而位于其他句法位置时，一般情况下动词词性是有据的，主要语法特征如表 5-62 所示。

表 5-62　区别词—动词（b-v）的主要语法特征

词类	受"不"修饰	带宾语	作核心谓语词	作状中结构中心语	作定语或"的"字结构中心语
区别词	−	−	−	−	+
动词	+	+	+	+	+

表 5-63 给出了 b-v 兼类的总体标注情况。

表 5-63　b-v 兼类的总体标注情况

序号	兼类类型	词性	词例数/个	欠据/个	欠据比例/%
1	b-v	b	345	11	3.19
2	b-v	v	488	21	4.30
总计		b-v	833	32	3.84

表 5-64 给出了 b-v 兼类中语义关系与词性欠据分布情况。

表 5-64　b-v 兼类中语义关系与词性欠据分布表

序号	语义关系	总词数/个	欠据词数/个	欠据词比例/%	总词例数/个	欠据词例数/个	欠据词例比例/%
1	同义	6	6	100.00	67	24	35.82
2	隐喻	1	1	100.00	4	4	100.00
3	同形异质	7	1	14.29	527	2	0.38
4	同形异质+同义	1	1	100.00	235	2	0.85
总计		14	8	57.14	833	32	3.84

表 5-65 给出了 b-v 兼类中各语义关系中词性欠据的词表。

表 5-65　b-v 兼类中各语义关系中词性欠据的词表

语义关系	词性欠据的词
同形异质	过路
同形异质+同义	反
同义	串行　首发　现任　在线　直属　自费
隐喻	反

表 5-66 给出了 b-v 兼类不同词性欠据程度词表。

表 5-66　b-v 兼类不同词性欠据程度词表

序号	欠据程度	词性欠据的词
1	0<欠据比例<0.5	反　首发　现任　在线　直属
2	0.5<欠据比例<1	过路
3	完全欠据	串行　自费
4	无欠据	分　负　所有　相对　整装　正

表 5-67 给出了 b-v 兼类中全有据与全欠据的分布情况。

表 5-67　b-v 兼类中全有据与全欠据的分布　　（单位：个）

兼类类型	总词数	全欠据	全有据	欠据有据兼有
b-v	14	2	6	6

表 5-68 以"现任"为例给出了 b-v 兼类样例分析。

表 5-68　"现任"的 b-v 兼类样例分析

序号	标示	句法功能	语境
1	有据	p	杨/nrf 向中/nrg 教授/n 现任/v [美国/ns 康涅狄格州/ns 大学/n 生物技术/n 中心/n]nt 顾问/
2	有据	p	李/nrf 映周/nrg 现任/v [韩国/ns 新/a 政治/n 国民/n 会议/n 国际/n 协力/d 委员会/n]nt 副/b 委员长/n 。/wj
3	欠据	d	投票/vn 结果/n 表明/v ，/wd 现任/v 副/b 总统/n 戈尔/nr 以/p 63%/m 对/v 35%/m 胜出
4	欠据	d	洒河桥镇/ns 三/m 村/n 现任/v 村委会/jn 主任/n 、/wu 主任/n 候选人/n 之一/rz
5	欠据	d	联合国/nt 秘书长/n 安南/nr 17 日/t 正式/ad 提名/v 现任/v 瑞典/ns 驻/v 美国/ns 大使/n 罗尔夫·埃克乌斯/nr 为/vl [联合国/nt 对/p 伊拉克/ns 武器/n 监测/vn 、/wu 核查/vn 和/c 视察/vn 委员会/n]nt 主席/n 。/wj
6	欠据	d	[史克必成/nz 公司/n]nt 现任/v 第二/m 把/qe 手/n 琼-皮埃尔·加尼尔/nr 将/d 出任/v 新/a 公司/n 执行/vn 总裁/n ，/wd
7	欠据	d	民主党/n 主要/b 总统/n 竞选人/n 、/wu 现任/v 美国/ns 副/b 总统/n 戈尔/nr 说/v
8	欠据	d	[联邦/n 储备/vn 委员会/n]nt 现任/b 主席/n :/wm 艾伦·格林斯潘/nr ;/wf
9	欠据	d	那/c 科尔/nr 提拔/v 起来/vq 的/ud 现任/b 主席/n 朔伊布勒/nr 等/u 领导人/n 就/d 很/d 难/a 在/p 政坛/n 上/f 立足/v 。/wj
10	欠据	d	[中国/ns 女篮/n]nt 现任/b 主教练/n 宫/nrf 鲁鸣/nrg 曾/d 说
11	欠据	d	俄罗斯/ns 现任/b 代总统/n 兼/v 总理/n 普京/nr 是/vl 一个/mq 很/d 会/vu 算计/v 的/ud 人/n 。/wj
12	欠据	d	首席/n 执行官/n 这/rz 一/m 职务/n 由/p 现任/b 公司/n 总裁/n 巴尔默/nr 接任/v 。/wj

"现任"在《现汉》中的释义是：①动词，现在担任（职务）；②形容词，属性词，现在任职的。

在表 5-68 的例句中，例 1、例 2 中的"现任"都是充当谓语，带有宾语成分，因此有较为充分的依据判断为动词，而例 3 至例 7 中的"现任"都被标注为动词，例 8 至例 12 的"现任"都被标注为区别词，在这些例句中，"现任"都是充当定语，由于动词与区别词都可以充当定语，因此在这些例句中的"现任"的词性判断都属于语法欠据。

5.6.9　副词—名词兼类

按照《语法信息词典》的词类体系，副词与名词的兼类词只能是同形异质的词，词性判断实际上也是词的同一性判断，在同一性判断中存在欠据问题。《加工规范》中没有给出副词—名词（d-n）兼类的区分方法，表 5-69 给出了二者的区别性语法特征，其中副词的主要语法功能就是作状语，而名词有时也会作状语（如 "掌声欢迎""协议离婚"等），但作状语不是名词的典型句法功能。

表 5-69　副词—名词（d-n）的主要语法特征

词类	主宾语	数量词修饰	作定语	作状语
副词	－	－	－	＋
名词	＋	＋	＋	？

注："？"代表非典型的语法功能。

表 5-70 给出了 d-n 兼类的总体标注情况。

表 5-70　d-n 兼类的总体标注情况

序号	兼类类型	词性	词例数/个	欠据/个	欠据比例/%
1	d-n	d	4303	582	13.53
2	d-n	n	1424	22	1.54
总计		d-n	5727	604	10.55

表 5-71 给出了 d-n 兼类中语义关系与词性欠据分布情况。

表 5-71　d-n 兼类中语义关系与词性欠据分布

序号	语义关系	总词数/个	欠据词数/个	欠据词比例/%	总词例数/个	欠据词例数/个	欠据词例比例/%
1	同义	28	27	96.43	1641	594	36.20
2	隐喻	7	2	28.57	585	10	1.71

续表

序号	语义关系	总词数/个	欠据词数/个	欠据词比例/%	总词例数/个	欠据词例数/个	欠据词例比例/%
3	同形异质	10	0	0.00	3443	0	0.00
4	同形异质+隐喻	1	0	0.00	58	0	0.00
	总计	46	29	63.04	5727	604	10.55

表 5-72 给出了 d-n 兼类中各语义关系中词性欠据的词表。

表 5-72　d-n 兼类中各语义关系中词性欠据的词表

语义关系	词性欠据的词								
同义	必然	大体	低速	定点	定额	恶意	高价	节节	决心	口头
	苦心	模范	全景式	全力	日夜	深情	始终	手工	顺序	同时
	一手	义务	原本	直线	重点	昼夜	专项			
隐喻	根本	正面								

表 5-73 给出了 d-n 兼类不同词性欠据程度词表。

表 5-73　d-n 兼类不同词性欠据程度词表

序号	欠据程度	词性欠据的词								
1	0<欠据比例<0.5	必然	低速	定点	高价	根本	决心	口头	模范	同时	一手
		义务	原本	正面	直线	重点	专项				
2	0.5<欠据比例<1	苦心	全力	日夜	深情	始终	昼夜	恶意			
3	完全欠据	大体	定额	节节	全景式	手工	顺序				
4	无欠据	本	边	才	高度	光	将	究竟	连	人工	深
		时刻	相	像	一面	早晚	真心	自然			

表 5-74 给出了 d-n 兼类中全有据与全欠据的分布情况。

表 5-74　d-n 兼类中全有据与全欠据的分布　　　　　（单位：个）

兼类类型	总词数	全欠据	全有据	欠据有据兼有
d-n	46	6	17	23

表 5-75 以"恶意"为例给出了 d-n 兼类样例分析。

表 5-75　　"恶意"的 d-n 兼类样例分析

序号	标示	句法功能	语境
1	有据	z	不必/d 害怕/v 外人/n 的/ud 恶意/d 诽谤/v 和/c 中伤/v ,/wd
2	有据	z	借口/v 人权/n 对/p 中国/ns 进行/vx 恶意/d 攻击/v ,/wd
3	有据	vb	流氓/n 心/n 生/v 恶意/n ,/wd 到处/d 诋毁/v 女/b 孩子/n 名誉/n 。/wj
4	欠据	fz	意见/n 与/p 事实/n 有/vx 出入/n ,/wd 有的/rz 甚至/d 是/vl 恶意/d 的/ud 、/wu
5	欠据	fz	出现/v 恶意/d 的/ud 计算机/n 网络/n 系统/n 入侵/v ,/wd
6	欠据	fz	使/v 一些/mq 恶意/d 的/ud 欺诈/vn 行为/n 被/p 制止/v 在/p 萌芽/vn 状态/n 。/wj
7	欠据	fz	法制/n 建设/vn 方面/n 的/ud 成就/n 进行/vx 恶意/n 的/ud 诋毁/vn ,/wd
8	欠据	d	公然/d 与/p 全/a 中国/ns 人民/n 和/c 国际/n 社会/n 对抗/v 的/ud 恶意/d 行径/n 违背/v 两岸/n 人民/n 的/ud 根本/a 利益/n ,/w

"恶意"在《现汉》中的释义是：名词，不良的用心，坏的用意。

在表 5-75 的样例中，例 1、例 2 中的"恶意"都是作状语，修饰动词，因此可以较为清晰地判定其副词词性。例 3 的"恶意"作宾语，可以较为清晰地判定其名词词性。但是，例 4 至例 7 中的"恶意"都是作的字短语的中心语，从语法特征上看，在这些结构中的"恶意"既不是副词词性，也不是名词词性，更像是形容词词性，表示一种性质义；例 8 中的"恶意"作定语，也表现出性质义的特征，在这些例句中"恶意"的语法特征不足以判定其是副词还是名词，因此标示为欠据。

5.6.10　副词—动词兼类

按照《语法信息词典》的词类体系，副词与动词的兼类词只能是同形异质的词，词性判断实际上也是词的同一性判断，在同一性判断中存在欠据问题。《加工规范》中没有给出副词—动词（d-v）兼类的区分方法，二者在非同形异质关系的情况下，如果都位于状语位置时，词性难以分辨，而位于其他句法位置时，一般情况下动词词性是有据的，主要语法特征如表 5-76 所示。

表 5-76　副词—动词（d-v）的主要语法特征

词类	受"不"修饰	带宾语	作核心谓语词	作状中结构中心语	作状语
副词	－	－	－	－	＋
动词	＋	＋	＋	＋	＋

表 5-77 给出了 d-v 兼类的总体标注情况。

表 5-77　d-v 兼类的总体标注情况

序号	兼类类型	词性	词例数/个	欠据/个	欠据比例/%
1	d-v	d	7266	606	8.34
2	d-v	v	2682	126	4.70
总计		d-v	9948	732	7.36

表 5-78 给出了 d-v 兼类中语义关系与词性欠据分布情况。

表 5-78　d-v 兼类中语义关系与词性欠据分布

序号	语义关系	总词数/个	欠据词数/个	欠据词比例/%	总词例数/个	欠据词例数/个	欠据词例比例/%
1	同义	22	20	90.91	784	492	62.76
2	同形异质	29	6	20.69	8364	21	0.25
3	同形异质+同义	3	3	100.00	327	181	55.35
4	隐喻	6	2	33.33	473	38	8.03
总计		60	31	51.67	9948	732	7.36

表 5-79 给出了 d-v 兼类中各语义关系中词性欠据的词表。

表 5-79　d-v 兼类中各语义关系中词性欠据的词表

语义关系	词性欠据的词								
同形异质	并	过	没有	无	在	重			
同形异质+同义	多	够	准						
同义	并排	不许	乘机	反复	分级	回头	加倍	肯定	连	乱
	略	拼命	齐	少	同	误	像	有意	自费	足额
隐喻	仿佛	满							

表 5-80 给出了 d-v 兼类不同词性欠据程度词表。

表 5-80　d-v 兼类不同词性欠据程度词表

序号	欠据程度	词性欠据的词									
1	0<欠据比例<0.5	并 在	过 重	肯定 准	连	略	满	没有	拼命	无	误
2	0.5<欠据比例<1	多 像	反复	仿佛	分级	够	回头	加倍	乱	齐	少
3	完全欠据	并排	不许	乘机	同	有意	自费	足额			
4	无欠据	比较 还 相当	别 紧 相对	长 就 休	从严 可 照	到底 立 正	顶 偏 直	定 死 至	反 随 终归	分别 挺 愣	光 现

表 5-81 给出了 d-v 兼类中全有据与全欠据的分布情况。

表 5-81　d-v 兼类中全有据与全欠据的分布　　　（单位：个）

兼类类型	总词数	全欠据	全有据	欠据有据兼有
d-v	60	7	29	24

表 5-82 以"有意"为例给出了 d-v 兼类样例分析。

表 5-82　"有意" d-v 兼类样例分析

序号	标示	句法功能	语境
1	有据	p	说者/n 无心/vi ，/wd 听者/n 有意/vi ，/wd
2	有据	z	科尔/nr 领导/v 下/f 的/ud 基民盟/jn 有意/d 规避/v 政党/n 法/n 所/us 规定/v 的/ud 政党/n 财务/n
3	欠据	p|z	就是/d 抬高/v 一些/mq 史学家/n 而/c 有意/vi 或/c 无意/v 地/ui 贬低/v 马克思主义/n 史学家/n
4	欠据	p|z	这些/rz 项目/n 有意/d 模糊/v 办学/vi 的/ud 非/h 学位/n 、/wu 非学历/b
5	欠据	p|z	显示/v 美国/ns 有意/d 改善/v 和/c 加强/v 同/p 非洲/ns 国家/n 的/ud 关系/n
6	欠据	p|z	对于/p 有意/d 出国/vi 工作/vi 的/ud 女性/n ，/wd 政府/n 规定/v
7	欠据	p|z	凡/d 有意/d 参选/v 第九/m 届/qe 全国/n 人大/jn 代表/n 的/ud
8	欠据	p|z	总统/n 任期/n 只/d 剩/v 一/m 年/qt ，/wd 有意/d 在/p 外交/n 方面/n 多/d 有/v 建树/n ，/wd 包括/v
9	欠据	p|z	就任/v 俄罗斯/ns 总理/n 后/f ，/wd 曾/d 表示/v 有意/d 访问/v 波兰/ns 。/wj
10	欠据	p|z	公司/n 有意/d 进入/v 这/rz 一/m 领域/n ，/wd

　　"有意"在《现汉》中的释义是：①动词，有做某事的愿望；②动词，指男女间有爱慕之心；③副词，故意。

　　在表 5-82 的样例中例 1 中"有意"作谓语，可以判定为动词；例 2 中"有意"是《现汉》中释义③的词义，且作状语，判定为副词；例 3 中的"有意"的词义可以理解为释义①或释义③，而此处的"有意"充当状语，动词与副词均可以充当状语，因此例 3 的"有意"词性判断欠据；例 4 至例 10 中的"有意"的词义都是释义①，但是其句法功能具有模糊性，例如"公司 有意 进入 这 一 领域"中，"有意"既可以理解为作状语，修饰"进入"，也可以理解为作谓语，与"进入"形成连谓结构，难以判断"有意"在这些语境中是动词还是副词，因此标示为欠据。

5.7　虚词兼类调查

　　调查的虚词兼类类型主要包括：连词—副词（c-d）、连词—动词（c-v）、名词—介词（n-p）、介词—动词（p-v），共四类。

5.7.1　连词—副词兼类

　　从《加工规范》的规定来看，连词与副词的主要区别在于功能不同，连词是连接句子和子句，而副词是修饰谓语的，但我们发现连词与副词的主要差别在于词义不同，而不在于功能，《加工规范》给出的四个例词的语义关系类型均为同形异质。"不过/c"义为"可是、但是"，"不过/d"义为"仅仅"；"但/c"义为"但是"，"但/d"义为"只有、仅仅"；"可/c"义为"可是、但是"，"可/d"义为"很"；"尽管/c"义为"虽然"，"尽管/d"义为"不必考虑别的，放心去做"。词义的差别使得它们在语句中的作用有了分别，如果词义没有差别，但仍然要通过功能区分连词与副词的话，在标注中就会遇到困难，极容易造成标注不一致，例如"甚至、即使、果然、果真、或许"等。例如在《人民日报》标注语料中有如下例句。

　　例句（23）：不/d 把/p 普通/a 民警/n 放/v 在/p 眼里/s ，/wd 甚至/c 公然/d 威胁/v 民警/n

　　例句（24）：稽查办/j 组织/v 人/n 上街/vi 拦车/v 检查/v ，/wd 甚至/d 将/p 化肥/n 厂/n 的/ud 过路/b 运肥车/n 拦/v 下/

　　以上两句中的"甚至"无论在语义还是语法功能上，都没有显著差别，但是词性标注却不一样，反映出"甚至"在这些语境下的词性欠据，既可以理解为表示程度，标注为副词，也可以理解为表示连接，标注为连词。

表 5-83 给出了连词—副词（c-d）兼类的总体标注情况。

表 5-83　连词—副词（c-d）兼类的总体标注情况

序号	兼类类型	词性	词例数/个	欠据/个	欠据比例/%
1	c-d	c	3368	559	16.60
2	c-d	d	4536	43	0.95
总计		c-d	7904	602	7.62

表 5-84 给出了 c-d 兼类中语义关系与词性欠据分布。

表 5-84　c-d 兼类中语义关系与词性欠据分布

序号	语义关系	总词数/个	欠据词数/个	欠据词比例/%	总词例数/个	欠据词例数/个	欠据词例比例/%
1	同义	14	14	100.00	4689	561	11.96
2	同形异质	9	3	33.33	3001	28	0.93
3	隐喻	1	1	100.00	214	13	6.07
总计		24	18	75.00	7904	602	7.62

表 5-85 给出了 c-d 兼类中各语义关系中词性欠据的词表。

表 5-85　c-d 兼类中各语义关系中词性欠据的词表

语义关系	词性欠据的词
同形异质	不过　可　同时
同义	果然　果真　或许　即　即便　就　宁肯　甚至　首先　惟　一旦　又　则　只是
隐喻	只有

表 5-86 给出了 c-d 兼类不同词性欠据程度词表。

表 5-86　c-d 兼类不同词性欠据程度词表

序号	欠据程度	词性欠据的词
1	0<欠据比例<0.5	不过　果然　果真　或许　即　就　可　首先　同时　一旦　又　则　只是　只有
2	0.5<欠据比例<1	甚至
3	完全欠据	即便　宁肯　惟
4	无欠据	并　还是　尽管　另外　且　同

表 5-87 给出了 c-d 兼类中全有据与全欠据的分布情况。

表 5-87　c-d 兼类中全有据与全欠据的分布　　　（单位：个）

兼类类型	总词数	全欠据	全有据	欠据有据兼有
c-d	24	3	6	15

表 5-88 以"甚至"为例给出了 c-d 兼类样例分析。

表 5-88　"甚至"的 c-d 兼类样例分析

序号	标示	句法功能	语境
1	有据	z	挪用/v 水利/n 专项/n 资金/n 用于/v 投资/v 和/c 购置/v 办公楼/n 及/c 宿舍/n 甚至/d 炒股/vi 等/u 十分/d 严重/a 。/wj
2	有据	z	11 日/t ，/wd 莫斯科/ns 的/ud 报纸/n 甚至/d 猜测/v 叶利钦/nr 可能/vu 出任/v [俄/jn 白/jn 联盟/n 最/d 高/a 委员会/n]nt 主席/n ，/wd
3	有据	l	不但/c 一些/mq 持/v 观望/vn 态度/n 的/ud 地方/n 领袖/n 倒/v 向/p 普京/nr ，/wd 甚至/c 原来/d 属于/vl 反对派/n 的/ud 地方/n 首脑/n 也/d 纷纷/d 倒戈/vi 。/wj
4	欠据	l|z	今天/t 仍/d 有/vx 相当/d 一部分/m 人/n 一知半解/iv 甚至/c 一无所知/iv 。/wj
5	欠据	l|z	国产/b 手机/n 中/f 处于/v 领先/vn 地位/n ，/wd 甚至/d 超过/v 了/ul 一些/mq "/wyz 洋/a "/wyy 品牌/n
6	欠据	l|z	某些/rz 干部/n 违法/vi 违纪/vi 为何/ry 不予/v 处理/v 甚至/c 还/d 提拔/v 重用/v
7	欠据	l|z	尤其/d 是/vl 山区/n 还/d 相当/d 贫困/a ，/wd 甚至/c 连/u 温饱/n 也/d 解决/v 不/d 了/vi 。/wj
8	欠据	l|z	风行一时/iv ，/wd 在/p 森林/n 、/wu 田野/n 甚至/c 高山/n 之/u 巅/Ng ，/wd 到处/d 是/vl 勇敢者/n
9	欠据	l|z	部分/m 河流/n 已/d 失去/v 使用/vn 功能/n ，/wd 甚至/c 鱼虾/n 绝迹/vi 。/wj
10	欠据	l|z	使用/v 不当/a 又/c 会/vu 危害/v 健康/an 甚至/c 致/v 人/n 于/p 死地/n 。/wj
11	欠据	l|z	比/p 平时/t 高/v 出/vq 七八十万/m 元/qd ，/wd 甚至/c 上百万/m 元/qd 。/wj

在表 5-88 的样例中，例 1、例 2 中的"甚至"都是作状语，修饰动词，没有连接句子或是小句，因此可以判定其副词词性；例 3 中的"甚至"与"不但"组合在一起，起到连接小句的作用，因此判定为连词词性；而例

4 至例 11 中的"甚至"既具有连接小句或句子的功能，也表示一种程度修饰义，难以判定其为副词还是连词，因此标示为欠据。

5.7.2　连词—动词兼类

《加工规范》中没有给出连词与动词兼类的区分方法，二者在非同形异质关系的情况下，如果都位于句首或状语位置时，词性难以分辨，而位于其他句法位置时，一般情况下动词词性是有据的。表 5-89 给出了连词—动词（c-v）兼类的主要语法特征。

表 5-89　连词—动词（c-v）兼类的主要语法特征

词类	受"不"修饰	带宾语	作核心谓语词	作状中结构中心语	位于句首
连词	–	–	–	–	+
动词	+	+	+	+	+

表 5-90 给出了 c-v 兼类的总体标注情况。

表 5-90　c-v 兼类的总体标注情况

序号	兼类类型	词性	词例数/个	欠据/个	欠据比例/%
1	c-v	c	1135	44	3.88
2	c-v	v	832	3	0.36
总计		c-v	1967	47	2.39

表 5-91 给出了 c-v 兼类中语义关系与词性欠据分布情况。

表 5-91　c-v 兼类中语义关系与词性欠据分布

序号	语义关系	总词数/个	欠据词数/个	欠据词比例/%	总词例数/个	欠据词例数/个	欠据词例比例/%
1	隐喻	2	2	100.00	295	11	3.73
2	同义	2	2	100.00	47	3	6.38
3	同形异质	9	1	11.11	1591	2	0.13
4	同形异质+隐喻	1	1	100.00	34	31	91.18
总计		14	6	42.86	1967	47	2.39

表 5-92 给出了 c-v 兼类中各语义关系中词性欠据的词表。

表 5-92　　c-v 兼类中各语义关系中词性欠据的词表

语义关系	词性欠据的词
同形异质	由
同形异质+隐喻	接着
同义	跟　　谁知
隐喻	不如　　要

表 5-93 给出了 c-v 兼类不同词性欠据程度词表。

表 5-93　　c-v 兼类不同词性欠据程度词表

序号	欠据程度	词性欠据的词							
1	0<欠据比例<0.5	不如	跟	谁知	要				
2	0.5<欠据比例<1	接着	由						
3	无欠据	及	结果	就	可	任	如	若	同

表 5-94 给出了 c-v 兼类中全有据与全欠据的分布情况。

表 5-94　　c-v 兼类中全有据与全欠据的分布　　　（单位：个）

兼类类型	总词数	全欠据	全有据	欠据有据兼有
c-v	14	0	8	6

表 5-95 以"不如"为例给出了 c-v 兼类样例分析。

表 5-95　　"不如"的 c-v 兼类样例分析

序号	标示	句法功能	语境
1	有据	p	目前/t 电脑/n 在/p 运算/vn 速度/n 上{shang5}/f 具有/v 优势/n ，/wd 但/c 却/d 没有/v 多少/ry 智能/n ，/wd 连/u 并不/d 聪明/a 的/ud 蚯蚓/n 的/ud 大脑/n 都/d 不如/。/wj
2	有据	zz	票房/n 收入/n 数据/n 的/ud 反应/vn 远/a 不如/v 创作/v 那样/rz 热烈/a
3	有据	zz	统计榜/n 上{shang5}/f 外籍/n 球员/n 风头/n 已/d 不如/v 从前/t 。/wj
4	有据	p	奴隶/n 们/k 禽兽/n 不如/v 地/ui 受/v 地主/n 之/u 糟蹋/vn
5	有据	p	[人民/n 大学/n 队/n]nt 还是/d 不如/v 对手/n
6	有据	p	好/a 记性/n 不如/v 烂/a 笔头/n "/wyy
7	有据	p	如今/t 却/d 一/m 年/qt 不如/v 一/m 年/qt

续表

序号	标示	句法功能	语境
8	有据	zz	此刻/rz ，/wd 无论/c 你/rr 说/v 什么/ry 都/d 不如/v 一言不发/iv 。/wj
9	欠据	zz	搞/v 不/d 出/vq 政绩/n ，/wd 那/c 就/d 不如/v 不/d 搞/v 。/wj
10	欠据	p	与其/c 马/n 上/f 治/v 天下/n ，/wd 不如/c "/wyz 卸/v 磨/n 养/v 驴/n "/wyy /wd
11	欠据	p	与其/c 搞/v 超越/v 现实/n 的/ud 创建/vn ，/wd 不如/c 把/p 钱/n 用/v 在/p 夯实/v 农业/n 基础/n 上/f
12	欠据	zz	敲/v 不/d 出/vq 多少/ry 钱/n ，/wd 倒/d 不如/c 低价/n 推销/v ，/wd
13	欠据	zz	有名无实/iv 的/ud 节目/n 促销/vn ，/wd 倒/d 不如/c 实实在在/z 地/ui 推出/v 具有/v 本/rz 店/n 特色/n
14	欠据	zz	说是/v "/wyz 叙旧/vi "/wyy ，/wd 还/d 不如/c 说是/v 座谈/v 和/c 采访/v 。/wj
15	欠据	p	让/v 你/rr 发生/v 火灾/n 后/f 坐牢/vi ，/wd 不如/c 现在/t 就/d 把/p 你/rr 拉{la1} 下/vq 台/n
16	欠据	zz	与其/c 耗资/v 费力/a 监控/v 经营者/n ，/wd 还/d 不如/c 与/p 经营者/n 分享/v 企业/n 的/ud 控制权/n ，/wd

"不如"在《现汉》中只有一个释义：动词，表示前面提到的人或事物比不上后面所说的。

在表 5-95 的 16 个样例中，当"不如"作不带宾语的谓词时可以肯定它是动词词性，而当其带宾语后，由于宾语既可以是词，也可以是词组，甚至可以是句子，因此当"不如"的宾语是谓词性词组并且分两个小句来说、中间有逗号时，不仅有动词的关系义，也有两个小句的连接义，难以依靠功能区分其词性，造成语法欠据。

5.7.3　名词—介词兼类

按照《语法信息词典》的词类体系，名词与介词的兼类词只能是同形异质的词，词性判断实际上也是词的同一性判断，在同一性判断中存在欠据问题。《加工规范》中没有给出名词与介词兼类的区分方法，但二者的句法功能的区分较为明显。表 5-96 给出了名词—介词（n-p）兼类的主要语法特征。

表 5-96　名词—介词（n-p）兼类的主要语法特征

词类	作主宾语	受数量词修饰	作定语	带宾语
名词	+	+	+	−
介词	−	−	−	+

表 5-97 给出了 n-p 兼类的总体标注情况。

表 5-97　n-p 兼类的总体标注情况

序号	兼类类型	词性	词例数/个	欠据/个	欠据比例/%
1	n-p	n	149	0	0.00
2	n-p	p	2798	0	0.00
总计		n-p	2947	0	0.00

表 5-98 给出了 n-p 兼类中语义关系与词性欠据分布情况。

表 5-98　n-p 兼类中语义关系与词性欠据分布

序号	语义关系	总词数/个	欠据词数/个	欠据词比例/%	总词例数/个	欠据词例数/个	欠据词例比例/%
1	多侧面	5	1	20.00	1118	0	0.00
2	同形异质	5	0	0.00	1829	0	0.00
总计		10	1	10.00	2947	0	0.00

　　从整体上看，名词与介词在句法功能上的区别性显著，且这种区别在语境中都得到了较好的体现，凡是介词出现的语境都带有宾语，因此名词与介词的区分明显，不存在词性判断欠据的情况。

5.7.4　介词—动词兼类

　　介词—动词（p-v）兼类在《加工规范》中有较为详细的说明，动词与介词的区分在汉语中十分困难，主要原因在于大部分介词来源于动词，这使得动词与介词的词义十分相近，大部分 p-v 兼类词的语义关系为"同义词"，因此对同义词的词性做出区别就必须看其词例的句法功能，通过句法功能予以区分，但在语法功能上介词与动词也有非常大的重叠部分，例如都可以带宾语等，所以完全区别开动词与介词需要进一步讨论。《加工规范》中给出的两条区分标准，第一条是指当 p-v 兼类词不带宾语时，能够清晰地判定其动词词性；第二条是当带宾语时，如果作状语或补语则为介词，如单说或单独作谓语则为动词。问题出在第二条上，当 p-v 兼类词带宾语时，且不单独作谓语，这时的句法功能的判断会导致词性判断的不同，也就是说带了宾语的 p-v 兼类词，是充当状语或是补语，还是构成连谓结构，会导致不同的词性判断。

　　例如（25）：他/rr 在/p 教室/n 自习/v

　　例如（26）：老王/nr 到/p 北京/ns 出差/v 去/vq 了/y

　　在以上例句中，"在 教室"与"自习"是状中结构，还是连谓结构；"到 北京"与"出差"是状中结构，还是连谓结构，并不容易判断。如果是状中结构，就如《加工规范》规定的，此处的 p-v 兼类词"在""到"都应该是介词；如果是连谓结构，则应该动词。句法结构的不清晰会导致词性判断的欠据，这是介词与动词兼类词判断中的一大问题。表 5-99 给出了介词—动词（p-v）兼类的总体标注情况。

表 5-99　介词—动词（p-v）兼类的总体标注情况

序号	兼类类型	词性	词例数/个	欠据/个	欠据比例/%
1	p-v	p	27658	1878	6.79
2	p-v	v	4214	687	16.30
总计		p-v	31872	2565	8.05

表 5-100 给出了 p-v 兼类中语义关系与词性欠据分布情况。

表 5-100　p-v 兼类中语义关系与词性欠据分布

序号	语义关系	总词数/个	欠据词数/个	欠据词比例/%	总词例数/个	欠据词例数/个	欠据词例比例/%
1	同义	16	16	100.00	4449	1919	43.13
2	隐喻	11	9	81.82	15841	467	2.95
3	同形异质	16	2	12.50	6575	104	1.58
4	同形异质+同义	1	1	100.00	4435	63	1.42
5	同形异质+隐喻	1	1	100.00	572	12	2.10
总计		45	29	64.44	31872	2565	8.05

表 5-101 给出了 p-v 兼类中各语义关系中词性欠据的词表。

表 5-101 p-v 兼类中各语义关系中词性欠据的词表

语义关系	词性欠据的词								
同形异质	归	同							
同形异质+同义	对								
同形异质+隐喻	比								
同义	朝	到	根据	基于	经	距	凭	随	替	像
	依	依据	用	有关	针对	至			
隐喻	乘	给	借	经过	靠	临	拿	向	在

表 5-102 给出了 p-v 兼类不同词性欠据程度词表。

表 5-102 p-v 兼类不同词性欠据程度词表

序号	欠据程度	词性欠据的词									
1	0<欠据比例<0.5	比	乘	到	对	给	根据	归	基于	经过	距
		靠	临	拿	同	像	向	在			
2	0.5<欠据比例<1	借	经	凭	随	替	依	依据	用	有关	针对
		至									
3	完全欠据	朝									
4	无欠据	按	把	除	打	跟	管	就	离	连	论
		让	顺	通过	往	由	照				

表 5-103 给出了 p-v 兼类中全有据与全欠据的分布情况。

表 5-103 p-v 兼类中全有据与全欠据的分布 （单位：个）

兼类类型	总词数	全欠据	全有据	欠据有据兼有
p-v	45	1	16	28

表 5-104 以"针对"为例给出了 p-v 兼类样例分析。

表 5-104 "针对"的 p-v 兼类样例分析

序号	标示	句法功能	语境
1	有据	fz	针对/v 的/ud 是/vl 海鲜/n 价格/n 太/d 贵/a 。/wj
2	有据	zz	大国/n 之间/f 不/d 针对/v 第三/m 国/n 的/ud 各种/rz 形式/n 的/ud 战略/n 伙伴/n 关系/n ，/wd 将/d 为/p 锁/v 住/vi 战争/n 恶魔/n 带来/v 新/a 的/ud 希望/n 。/wj

续表

序号	标示	句法功能	语境
3	有据	zz	中/jn 俄/jn 两/m 国/n 的/ud 军事/n 合作/vn 旨在/v 造福/v 两/m 国/n 人民/n ，/wd 它/rr 并不/d 针对/v 第三/m 国/n 。/wj
4	有据	zz	此次/rz 监督/vn 检查/vn 主要/d 针对/v 各类/rz 综合/vn 商场/n 和/c 专业/n 批发/vn 市场/n
5	欠据	j+b|v+b	这/rz 是/vl 针对/p 1994 年/t [全国/n 人大/jn]nt 颁布/v 的/ud 台湾/ns 同胞/n 投资/vn 保护法/n 制定/v 的/ud 重要/a 配套性/n 行政/n 法规/n ，/wd
6	欠据	j+b|v+b	金盆/ns 代表/n 小组/n 针对/p [金盆/ns 中心/n 小学/n]nt 部分/m 偏远/a 村/n 的/ud 学生/n 上学/vi 、/wu 就餐/vi 难/a 的/ud 问题/n ，/wd 提/v 出/vq 了/ul "/wyz 尽快/d 解决/v 偏远/a 村/n 学生/n 交通/n 不便/a 、/wu 就餐/vi 难/a "/wyy 的/ud 建议/n 。/wj
7	欠据	j+b|v+b	[福州/ns 铁路/n 公安/n 处/n]nt 针对/p [鹰/jn 厦/jn 铁路线/n]nz 货/n 盗/Vg 多/a 、/wu 抢劫/v 旅客/n 财物/n 案件/n 多/a 、/wu 治安/n 严峻/a 的/ud 特点/n ，/wd 在/p [鹰/jn 厦/jn 线/n]nz 开展/v 创建/v 平安/a 线/n 活动/vn 。/wj
8	欠据	j+b|v+b	他们/rr 针对/p "/wyz 七/m 个/qe 时机/n "/wyy 编写/v 教育/vn 材料/n ，/wd 指导/v 基层/n 加强/v 经常性/n 思想/n 工作/vn 。/wj
9	欠据	j+b|v+b	同时/c ，/wd 针对/p "/wyz 文革/jn "/wyy 期间/f 部分/m 地区/n 、/wu 单位/n 停工/vi 、/wu 停产/vi 的/ud 状态/n ，/wd 在/p 我们/rr 的/ud 建议/vn 下/f ，/wd 聂帅/nr 又/d 以/p 大无畏/b 的/ud 精神/n 签发/v 中央军委/nt 《/wkz 特别/a 公函/n 》/wky ，/wd
10	欠据	j+b|v+b	不法/b 商人/n 针对/p 《/wkz 读者/n 》/wky 的/ud 盗版/vn 行为/n 也/d 有/vx 新/a 进展/vn ，/wd

由表 5-104 可知，"针对"的前 4 个样例动词词性判断有据，因为其句法功能为"的"字结构中心语或状中结构的中心语，这些都是动词具有而介词不具有的句法功能，因此可以清晰判断其动词词性；但是在后面的 6 个样例中，"针对"既可以看作是带宾语的介词词组，也可以看作是带宾语的动词词组，两种分析都可以接受，所以造成词性判断的欠据。

p-v 兼类词中也有一部分词是不存在词性判断欠据的现象，这类词的语义关系主要是同形异质，通过词义的区分可以明晰地判定其动作义还是引介义，进而区分出动词或介词词性，如"按、通过、除"等，表 5-105 以"通过"为例说明。

表 5-105　"通过"的 p-v 兼类样例分析

序号	标示	词义	语境
1	有据	动作	更/d 大/a 吨位/n 轮船/n 通过/v 运河/n ,/wd 大幅度/d 提高/v 货运/n 能力/n ,/wd
2	有据	动作	物资/n 交流/v 在/d 增加/v ,/wd 预计/v 今后/t 通过/v 运河/n 的/ud 船只/n 会/vu 增多/v ,/wd
3	有据	动作	11 日/t ,/wd 议会/n 以/p 压倒/v 多数/m 票/n 通过/v 一/m 项/qe 法律/n
4	有据	动作	他/rr 还/d 呼吁/v 国会/n 通过/v 一/m 项/qe 国家/n 安全/a 预算/n
5	有据	动作	成为/vl 新/a 标准/n 实施/v 以来/f 第一/m 批/qj 通过/v 验收/vn 的/ud 环保/jn 模范/n 城市/n
6	有据	引介	通过/p 学习/v 讨论/v 、/wu 回顾/v 交流/v
7	有据	引介	影响/v 恶劣/a 的/ud ,/wd 要/vu 通过/p 新闻/n 媒介/n 公开/ad 曝光/vi ,/wd 以儆效尤/iv 。
8	有据	引介	首/m 批/qj 承诺/n 单位/n 将/d 通过/p 新闻/n 媒体/n 及/c 中国/ns 建材/n 电子/n 商情/n 网
9	有据	引介	此次/rz 活动/vn 通过/p 卫星/n 现场/s 直播/v
10	有据	引介	应该/vu 立即/d 着手/v 开办/v 一个/mq 通过/p 卫星/n 覆盖/v 全国/n 的/ud

从表 5-105 的样例可以看出，当"通过"表示动作义时，其动词词性清晰，而当"通过"表示引介义时，其介词词性清晰。

5.8　语料标注调查结果分析

5.8.1　《语法信息词典》词类与动态语境词性的比较

为了考察《语法信息词典》中的词类与实际语料标注中词性的异同，将动态标注的调查词表与《语法信息词典》进行了比对，得到以下结果。在调查语料中出现，而未在《语法信息词典》中出现的词共计 23 个词形，分别是：超常规、超高速、大屠杀、对内、非正式、分级、进球、连体、前瞻、欠息、全景式、首发、万幸、无障碍、小幅、选料、一年期、用车、用书、用药、逐案、足额、昵称。

还统计了同一词形在调查语料中出现而未在《语法信息词典》中出现的词性，如表 5-106 所示。

表 5-106　同一词形在调查语料中出现而未在《语法信息词典》中出现的词性

词性	词数	词形									
a	8	纯粹	大意	经典	前卫	轻轻	神	适用	细细		
b	4	长足	口头	在线	直属						
c	5	或许	结果	一旦	由	又					
d	24	长	长足	从严	大幅	多重	恶性	高效	即便	跨越式	历次
		良性	零星	切身	全新	随	天然	跳跃式	无	照	整个
		专	专项	专职	愣						
n	20	超	寄语	计	教导	节节	累赘	码	贸易	盘	气派
		深	司法	投入	文	五星	学龄	一面	意欲	远洋	蕴藉
p	1	顺									
v	55	保健	变异	并排	不许	布局	残疾	乘机	出纳	串行	淡薄
		导游	动议	动作	对口	分枝	过路	汗颜	合拍	基于	纪元
		家教	加倍	结构	进出口	空闲	理论	买卖	美餐	燃煤	盛世
		通路	拖网	温饱	误差	下属	写意	胸怀	修养	严密	言谈
		医疗	饮水	迎春	用地	用水	诱人	寓意	造化	终归	终审
		主导	转机	自费	纵深	佐证					

以上数据显示，23 个词形未在《语法信息词典》中出现的词属于未登录词（OOV），这些词的词性并没有统一规定，需要标注者在标注时独立判断，这类词占总词数的 2.55%（23/900）；117 个词形在标注语料中出现了《语法信息词典》中没有收录的词性，占调查总词数的 13.00%（117/900）。

从标注规范和调查的结果看，有近 13% 的词出现了《语法信息词典》中没有列举的词性，这些词性是根据具体的语境判断得到的，说明这部分词的词性并非静态稳定的，而是随着语境的不同而有可能增加。这类词可以分为两类。

第一类，由于语义不同而产生新类。这种情况相当于未登录词，例如，"照"在词典中属于动词、介词、名词语素三类，而在语句"除/p 当地/s 发/v 的/ud 优待证/n 照/d 用/v 外/f ，/wd"中的"照"与词典中的"照"的语义有差别，不属于词典中收录的任何一类，可以认为该例句中的"照"与词典中的"照"具有不同的语义，是不同的词，因此"照"又增加了新的词类。这种由于语义不同而产生新类的情况在表 5-106 中只有"照"这个词，比例非常小。

第二类，由于单位判断不同或句法功能不同而产生新类。这种类型占《语法信息词典》中未列举词性的词绝大多数，如"长足"，它在词典中只收录有形容词（a）一种词性，而未收录副词（d）词性，有时"长足"作状语，存在"我们/rr 的/ud 事业/n 之所以/c 长足/d 进步/vi"这样的语境，在这样的语境中根据"长足"作状语这样的句法功能将其定为副词，实际作为副词的词义与被标注为"形容词"的"长足"的词义没有差别。又例如"愣"在《语法信息词典》中分属于动词、形容词语素、副词语素，但是在标注语料中有时将其标注为副词，而非副词语素，因而产生新类，这便是单位判断不同而产生的新类。

5.8.2　兼类词词性标注中的总体欠据情况

首先，通过考察所有兼类词的词性判断欠据的总体分布情况，来对汉语词性标注中欠据分布有一个总体的把握。表 5-107 给出了各兼类类型中词性欠据程度的词数总体分布情况。

表 5-107　各兼类类型中词性欠据程度的词数总体分布

序号	兼类类型	总词数/个	全欠据/个	全有据/个	欠据有据兼有/个	欠据比例/%	欠据例词
1	a-b	2	0	1	1	50.00	机动
2	a-d	46	0	18	28	60.87	纯粹
3	a-n	77	7	32	38	58.44	痴情
4	a-v	167	12	24	131	85.63	安定
5	b-d	101	4	16	81	84.16	口头
6	b-n	12	5	2	5	83.33	尖端
7	b-v	14	2	6	6	57.14	现任
8	c-d	24	3	6	15	75.00	果然
9	c-v	14	0	8	6	42.86	接着
10	d-n	46	7	17	22	63.04	低速
11	d-v	60	7	29	24	51.67	自费
12	n-p	10	0	10	0	0.00	—
13	n-v	282	10	107	165	62.06	包装
14	p-v	45	1	16	28	64.44	根据
	总计	900	58	292	550	67.56	—

从词为单位的词性欠据统计结果来看，n-p 兼类的欠据程度最低，无欠据现象，而 a-v、b-d、b-n、c-d 的欠据程度较高，都高于 70%。从词例为单位的词性欠据统计看，n-p、c-v 的欠据程度较低，而 a-v、a-b、b-n、b-d 的所占比例居前，都超过 10%。在被调查的 14 种兼类类型 900 个词中，有近 70%的词都程度不同的存在词性欠据情况，这说明在汉语中词性欠据的分布相当广泛，这是汉语词性标注中的一个较为典型的特征。

表 5-108 给出了各个兼类类型中词性欠据和标注失误的词例数总体分布情况。

表 5-108　各兼类类型中词性欠据和标注失误的词例数总体分布

序号	兼类类型	总词例数/个	欠据数/个	欠据比例/%	失误数/个	失误比例/%	欠据例词
1	a-b	36	5	13.89	0	0.00	机动
2	a-d	12676	930	7.34	1	0.01	纯粹
3	a-n	10542	1240	11.76	12	0.11	痴情
4	a-v	11493	2559	22.27	22	0.19	安定
5	b-d	6373	661	10.37	1	0.02	口头
6	b-n	165	32	19.39	0	0.00	尖端
7	b-v	833	32	3.84	0	0.00	现任
8	c-d	7904	602	7.62	48	0.61	果然
9	c-v	1967	47	2.39	0	0.00	接着
10	d-n	5727	604	10.55	2	0.03	低速
11	d-v	9948	732	7.36	11	0.11	自费
12	n-p	2947	0	0.00	0	0.00	—
13	n-v	22176	1556	7.02	7	0.03	包装
14	p-v	31872	2565	8.05	0	0.00	根据
	总计	124659	11565	9.28	104	0.08	

以词例为单位，n-p 的欠据程度最低，而 a-v、n-v、a-n、b-d 的欠据程度较高，词例的平均欠据比例均超过 10%，也就是说有 10%的兼类词词例的词性标注缺乏依据，其标注结果不可靠。

表 5-109 给出了语义类型与词性欠据之间的关系。

表 5-109　抽象语义类型与词性欠据的关系

序号	语义关系	词数/个	词例数/个	欠据词例数/个	欠据比例/%	欠据例词
1	同义	309	28025	6076	21.70	畅销
2	多语义侧面	344	29777	3894	13.10	安定

续表

序号	语义关系	词数/个	词例数/个	欠据词例数/个	欠据比例/%	欠据例词
3	隐喻义	39	20895	578	2.80	正面
4	同形异质+同义	9	6546	452	6.90	人工
5	同形异质	181	37581	296	0.80	风光
6	同形异质+多语义侧面	12	649	129	19.90	方便
7	多语义侧面+隐喻义	5	250	95	38.00	独立
8	同形异质+隐喻义	5	857	43	5.00	活
9	同义+隐喻义	1	79	4	5.10	红
	总计	905	124659	11567	9.28	

注：按照"欠据词例数"的降序排列。

从语义关系与词性欠据的关系来看，具有同形异质关系的词的词性欠据比例最低，只有不到 1%，而单纯同义与单纯多语义侧面类型的词性欠据的比例都超过 10%，是词性欠据中的主要语义类型。这说明，当同一个词形的不同语义之间是异质关系时，其词性标注的一致性很高，很少出现词性判断欠据的现象；而当同一个词形的语义之间是多语义侧面或是同义关系时，那么抽象语义模糊的可能性就比较大，词性标注的不一致性也就较高。

5.8.3　现有语料库标注质量分析

语料库标注的核心问题是对兼类词和未登录词进行标注，对于单类词，可以通过直接查词典的方式给出词性标记，由于大部分未登录词属于专有名词或是单类词，对于这类词可以比照标注规范和已有标注实例给出词性标记，因此词性标注的最重要任务就是对于兼词类词的区分判断，而多词类词的标注正确率也成为衡量语料库加工质量的重要标准。给出语料库中兼类词标注质量的计算方法如下。

1. 兼类词词例的标注体系可信度

$$P_{\text{MultiClass\_Token}} = \frac{\text{count(Correct\_Token)}}{\text{count(Total\_MultiClass\_Token)}} \qquad （公式 5.1）$$

$P_{\text{MultiClass\_Token}}$ 表示多词类词例数的标注体系可信度，count（Correct_Token）是指能够清晰准确判断词性的兼类词的词例数；count（Total_MultiClass_Token）是指语料库中多词类词的总词例数。

根据对于 14 类兼类类型的 12 万余词例的调查结果（参见表 5-109），可以发现在该调查范围内，有 11567 个词例的词性存在词性欠据现象，也就是说不能够清晰准确地判断这些词例的词性，而其余词例可以被认为是能够清晰准确判断词性的词例（其中也包括了虽然实际被标注错误，但理论上能够清晰准确标注的词例），这样在调查语料中能够清晰准确判断词性的兼类词词例数为

$$\text{count（Correct\_Token）}=124659-11567=113092$$

兼类词词例的标注体系可信度则为

$$P_{\text{MultiClass\_Token}} = \frac{113092}{124659} = 90.72\%$$

上述结果说明，在不考虑标注者标注失误或其他造成标注错误的偶然因素的情况下，由于汉语词的词性判断欠据而使得语料库中兼类词词例的标注体系可信度最多只能达到 90.72%，有近 10% 的兼类词词例的标注是不可信的。

2. 兼类词词的标注体系可信度

$$P_{\text{MultiClass\_Type}} = \frac{\text{count(Correct\_Type)}}{\text{count(Total\_MultiClass\_Type)}} \qquad （公式 5.2）$$

$P_{\text{MultiClass\_Type}}$ 表示多词类词数的标注体系可信度，count（Correct_Type）是指能够完全清晰准确判断词性的兼类词的词数，只要该词有一个词例的词性判断欠据，则认为该词的词性判断欠据；count（Total_MultiClass_Type）是指语料库中多词类词的总词数。

根据调查结果（参见表 5-107），在总共调查的 900 个兼类词中，有 292 个词能够完全清晰地判断其所有词例的词性，而其余的词均存在有词例的词性欠据现象，因此兼类词词的标注体系可信度为

$$P_{\text{MultiClass\_Type}} = \frac{292}{900} = 32.44\%$$

上述结果说明，当以词为单位考察语料库中兼类词的标注可信度时，词性标注的可信度更低，只有 30% 多，而有近 70% 的词的词性标注都不同程度地存在有词性判断欠据的现象。

此外，还应该注意到以下五点对调查结果的影响。

第一，由于现有的调查范围有限，使得在调查范围内没有出现兼类的词例，实际上并不一定真的不兼类，而现有不欠据的词也并非真的不欠据。例如，在现有的调查数据中，"负责"兼属形容词与动词，且在调查语料

中并没有出现词性欠据的样例，但在"负责　是一种优良品质""做事　要
负责"等语境中，"负责"就难以区分是指行为还是指性质，也就难以区
分到底是形容词还是动词，因此实际存在词性欠据的词的比例还要高于现
有调查的比例。

第二，调查中的"模糊"判断是附加了很多条件的，诸如"bd 兼类（区
别词与副词的兼类）"这类违反词类定义出现的兼类情况，并没有完全算
作欠据样例，只是对其中难以区分是充当定语还是状语的词例标示了欠据，
而对于其他词例都标注了有据。但从定义出发考察这些词的词性标注，都
存在有问题，属于不正确的标注，这又使得语料的标注错误进一步增加。

第三，调查的数据范围来自语料中标注不止一个词性的词形，但实际
上会有一些词的词例，按照既定的词类定义，应当区分成不同的词性，但
实际语料中未予区分，这类问题未包括在本书的准确性统计之中。

第四，调查数据仅限于 14 类兼类类型，未包括涉及其他词类如量词等
词类的兼类，更没有涉及像 vn、vd、an、ad 这些根据语境中的句法功能而
确定的标记与其他词类的兼类，如 v 与 vn，a 与 ad 等之间的兼类，实际上
这些兼类在语料中的标注不一致性更加严重。

第五，由于语料标注者的标注失误而造成的标注错误也没有涵盖在以
上的统计之中，但这样的错误也是词性标注错误的一部分。

考虑到以上五点，现有的汉语词性标注的可靠性将比前面给出的调查
统计数据更低。这些数据说明，在现有的汉语词性标注体系下，语料库的
词性标注存在较大不可靠性，这种不可靠性并非标注者的标注能力或态度
的问题，也不是一些偶然因素的问题，而是由汉语自身的特点和现有词类
体系自身的不足造成的。

基于这样的词性标注语料，训练出来的标注模型有很大的局限性。通
过以上两项数据统计可以发现，训练语料本身的标注体系可信度很低，那
么基于这样的语料训练出来的模型即使是有较高的拟合精度，但是由于训
练语料的不可靠性，使得模型不仅拟合了正确的标注结果，也拟合了错误
的标注结果，基于这样的模型所作的词性标注也有较高的不可靠性。

例如，假设以本书的调查语料作为训练语料，训练出来的拟合器 f 的
标注正确率为 p_f，而训练语料的体系标注可信度为 p_c，那么该拟合器自动
标注的语料的可信度 P_t 为

$$P_t = p_f * p_c$$

（公式 5.3）

也就是说，即使拟合器的标注正确率 p_f 为 100%，但被标注语料的兼

类词标注可信度也不会超过 p_c，由于标注语料的标注体系可信度 p_c 较低，使得模型自动标注的结果的可信度也较低，基于这样的标注语料开展的后续语言处理工作，如句法分析、组块识别等，都会将错误进一步放大，从而使得后续处理效果受到非常大的影响。

这同时也说明，当努力去提高机器学习能力、提高模型拟合度的时候，还有另外一个重要因素制约着模型的标注效果，这就是语料自身标注体系的可信度。只有当语料自身标注体系的可信度较高时，利用其训练出来的模型进行标注才有较高的可信度，否则即使模型的拟合能力很高，但由于语料体系的可信度不高，模型的使用受到很大限制。

本书正是从这个角度出发，对汉语的词类体系进行全面调查，找到制约汉语词类体系的问题所在，并尝试提出解决办法，从而提高语料自动加工处理的效果和能力。

第6章 汉语词类与词性标注问题分析

基于第4、5章对于汉语词类问题的静态和动态调查结果，本章将从汉语词类体系和词性标注两个方面对汉语词类问题做进一步分析和探讨，主要内容包括三部分。

第一部分，汉语词类体系的分析。总结汉语词类的划类过程、词类定义、问题词①的处理方法等问题，并澄清兼类词概念，讨论汉语词的同一性模糊、功能混杂性等特点，并分析这些特点对汉语词类体系的影响。

第二部分，汉语词性标注的分析。明确汉语词性标注的对象，并对汉语词性标注过程和汉语词的抽象语义模糊等特点进行讨论和分析。

第三部分，汉语词类问题的对策与建议。主要包括对词的属性描述、词的分类原则、语料库标注内容、标注方法等提出一些对策和建议。

6.1 汉语词类体系的分析

6.1.1 汉语词的边界模糊

1. 语素、词、词组界限不清

汉语词类体系首先面临的问题是词的概念和词的边界问题。由于汉语中词没有形式标记，因此会造成词的概念模糊和边界模糊，词与语素、词组之间没有明确界线，如将三者进行统一地区分，并作为不同词类对待的话，会造成归类上的混乱。

语素与词的区别主要是语素有黏着性，词可以独立活动但由于文言成分残留和简称略语的使用，二者界限难以分清。

---

① 特指语法功能与词类定义不相符的词。

下面是《人民日报》语料中的标注。

（1）农/jn 、/wu 林/jn 、/wu 牧/jn 、/wu 副/jn 、/wu 渔业/n

（2）亦/d 农/Ng 亦/d 工/n 亦/d 商/n

（3）科/n 、/wu 工/n 、/wu 贸/Vg 、/wu 医/Ng 一体化/vi

（4）以/p 工/j 、/wu 理/j 、/wu 文/j 为主/vi

其中"农"有 jn（名词性简称）和 Ng（名语素）两种标记，"工"有 n（名词）和 j（简称略语）两种标记，并列的"农"和"工""商"分别标 Ng 和 n，并列的"科""工""贸""医"有 n 和 Vg（动语素）、Ng 三种标记。这些标注的不一致性表面上是标注者的问题，其实反映了这些语法单位的概念本身就模糊，从而难以在操作中保持一致性。

再比如，在同一个语料库内，"忧"的标注有三种，分别是 Ag、Ng、v，表 6-1 分别为每一个标记给出五个样例。

表 6-1　"忧"的标注样例

词性	样例
Ag	民/Ng 安/Ag 我/rr 荣/Ag ，/wd 民/Ng 忧/Ag 我/rr 耻/Ag
	怀/v 忧/Ag 民/Ng 之/u 心/n ，/wd 听/v 平民/n 之/u 言/Ng
	文学所/n 的/ud 饱/ad 学/v 深思/vi 之/u 士/Ng 忧/Ag 愤/Vg 交集/vi
	足协/jn]nt 统计/v 的/ud 数字/n 喜/v 多/a 于/p 忧/Ag
	百姓/n 忧/Ag 乐/a 最/d 关/v 情/n
Ng	成/v 了/ul "/wyz 千年虫/n "/wyy 的/ud 近/a 忧/Ng 。/wj
	敢于/vu 喜/Ng 忧/Ng 兼/v 报/v ，/wd 坦荡/ad 直言/vi ，/wd
	先/d 天下/n 之/u 忧/Ng 而/c 忧/vi
	接送/v 小学生/n 是/vl 家长/n 一/m 忧/Ng
	得/vu 为/p 部队/n 分担/v 些/qb 忧/Ng 才/d 是/vl
Vi	印度/ns 举国上下/in 度过/v 了/ul 一个/mq 喜/v 忧/vi 参半/vi 的/ud 新年/t 夜/Tg。/wj
	忧/vi 的/ud 是/vl ，/wd 此次/rz 劫机/vn 事件/n
	报喜/vi 给/v 喜/v ，/wd 报忧/v 给/v 忧/vi
	屈原/nr 瘁/Vg 心/n 忧/vi 国/n ，/wd 行吟/v 泽畔/n
	"/wyz 忧/vi 天/n "/wyy 之/u 思/Ng ，/wd 中国/ns 古已有之/l

在以上表格中给出的十五个样例，"忧"主要作主语、谓语、宾语、定中结构的中心语，表示的意思是"忧虑的行为""忧虑的状态"或"忧虑的内容"，它们的核心语义是一致的，但是在"忧"应该是语素还是词上

面产生了分歧，以至于表示"状态""内容"义时被认为是语素，而表示"行为"义时是词，这种分歧似乎没有一种标准能够决定到底"忧"应该是语素还是词，因此说"忧"的词边界模糊。

至于词和词组界限模糊的问题更为严重，因为语素的个数是有限的，词组却是无限多的。二者的区分理论上不易说清，语言工程上就采用制定规范的方式，对于能想到的情况一一作出规定。但是，这种规定未必符合语言本质，而且毕竟有想不完全的地方。

"节庆"在《人民日报》中共出现 27 次，其中 21 次被标为简称，即作为词组，而 6 次被标为名词，即作为词，在两种标注中的"节庆"词义完全一样，体现出标注者对"节庆"是词还是词组的界限模糊，如表 6-2 所示。

表 6-2　"节庆"的标注样例

词性	样例
j	有/vx 了/ul 异彩纷呈/lv 的/ud 节庆/j 活动/vn 。/wj
	我们/rr 虽然/c 有/v 能力/n 营造/v 火爆/a 的/ud 节庆/j 氛围/n
	冰雪节/n 跻身/v 于/p 世界/n 四大/m 大/a 冰雪/n 节庆/j 活动/vn 之/u 列/n 。/wj
	在/p 庆回归/v 之后/f ，/wd 节庆/j 连/v 着/uz 节庆/j 的/ud 澳门/ns
	培育/v 有/vx [青岛/ns 地区/n]ns 特色/n 的/ud 节庆/j 新/a 民俗/n
n	生活/vn 方式/n ，/wd 服装/n 、/wu 服饰/n 、/wu 节庆/n 、/wu 娱乐/vn 等/u 方面/n 的/ud 内容/n ，/wd
	悼念/v 这/rz 位/qe 在/p [中央/n 电视台/n]nt 节庆/n 晚会/n 中/f 赢得/v 众人/n 喜爱/v 的/ud 艺术家/n。/wj
	老太太/n 这块/r "/wyz 老姜/n "/wyy 在/p 大/a 节庆/n 晚会/n 中/f 的/ud "/wyz 半边天/n "/wyy
	节庆/n 期间/f ，/wd 美国/ns 、/wu 加拿大/ns 、/wu 阿根廷/ns
	广场/n 文化/n 、/wu 家庭/n 文化/n 、/wu 节庆/n 文化/n 、/wu 彩色/b 周末/t

语素、词、词组三者之间界限模糊是汉语的自身特点，想要将三者之间清晰地区分开是很困难的事情。通常说语言工程处理的基本对象是词，这里的"词"是广义的，除了语言学意义的词之外还包括全部语素和一部分词组。对于这些基本对象，需要用同一套体系深入细致地刻画属性，如果不顾语素、词、词组之间界限模糊的特点，一定将三者区分开，分别对待和归类，那么就会在词的归类上造成混乱，出现第 4 章调查中的词与词组兼类（如 n-j 兼类，"八路、骑警、组委会"等被同时归入名词类与简

称略语类）、词与语素兼类（如 Ng-n 兼类，"坝、厂"等同时被归入名词类与名语素类)等理论上不可能兼类的情况,同时也会带来像"忧""节庆"这类在语料标注中的不一致。

2. 词的颗粒度不清

汉语词的颗粒度不清是指由于汉语词的边界模糊,造成某些词有时被作为一个词对待,有时被作为两个或多个词构成的词组对待。

例如,在 2000 年《人民日报》语料中,"满"被作为词对待,"满 纸""满 山""满 道"等都是由"满"加另外一个词组成的词组;而"满场"作为一个词对待;"满地""满街""满脸""满身""满天"等有时被当作"满"加另外一个词构成词组对待,而有时被作为单独的一个词对待。以上这些词或词组的构成特征基本一样,都是由"满"加上一个名词性成分构成一个表达单位,该表达单位表示充满某个空间的意思,但由于汉语词与词组的界限模糊,使得其中某些单位被当作词,如"满场"等,某些单位被当作词组,如"满纸"等,某些单位的归属不确定,如"满地"等。这种现象一方面反映出汉语的词与词组之间的界限模糊,造成词的颗粒度不同,另一方面更反映出由于汉语词的颗粒度不清,某些以前被当作词组的单位,会随着使用逐渐被当作词,进入词表,使词表具有开放性。

汉语词表的开放性不同于一般意义上由于社会发展、文化交流等因素引起新词的出现（如克隆、博客等),从而扩大词表的规模。汉语词表的开放性更主要表现在语素、词、词组之间的界限模糊,尤其是词与词组之间的界限模糊,使得词的颗粒度不清,大量成语、习用语、简称略语以及词组随着高频使用进入到词表之中。

词表开放性带给词类体系的一个重要影响就是,当在一个有限规模的词表上制定出一套词类定义后,随着词表规模的扩大,已有词类定义的描写能力会受到影响。例如,"满地"当作为词组对待是"满"是动词,"地"是名词,二者构成述宾词组,而当"满地"作为一个词收入词表后,就需要根据"满地"的语法功能为其归类,"满地"在《人民日报》中的主要语法功能有以下五类。

作主语：满地 狼藉

作谓语：污物 满地；垃圾 满地；荆棘 满地；黄叶 满地

作定语：满地 白花花 的 树苑；满地 的 鸽子；这 满地 黄叶

作状语：满地 打转；风 吹 石头 满地 跑

作补语：血 流 满地

根据以上列举的"满地"的语法功能,对比词类体系的各个词类定义,很难找到一个词类能够将"满地"的语法属性描写清楚。在《人民日报》的样例中,"满地"的以上用例都被统一标注为副词,但显然这种标注是不恰当的,根据词类定义,副词只能够作状语,而"满地"的语法功能显然不只是作状语。

这种情况说明,尽管利用词的语法功能能够在一个有限规模词表上制定出覆盖面较全的词类定义系统,但是由于汉语词表的开放性,新词不断加入到词表之中,而这些新词的语法功能具有多样性,使得已有的词类定义对这些词的描写存在困难。

3. 词组的语法属性复杂

一般的词类体系会对一个给定词表中的词的语法属性给予较为周全的描述,但是对于词组这一级的语法单位则关注不多。由于汉语中词与词组之间的界限模糊,并且语言工程的任务也要求对词组的语法功能进行描述,因此在一个面向语言工程的词类体系中,需要对词组这一级单位做出较为详尽的描写。北大《语法信息词典》中对词组的语法属性进行了一定的描写,并按照语法属性归类,例如将习用语细分为名词性习用语、动词性习用语、形容词性习用语等。但是由于词组这一级语法单位的语法功能比一般的词的语法功能更加复杂多样,简单地将其归入名动形等词类中的某一类难以全面地描述词语的语法属性特征。例如,在《语法信息词典》的成语库中,属于区别词子类的成语有 125 个,其中有 8 个成语没有属性描述,分别是:骨腾肉飞,瓜剖豆分,画脂镂冰,老骥伏枥,临渊羡鱼,令人注目,无独有偶,用兵一时;另外 117 个成语的属性只有"作定语"一项,例如百年不遇,闭目塞听,慈眉善目,茶余饭后。显然这些成语还可以用作其他成分。

谓语:这个机会百年不遇。

宾语:不要闭目塞听。

谓语:此人慈眉善目。

状语:供茶余饭后谈笑。

这些成语还具有"作定语"之外的其他句法功能,因此将这些成语归入到区别词性的成语类中是不恰当的。但词组语的语法功能复杂,要想将语法功能描写全面并恰当地纳入到已有词类体系中的某个类中有较大的困难。

6.1.2　汉语词类的划类过程

本节将对汉语词的划类过程进行总结，前提是汉语的词边界已经得到清晰确认。为了行文方便，将汉语中以名词、动词、形容词为主要词类框架的词类体系和划类实践称为传统词类工作。汉语传统词类工作的基本流程包括 4 个方面。

1. 先验地确定词类框架及各词类的语法意义

汉语词类框架与各词类的语法意义基本上是从英语等印欧语借鉴而来的，例如名词 noun 的语法意义大体上是表示事物或人，动词 verb 的语法意义是表示行为动作，形容词 adjective 的语法意义是表示性质状态等，由此构成汉语先验的词类框架及词类的语法意义。先验的词类体系框架与汉语本族语使用者心目中默认认知的词类内涵基本吻合，也和其他语言的词类的外延大体一致。关于词类的先验性认识，很多学者都有相关论述。

郭锐（2002）认为"词性是先于语言学家的划分存在的，是语言本身的组织构造的一部分"。袁毓林（2006a）评价郭锐的工作时提到"说到底，还是因为先有了类，再找意义类别和指谓方式方面的解释。显然，这是一种事后的归因解释。……但是，归根到底，引入词性、表述功能等都只不过是一种事后的解释"。

袁毓林（2006b）也认为存在先验的词类，他说："我们是在既有的词类体系和词类知识的基础上，展开词类划分标准的寻找和论证，并作出事后的归因解释的。换句话说，依然逃不脱先有类后找标准的命运。"袁毓林这里的"事后的解释"实际上就是指存在有先验性的词类及其成员，在这个前提下再对如何确定这个类进行解释。

2. 为词类填词

根据印欧语中各个词类的语法意义，将汉语借鉴来的各个词类内部填入符合该类语法意义的典型词。例如，印欧语名词类的语法意义是表示事物或人，因此在汉语的名词类中也填入"桌子、椅子、书、铅笔、太阳、地球、男人、医生"等明显表示事物或人的词；动词是表示行为的词，因此像"走、跑、跳、唱歌、跳舞"等明显表示动作的词都归入动词类；形容词是表示性质状态的词，因此像"大、小、高、低、优秀、干净、快乐"等表示性质状态的词都归入形容词类。依此方法为各个词类填入其所属的典型词。

3. 确定划类标准

由于仅靠语法意义不能客观地判断出所有词的类别，例如"打仗""战争"词义基本类似，如何划分词的类别成为难题，所以要根据各个类的典型词，为类寻找形式依据。由于汉语的词缺少形态特征和变化，汉语的词例在语境中往往并不表现出词类的区别性特征[①]，例如很多形容词的词例在语境中并不受"很"修饰，动词并不作谓语等，因此只能在典型词的所有词例的集合中寻找带有区别性语法特征的词例，从而利用这些词例的区别性语法特征为词类确定形式依据[②]。语法功能包括词的构词构形特征，充当句法成分的能力，以及词与词、词与词类之间的组合能力与组合关系等特征，例如是否带有后缀"子"、是否作主语、是否受"不"修饰、是否受数量词（组）修饰等都被称为词的语法功能，亦即词的语法属性。使用这些属性描写各个词类中的词，进而找到能够区分各个类的语法属性或属性集合。例如属性"是否受'不'修饰"能够将绝大部分体词与谓词区分开，将其定为一条区分体词与谓词的分类标准，按照这条标准，由于"打仗"可以受"不"修饰，而"战争"不能受"不"修饰，因此"打仗"是谓词，"战争"是体词。在初步得到划类的形式标准之后，利用该标准进行划类实践，并对形式标准进行进一步检验，考察该标准是否能够较好地描写先验类成员，如果不能很好地描写先验类成员，出现覆盖不全或覆盖过大等问题，就需要对形式标准做进一步修正，提高其描写能力，然后根据修正后的词类标准再进行一次划类检验，如此反复，在经过多次的划类标准与划类结果之间的互动后，最终得到一个能够较好描写先验类成员，与先验类中的典型词吻合度较高的划类形式标准，并将该标准作为词类的定义。

4. 同一性判定

在描写词的属性特征之前还有一步准备工作，就是根据词的意义是否具有同一性将同一个词形但意义不同的词划分开。例如，表示动作的"锁"与表示物件的"锁"被认为意义不同一（朱德熙，1982），因此首先将"锁"分成"锁 1"与"锁 2"，之后再利用语法属性分别对"锁 1"和"锁 2"进行描写和划类。

---

① 这是汉语词类问题与英语等印欧语词类问题的显著区别，具体比较请参见第 5 章。

② 当然有些研究者主张将分类依据与分类标准分开，如郭锐认为词类的分类依据是表述功能，而分类标准是句法功能。我们这里取郭锐的分类标准作考察，因为这是落实到词类划类实践的依据。

总结这样的一个划类过程，涉及四类要素。

第一类要素，先验类，包括名词、动词、形容词、副词、区别词、连词、介词、助词。

第二类要素，先验类中的典型词，分别举例如下。

名词：桌子、椅子、太阳、地球

动词：走、跑、跳、唱歌、跳舞

形容词：大、小、高、低、优秀、干净、快乐、偶然、仔细

副词：不、很、极、最、仅仅、都、已经

区别词：男、女、金、银、大型、主要

连词：既然、于是、可是、但是、并且

介词：在、跟、比、把、将

助词：了、着、过

第三类要素，**语法属性集合**。

构词（形）特征：是否带后缀"子"、是否有重叠形式如 AABB、ABAB 等。

充当的句法成分：作主语、作谓语、作定语、作宾语、作状语、作补语等。

组合能力：受"不"修饰、受"很"修饰、受数量词修饰、受"没"修饰、带宾语、带补语、作定语等。

第四类要素，**逻辑运算类型**，包括合取、析取、非。

分类目标：利用语法属性集合中的有限属性元素和逻辑运算类型中的有限运算类型，为先验类中的典型词找到区分特征，使得典型词间能够较为清晰地区分开。汉语的传统词类工作大部分集中在为语法属性集合寻找更多的属性特征，以及利用已有的属性特征，通过适当的逻辑运算，达到将先验类中的典型词分开的目的，最终形成各个类的形式划分标准。下面以袁毓林和郭锐的词类定义为例说明。

袁毓林在词类是原型范畴的思想下，使用合取、析取等运算为词类定义，运算的对象是所谓的"框架—槽"。袁毓林为名词的定义为："名词是一种可以受数量词修饰、但不受副词修饰的词。"从该定义看，他使用到了"受数量词修饰""受副词修饰"这些语法属性，并且对这两种属性进行了合取的逻辑运算，得到了名词的定义。

郭锐也采取了形式化的方法对各个词类进行了定义，将名词定义为：(<主>|<宾>|<定>～|～（里|以南)) ∧* (<谓>|<方位词>|<时间词>|<处所词>|<量词>)

这个定义的含义是：名词是能够作主语、或作宾语、或受定语修饰、或后可接"里"或"以南"，在满足上述任一条件的同时，不能是谓词、方位词、时间词、处所词、量词。在这个定义中使用的属性更多，且用到了合取、析取、非的逻辑运算。

实践证明，这种划类方法能够在较大程度上覆盖住大部分的汉语词，例如郭锐提到利用这种划类方法定义的动词覆盖面达到99%以上，只有不到1%的词不能覆盖到。

尽管99%以上的覆盖率很高，但这仅是动词定义的覆盖率，其他词类定义的覆盖率并非都这么高，同时尽管有不到 1%的词没有覆盖到，但是动词的总量很大，在郭锐（2002）调查的 43330 个词中，动词有 10300 个，那么就有 100 个左右的动词没有被定义正确描述，这也是不小的一个数字，对于这部分词的存在原因应该作出分析和解释。

6.1.3　现行汉语词类体系的本质

由于汉语在词法、句法层面都缺少形态特征，故关于汉语词类问题有许多争论。目前，多数学者都认为汉语可以分出名动形等世界多数语言共有的词类，但他们对汉语词类的本质则有不同看法。本书认为，汉语词类体系的本质是基于语义的，这里从两个角度来印证这个判断。

1. 汉语的先验词类是基于抽象语义的

研究汉语词类划分的学者，许多人都承认在建立划类标准以前就已经有了分类体系和大致的各类词的集合。划类工作是从先验的词类体系和已分类的词的集合出发，寻找出划类的区别特征（参见 4.1.2）。但是，关于先验的词类体系如何而来，各人理论不同，比如袁毓林和郭锐分别主张"分布本质论"和"表述功能本质论"。但在具体工作中，研究者却不时地露出以语义为先验标准的痕迹，例如袁毓林（1996）讲到："比如，语感告诉我们'太、很、极、透、透顶'都是程度副词，但是它们在分布上相去甚远。……词类是根据词与词之间在分布上的某种相似性而分出来的类。"

这里的"语感"明显就是指对语义的感知，这些词的句法功能不同，那么为什么都算作"程度副词"？显然是因为它们有共同的抽象语义，即表示性质的程度。

语言工程要求对给定的大规模词表中的每个词划定词类。由于语义是模糊的，不仅机器无法根据语义来操作，有些情况下人也很难操作。为了使词类的划分比较客观，需要制定可操作的划类标准。关于这一点，已有的基本共识是采用语法功能分布的标准。具体的划类操作过程可以参见上一节的介绍，从总体上看，这种划类过程是一种以语义类为基础，在形式划分标准与语义类的词的集合之间反复调整适应的过程，目标是找到一种具有较强的覆盖能力和描写能力的形式标准来对先验语义类中的词进行描写，该目标的理想情况是形式标准所覆盖的词与语义类中的词完全吻合，既不多，也不少。

从划类过程看，划类标准虽然是基于语法功能分布的，但它只是操作层面的标准，不能改变先验词类是基于语义的现实。当然，不可否认的是，引入了语法功能分布标准，对于语义的理解和操作会更确切、客观了，这是语法对于语义的反作用。

同时需要指出，英语词类的划分并没有这样一个繁杂困难的过程。关键在于汉语的词缺乏形态，要划出先验的名动形副等的词类，只能这样办。

2. 汉语的兼类词排歧是基于语义的

自然语言中，表达意义的符号（词）往往在各个层面上都有歧义。英语的词从句法层面上看，一个词可以兼好几种词性，不同词性的词例承担不同的句法角色，如英语的"study"，在"Their study is very important."中是名词词性，承担主语角色；在"They study linguistics."中是动词，承担谓语角色。兼类词排歧就是根据词例的词法特征和语境中的句法关系，消除句子中词的语法兼类，使得无论一个词兼有几种词性，在特定的语境下只保留其中最合适的一种。

汉语的词类与句法成分并不对应，汉语现行的词性标注本质是语义排歧。例如"编辑"，在"这本书的编辑很谦虚。"中表示具有一种特定身份的人，在"这本书的编辑很费时。"中表示一种特定的行为，二者分别被标作名词和动词，但在语法层面没有区别，都是主语，谓语都是"很"加形容词，区别在语义层面。

尽管英语和汉语的兼类词排歧的本质很不一样，但都可以借助训练语料和统计方法来做。英语的词性标注只需要使用语法特征，而汉语要做得准确，需要适当增加某些语义特征。如果上例中不仅标出"谦虚"和"费时"是形容词，而且标注出"谦虚"的性质主体是人，"费时"的性质主体是行为过程，就会有利于"编辑"的排歧。

此外，英语和汉语的标注结果会有区别。英语的词性标注是语法层面的工作，可以根据词例的词法特征和所在语境的语法关系来完成。汉语的词性标注是语义层面的工作，语义具有模糊性，因此汉语的词性标注不可能做得十分彻底。比如"编辑工作很重要。"中的"编辑"是定语，既可以指人，也可以指行为，二者无法分清，其实也不必要分清，因为最终对于整句的理解没什么妨碍。

6.1.4　词类定义的评价方法

这里说的词类定义，就是不同词类之间的区别性特点。在下面的行文中，词类特点与词类定义指的是一个意思。

词类划分的目标是根据词类定义，将词表中的词划分为不同的类别。由于汉语词类的本质是基于语义的，存在一个根据语义划分出的先验类，现有词类体系的划分标准是语法形式，如语法功能等，因此根据形式标准，又划分出一个后验类。词类定义的目标就是要使得后验类尽可能与先验类相吻合，就会出现语义划类标准与形式划类标准之间的反复互动，最终确定词类定义。在这样的划类过程下，存在一个如何评价词类定义的问题，即对于同一个词类，可能会存在不同的词类定义，但是在这些定义中到底哪个更好，是需要判断的。对于这个问题，在过去的研究中较少涉及，即使在郭锐的词类体系中，给出了所谓的词类定义的覆盖度，但是仍存在问题。评价一个词类的定义，需要从两方面考虑，下面以动词定义为例进行具体分析。

首先明确四个概念：①词表的总词数，记为 V；②先验类的总词数，记为 T，以动词为例中为词表中被先验划定为动词的词数；③符合指定词类定义的词数，记为 C，以动词为例中为词表中所有满足动词定义的词数，即后验类的词数；④符合指定类定义且被先验划为指定类的词数，记为 RC，词表中满足动词定义且被先验划为动词的词数。

下面给出评价指标的计算方法。

①召回率

$$\text{Recall} = \frac{\text{RC}}{\text{T}} \qquad （公式 6.1）$$

②准确率

$$\text{Precision} = \frac{\text{RC}}{\text{C}} \qquad （公式 6.2）$$

举 3 个例子来对上述指标做出解释。

假设有一个词表共有词 500 个（V），其中动词有 100 个（T），分别有三个不同的动词定义，记为 f1，f2，f3，对应三种分类结果。

f1 的结果是：词表中符合动词定义 f1 的词有 200 个（C），其中有 100 个（RC）在词表中被标为动词，对这样一个定义的评价指标计算如下。

①召回率（Recall）=100/100=100%

②准确率（Pecision）=100/200=50%

这种情况下召回率达到 100%，但这反映出定义过宽，使得应该被包括的词包括了进来，同时也进来了一些不应该包括的词，因此准确率低；

f2 的结果是：词表中符合动词定义 f2 的词有 50 个（C），这 50 个（RC）在词表中都被标为动词，对这样一个定义的评价指标计算如下。

①召回率（Recall）=50/100=50%

②准确率（Precision）=50/50=100%

这种情况下准确率达到 100%，但这反映出定义过严，使得被包括进来的词都没有问题，而很多应该被包括进来的词却没有进来，造成召回率低。

f3 的结果是：词表中符合动词 f3 定义的词有 100 个（C），其中有 100 个（RC）在词表中被标为动词，对这样一个定义的评价指标计算如下。

①召回率（Recall）=100/100=100%

②准确率（Precision）=100/100=100%

这种情况反映出定义与词表完全吻合，召回率与准确率均达到 100%，这是定义追求的目标。

从以上三种定义的分析结果看，每一种定义中都有可能使某个评价指标达到 100%，只有第三个定义中当两个评价指标都达到 100% 时才能真正说明定义的合理性，而另外两个定义中都不能仅凭有一项指标达到 100% 说明定义的合理性。用这种方法来分析郭锐（2002）的动词定义，他的动词定义有三种方法。

定义 1：(不~|没~|~<宾>|~<补>|所~|<黏合式补语>|（~着|过)|((<谓>|<状>~)∧*<主>))∧（*很[不]~|（很~<宾>))

郭锐（2002）认为"这是严格的定义，可以管住 99% 以上的动词"，当将定义简化为定义 2。

定义 2：(不~∧（*很[不]~|（很~<宾>))

定义 2 能管住的动词为 86%，当定义简化为定义 3。

定义 3：((不|没)~∧（*很[不]~|（很~<宾>))

定义 3 能管住的动词是 89%。

由于定义 2 规定只有受"不"修饰并满足（*很[不]~|（很~<宾>))条件，才算作动词，这个定义比定义 1 和定义 3 都要严格（注意此处的"严

格"是对进入动词类的词的要求严格，与郭锐的"严格的定义"中的"严格"不同，郭锐的"严格"是指定义的覆盖面广，与此处的"严格"义正好相反），虽然召回率会受到影响，但准确率会得到提高。从三个定义给出的评价数据看，定义 2 最严格而评价数据最低，定义 1 最宽松而评价数据最高，由此可以推断郭锐给出的评价指标是召回率而非准确率，即定义可以准确覆盖住的动词数与总动词数的比值。但我们已经分析过，单凭召回率评价是不全面的，有时会由于定义偏宽使得召回率较高，同时也会将不该入类的词也包含了进来，造成准确率降低。例如定义 1 较定义 2、定义 3 要偏宽，因为定义 1 中有多种可能情况可以判定一个词为动词，而在定义 2、定义 3 中的可能情况则要少得多了。那么定义 1 偏宽就会带来两个影响，一个是积极影响，即尽可能多地把那些应该归为动词的词都包括了进来，使得召回率较高；另一个是消极影响，即把不应该包括进来的词也包括了进来，造成准确率降低。例如，定义中的"～<宾>"（能带宾语）这个标准就会带来负面影响，因为不仅动词可以带宾语，介词也可以带宾语，且介词都满足（*很[不]～|（很～<宾>）条件，因此介词就完全符合动词定义 1 的要求，会被包括进动词之内，这就使得准确率降低，但这种定义偏宽带来的消极影响在郭锐的评价指标中并没有得到体现。

　　以上论述的主要目的是说明，尽管目前在实践中认为利用语法功能为词分类能达到较好的效果，但其中还是存在很多值得深入研究分析的问题，尤其是要能够客观准确地评价词类定义的划类效果。从本节的分析来看，现有的词类定义其实还存在不足，基于语法形式的词类定义难以很好地覆盖先验类的词的集合，而这种不足也从一个方面反映出汉语词类划分的形式标准与语义标准之间还存在距离。

6.1.5　汉语词的同一性模糊

　　同一性认定是现有词类体系划分词类时的首要步骤，例如朱德熙（1985）指出："从理论上说，划分词类只能在确定了词的同一性问题的基础上进行。在确定词的同一性问题的时候，当然要考虑意义。"但对于同一性的认定标准却少有人讨论，一般的讨论会给出一些实例来说明因词的意义不同而被确定为不同的词，例如 "锁"在表示事物与动作时意义明显不同，因此属于不同的词。但对同一性更为深入的讨论却难以看到。

　　俞士汶对于兼类类型的划分，可以在一定程度上反映出研究者对于词的同一性的判断标准。《详解》将兼类分为两种，一种狭义兼类，是指词的意义不变但属于多个词类的兼类词，例如区别词与副词的兼类词"自动、长期"等；另一种广义兼类，是在意义上有明显区分但属于多个词类的词，例如名词与动词、名词与形容词的兼类词"锁、编辑、先进、典型"等。按照《详解》的兼类类型的划分讨论词的同一性模糊的问题。

①以名词与动词、名词与形容词兼类为代表的广义兼类。在这种兼类类型中，往往认为兼类词不具有同一性，对同一个词形能够较好地区分出不同的抽象语义侧面。例如"锁"具有两个不同的语义，一个表示事物，另一个表示动作，从抽象语义侧面来看，两个"锁"的同一性分界是清楚的(但在具体的词例身上这种语义侧面有时会变得不再像词典中那么清晰，后面将详细讨论)。即使"锁"这类词的抽象语义侧面有较为清晰的区分，但是不同语义侧面都共享同一个核心语义，不同语义侧面间都有着内在联系，不同于"制服歹徒"和"身穿制服"中的"制服"这类在核心语义上没有任何联系的同形异质词，因此"锁"这类词的不同语义之间是否不具有同一性是模糊的。

②以区别词与副词兼类为代表的狭义兼类。"自动、长期"这类词被认为是兼属区别词与副词的狭义兼类词，也就是承认这些词在意义上具有同一性。虽然"自动、长期"这类词核心语义相同，但是同一个词形的区别词与副词的语义还是存在一定差别的，例如区别词的语义表示事物修饰义，副词的语义则表示行为方式义，二者在语义上存在差别，因此"自动、长期"这类词的不同语义之间是否具有同一性也是有模糊的。

③其他兼类类型。除了上述讨论的兼类类型外，在汉语实词中还存在有形容词与区别词、形容词与副词、形容词与动词、名词与区别词、名词与副词、动词与区别词、动词与副词等类型的兼类，具体可参见第4章的相关调查。这些兼类类型中除了同形异质词，如"家用、人工、终归"等词的不同语义之间不具有相同的核心语义，不存在意义同一性的模糊问题外，还存在有诸如"绝对(a-d)、后进(b-n)、善意(a-n)、必然(d-n)"等词，这些词的不同语义之间具有一定的关联性，例如"绝对"有如下例句。

(5) 起/v 锅/n 要/vu 绝对/a 的/ud 沸/Vg 汤/n

(6) 非/h 处方药/n 是否/v 绝对/d 安全/a ？/ww

例(5)与例(6)中的两个"绝对"之间具有一定的语义关联性，在《现汉》中形容词与副词的"绝对"并置于同一个词条之下，分别有各自义项，也说明二者在核心语义上具有关联性。

对于这些兼类类型是属于狭义兼类，还是广义兼类，《详解》并没有明确规定，暂且将这些兼类类型看作是处于广义兼类与狭义兼类之间的部分，属于中间地带。属于这些兼类类型中的非同形异质词，如"绝对、后进"等的同一性判断也存在模糊。

为了更直观地说明现有词类体系下的同一性模糊问题，将词的同一性模糊表示为表 6-3。

表 6-3　词的同一性模糊例示

兼类模式	兼类类型	同一性认定	例词
名词—动词	广义兼类	不具有同一性	报告、编辑
名词—形容词			先进、模范
形容词—动词	?	?	繁荣、统一
名词—区别词			正面、后进
名词—副词			必然、低速
形容词—区别词			机动
形容词—副词			绝对、纯粹
动词—区别词			现任、直属
动词—副词			反复、加倍
区别词—副词	狭义兼类	具有同一性	自动、长期

注：表中的"?"表示难以给出明确分类结果的兼类模式。"兼类类型"列的"?"表示"难以判定兼类模式所属的类型"，"同一性认定"列的"?"表示"难以判定兼类的两个词之间是否在语义上具有同一性"。

语义的同一性是相对的，不同一则是绝对的。同一性模糊就是指当同一个词形的不同词义之间区分到什么程度才称其不具有同一性或是具有同一性是模糊的。同一性问题涉及人对于词义的认知和把握，如何认定同一性是需要进一步研究的课题，本书由于能力与时间所限难以对其展开深入的研究。

由于同一性认定是汉语词类划分中的首要步骤，而汉语词的同一性认定又具有模糊性，这对划分词类造成很大困难。例如，对于"这座楼极高"和"这座楼高极了"中"极"的同一性认定就存在模糊，郭锐（2002）认为两句中的"极"不具有同一性，"作状语的'极'是书面语词，而作补语的'极'却非常口语化，因此可以把这两种用法的'极'看作两个概括词，其中作补语的'极'是动词"。但《现汉》却认为作状语和作补语的两个"极"的词义相同，是同一个"极"。《现汉》对"极"共有 6 项释义，其中第 5项释义为：副词表示达到最高程度。"极"也可作补语，但前头不能用"得"，后面一般带"了"，如"忙极了"。

从该项释义可以明显看出,"极"作状语与补语都是表示达到最高程度,在语义上没有差别。对于"极"的同一性认定直接影响到"极"的归类,如果认为作状语与作补语的两个"极"具有同一性,那么"极"就不可能是副词,因为副词不能作补语,但这与一般的语法研究认为"极"是典型的副词的认识不符;如果认为两个"极"不具有同一性,那么就可以解决"极"的归类问题,作状语的"极"记作"极 1",属于副词,而作补语的"极"记作"极 2",不属于副词。虽然这种区分出两个"极"的做法能够解决"极"的归类问题,但是又带来新的问题,即词的同一性认定问题。在人看来,这两个"极"除了语法功能有差别(一个用在形容词前面作状语,一个用在形容词后面作补语),词汇意义看不出差别,都是说明形容词所表示的性质的程度,应该是同一个词。如果把这类词形都看作同形的两个词的话,那么是否都将既作状语又作黏合补语的所有词形看成两个词,如是否要将"要彻底解决"和"要解决彻底"中的"彻底","让你久等了"和"让你等久了"中的"久"都区分出两个不同的词呢?进而思考是否所有同形但承担不同句法角色的词在不同的句法角色位置都应看成不同的词,如"跑步能锻炼身体"和"我们跑步前进"中的"跑步"是否要区分出两个不同的"跑步"呢?显然,在以语法功能为分类标准的词类体系下,"彻底""久""跑步"这类词都是具有意义同一性的,虽然处于不同的句法位置,但都认为是词类的多功能(俞士汶等,2003),而不予以区分,这就与"极"的语义区分出现了不一致,这种不一致进一步反映出汉语词的同一性判断模糊。

6.1.6　汉语词的功能混杂

由于汉语词类的本质是基于语义的,而现有词类体系却希望能够单纯依靠语法功能的形式标准来对以语义为本质划类标准的词类进行描述,这样在语义类与形式类之间产生一种张力,根据形式标准确定的词集合中存在有部分词不属于语义类,而语义类中存在的词并不能被形式标准所覆盖,二者之间的矛盾是现有词类体系难以确定一种普遍认同的词类标准。这种矛盾的直接原因在于汉语词具有功能混杂性的特点,而更根本的原因还是汉语词类本质是基于语义的,在语义标准与形式标准之间存在难以弥合的差距。

所谓功能混杂性特点是从汉语词的语法属性特征出发考察的,指汉语的词在语法功能方面具有较为复杂的特征分布。这种考察的视角与一般的从词类出发考察词类的多功能性的视角不大一样。很多学者在描述和分析汉语的词类与语法功能等不具有简单对应关系时，对很多句法功能较为复杂或特殊的词也进行了描写和分析，这些描写可以被借鉴来考察汉语词的功能混杂性。例如郭锐（2002）给出了很多有关汉语词的功能混杂的例子，"地步""国际"不能作主语，"年事""浑身"不能作宾语，"总计""致使"不能受"不"修饰，"相同""要脸"不能受"很"修饰等。在第 4 章有关词类体系的调查中，也给出了大量具有功能混杂性特征的词，这些词的存在都说明汉语词在语法功能方面具有复杂性，进而对依据语法功能分布来为词分类产生了很大影响。

下面以《语法信息词典》为例，举例分析汉语词的功能混杂性。为了清楚地讨论汉语词的功能混杂性问题，首先根据词类语法特点与类内的词的语法属性之间关系将每一类词分成三部分。

①词具有该词类语法特点中不允许出现的语法功能，这种词被称为"异功能"词。例如，《语法讲义》中副词的特点是"只能作状语的虚词"，该类中有"很、常常"等成员，而"很"除了可以作状语外，还可以作补语如"高兴得很"，因此"很"具有了副词特点以外且不被副词特点允许的句法功能，它就被称作"异功能"词。

②词的语法功能缺少词类语法特点中的必要语法功能，这类词被称为"缺功能"词。例如，动词是谓词，而谓词的一个必要语法属性是能受"不"或"没"修饰，但是在动词中，有一部分词是不能受"不、没"修饰的，如"不悔、不详、欠安、查讫"等，这类词被称为"缺功能"词。

③词的语法功能与词类语法特点相符合，对这类词不特别命名。

讨论数据基于第 4 章的调查结果，主要分析名词、动词、形容词、区别词和副词五类词，在每类词的分析之前都给出了该类词在《语法信息词典》中列出的语法特点，而后分别给出一些在《语法信息词典》中归为该类的"异功能"与"缺功能"的例词。

1. 名词

名词的语法特点有：①名词是最典型的体词，除少数例外，基本上都能单独作主、宾语；②名词一般不受副词修饰；③名词可以受数量词（组）修饰；④名词可以修饰名词；⑤名词不能带表示时态的助词"着、过、了"；⑥名词不能作状语，但少数名词（主要属双音节和三音节的）加"地"后可作状语，但还有极少数名词可以直接作状语修饰动词。

名词中"异功能"现象主要有三类。

第一类，作状语。 这类词中有"高价、重点、苦心、顺序"等，这类词可以直接修饰动词作状语。

高价：高价销售

重点：重点解决

苦心：苦心经营

顺序：顺序入场

尽管在《详解》的名词定义中指明"名词不能作状语"，但又补充说有些名词可以作状语，但是没有给出例外的原因，因此从名词的总体特征而言，这些能够作状语的名词应该属于"异功能"词。

第二类，受副词修饰。当受"很""不"等副词修饰时，名词的词义一般都发生变化，从事物义转化为性质义，如"很 牛""很 火""很 经典""不 道德""不 规矩""不 文明"等，这些词在现有词类体系下被认为是意义与名词不同一的词，因此不算作"异功能"词。

男人：很 男人

奶油：很 奶油

娘娘腔：很 娘娘腔

废物：很 废物

受"很"修饰的词并不被认为是具有性质义的另外一个词，并且在词典中只属于名词，但是这些名词却能够受"很"这个程度副词的修饰，因此算作是"异功能"词。

第三类，后接时态助词"了"或"过"。名词一般不后接"了、着、过"这些时态助词，但是马庆株（1998）指出当名词属于某个顺序结构中的一员且非初始成员时，这时可以后接"了"，如"教授"是职称这个顺序结构中的一员，因此可以说：他 都 教授 了。"冬天"是四季顺序结构中的一员，因此可以说：已经 冬天 了。"老话题"是话题顺序结构中的一员，因此可以说：都 老话题 了。

此外，一些名词可以后接"过"，表示一段经历。

夫妻：他们 夫妻 过 三年

知青：张老师 上山下乡 过 还 知青 过

战壕：我们 一个 战壕 过

枪林弹雨：我们 枪林弹雨 过

虽然对于能加"过"的这类名词的语义特征还没有深刻的认识，但确实存在某些名词后可以加"过"的语言事实。以上这些后接时态助词的名词可以看作是"异功能"词。

在《人民日报》语料中，还有一例"名词+着"的例句，如例（7）所示。

（7）此刻/rz ，/wd 氤氲/n 着/uz 淡蓝/b 雾/n 岚/Ng 的/ud 富屯溪
/ns ，/wd

但名词后接"着"的用法非常罕见，可以看作是特殊表达手法，且《现
汉》中"氤氲"被标为形容词，义为"形容烟或云气浓郁"，因此不计在
"异功能"词之内。

名词中"缺功能"现象主要有三类。

①**不能作主语**：泡影、青史、妙龄、远虑、要务、平手……

②**不能作宾语**：年岁、铁蹄、项数、兵戎、旌旗、满目、满天……

③**主宾语都不能作**：拓扑、吉庆、层状、薄暮……

2. 动词

动词的语法特点有：①动词是最典型、最重要的谓词；②能带真宾语
的谓词都是动词，即及物动词；③及物动词可以带真宾语，并非说在真实
语料的每个句子中，及物动词都要带上真宾语；④不及物动词不受"很"
修饰，不及物动词通常可以受否定副词"不"或"没"修饰，可以带补语
或准宾语，不及物动词只能带准宾语，不能带真宾语；⑤准宾语是表示时
量、动量或程度的宾语，通常用数量词组表示。

动词"异功能"现象主要是有些词不能带真宾语却能受"很"修饰，
如没辙、得势、偷懒、过敏、享福、帮忙，这些词都能够受"很"修饰，
且不带宾语。从语法功能分布上看并不具备动词的特点，而具备形容词的
特点，但是却被列为动词。其中的原因可能是这些词从语义上看，是表示
行为，因此归入动词类。

动词中"缺功能"现象主要有两类。

第一类，不能受"不、没"修饰：欠妥、欠安、不详、不休、初诊、
刍议

第二类，不能单作谓语：接力、进退、集约、口服、攻坚

3. 形容词

形容词的语法特点有：①形容词也是一类重要的谓词；②凡是能接受
"很"一类程度副词修饰且不能带真宾语的谓词是形容词；③绝大多数形
容词可以受否定副词"不"的修饰；④形容词可以带补语。

形容词中"缺功能"现象主要有两类。

第一类，不受"不"修饰：不善、不悦、不妥、甘甜、繁多、急骤

第二类，不受"很"修饰： 浓黑、适量、口紧、酷热、幸甚

4. 区别词

区别词的语法特点有： ①区别词是通常只在名词或助词"的"前边出现的黏着词，主要用作定语；②在一定条件下，如在包含对举格式的句子里，区别词也可以作主语和宾语；③一部分区别词，如"共同、定期、自动"兼副词。

尽管在区别词语法特点的②③中都列出了一些例外情况，但是这些例外情况都不构成对区别词整体功能的描述，且语法特点③存在逻辑问题，因此只考虑语法特点①为区别词的定义。

区别词中"异功能"词主要有三类。

第一类，作状语，举例如下。

永久：永久相爱

永远：永远坚定信念

最终：最终战胜困难

主要：主要克服浮躁作风

自动：自动检查拼写错误

第二类，作谓语，举例如下。

直属：北京语言大学直属教育部

现任：潘基文现任联合国秘书长

第三类，作主宾语，举例如下。

轻量级：轻量级竞争很激烈

女式：女式好卖

蓝领：重视蓝领

全自动：我不喜欢全自动

5. 副词

副词的语法特点有： 副词是基本上只能作状语（修饰动词与形容词）的实词。

副词中"异功能"现象主要有三类。

第一类，作定语，举例如下。

唯独：唯独苹果价高

凡：凡家电都降价

仅仅：仅仅饭费就好几万

仅：仅通讯费就花掉一半工资

就：就手机打折

第二类，作主宾语，举例如下。

苦心：苦心得到回报

顺序：讲究顺序

深情：充满深情

日夜：不分日夜

第三类，作谓语，举例如下。

加倍：工资加倍

尽力：我一定尽力

同步：信号与卫星同步

分级：产品严格分级

更多的调查结果也可以参见第 4 章中对《语法信息词典》中语法属性的调查。从以上五类词的分析看，所有类中都存在异功能词或缺功能词，当把这些词作为先验类中的成员对待时，就必须在词类定义（即用于划类的语法的区别性特点，下同）中对这些词给予描述，否则词类定义与先验类的成员之间就会存在差距，造成定义的不完善，但这些词的语法属性过于复杂多样，使得词类定义无法兼顾到如此多的特殊情况，因此必然出现词类定义不可能完善的情况。甚至在某些情况下，从语法功能角度考察完全符合类 A 的定义而不符合类 B 的定义的词，却被划入了类 B，例如"偷懒、享福"这类符合形容词定义（受"很"修饰，不带宾语）却被划入动词的"异功能词"，这些词不仅说明了汉语词的功能混杂性，更说明了在语法功能之外，语义是制约汉语的词类划分的更本质因素。

6.1.7　问题词及其处理方法

1. 问题词的产生

问题词主要是功能混杂性分析中的说到的异功能词和缺功能词，它们使分类体系在逻辑上遇到困难。下面以传统词类工作中副词的划类过程为例说明现有词类体系下问题词的产生过程。根据 6.1.2 所述，现有词类体系中副词的划类过程如下。

第一步，确定先验的属于副词类的成员，由于副词的语法意义是对性质和行为过程的修饰，一般表示程度、范围、时间、方式等，因此其典型成员包括不、很、仅、都、已经、亲自……

第二步，利用语法属性特征对这些词进行描写，发现它们都能够作状语修饰动词或形容词，如

男生 不 喜欢 琼瑶 的 小说

我 很 喜欢 金庸 的 小说

他 仅 知道 结果

我们 都 跑 了 10 圈 了

学生 已经 出发 了

老师 亲自 解答 问题

…………

在这些例句中，副词的典型成员都作状语，因此作状语是副词内部一个普遍特征，但这个特征并非仅副词独有，其他词如形容词等也具有作状语的功能，如（朱德熙，1985）：

偶然 发现一两个错字（偶然事故|这件事太偶然了）

仔细 检查了一遍（做事仔细）

丢了 确实 可惜（确实消息）①

勉强 答应下来（这个理由太勉强）

因此，需要从副词类内排除掉这部分形容词，故将副词进一步定义为"只能作状语的词"，因为形容词还可以作定语、谓语，因此就不会包括在这个定义之内。这样就完成了副词类的定义，同时也给出了副词的划类标准。

但是这个定义存在问题，主要表现在该定义不能够准确描写副词先验类中的所有成员的语法属性，或者说副词先验类中的某些词不满足该定义要求。例如郭锐（2002）给出了一些副词定义未覆盖到的情况，这里借用郭锐的这些说法。

说法（1）："不、没有"可以（单独）作谓语或受其他副词修饰（而作谓语），例如，我不！ 他没有。我也不。

说法（2）："很、极"可以作补语，如"好得很""大极了"。

说法（3）："被迫、故意、互相"等少数几个词能用于"是……的"结构。

说法（4）："长期、临时、真正、自动"既可以作状语，又可以作定语，不能作其他成分。

---

① 这个例句存疑，"确实可惜"与"确实消息"中的"确实"词义有差别，是否具有意义同一性存在疑问。

说法（5）："最"可以作状语，还能作定语修饰方位词和部分名词，"最上面""最左边""最底层""最高峰""最前线"。

在以上说法中，说法（1）可以认为是特殊语体下的特殊现象，在词类问题中可以不予处理，但其他几种确实需要认真对待。这些提到词都首先被先验地认为是副词，而副词的定义并没有准确描述这些词，这些先验的副词都还具有副词定义之外的其他功能，例如作补语、作定语等。副词的定义规定副词是只能够作状语而不能够作其他语法成分的词，这些词就是所谓问题词。问题词的存在反映出先验类中的词的语法属性与词类定义之间的矛盾，也反映出词类定义的不完善，现有词类体系对这部分都有专门的处理方法。下面对主要的处理方法进行介绍。

2. 兼类词的一般性讨论

兼类词是现有词类体系处理问题词的一种重要现象，首先对兼类作一般性的讨论。为了更直观地讨论兼类词的概念，举例说明兼类词的产生过程。

根据上文介绍的划类过程，首先假定存在两个先验类，并且其典型成员已经确定。假设存在先验类 1 和先验类 2 成员如下。

先验类 1：曾经、常常、草草、长期

先验类 2：男、女、金、银、长期

注意先验类 1 和先验类 2 有一个共同成员"长期"，且"长期"在这两个类中的意义具有同一性。

然后，利用语法属性对这两类词进行描写，结果如下。

先验类 1 的语法属性是：

"曾经、常常、草草"只能作状语，不作其他成分。

"长期"只能作状语和定语，不作其他成分。

先验类 2 的语法属性是：

"男、女、金、银"只能作定语或加"的"后修饰名词，不作其他成分（为表述方便，以下都简略为"只作定语"）。

"长期"只能作状语和定语，不作其他成分。

这样先验类 1 和先验类 2 会形成两个相交的集合，交集是"长期"，如图 6-1 所示。

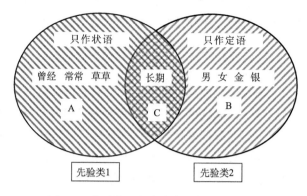

图 6-1 先验类 1 与先验类 2 的成员集合图

从图 6-1 可以看到，先验的集合包括 3 部分（图中用不同方向的斜线表示）。

A：只能作状语的词（左边椭圆去除 C 后的左月牙部分，左上斜线表示）。

B：只能作定语的词（右边椭圆去除 C 后的右月牙部分，右上斜线表示）。

C：只能作定语或状语的词（左右椭圆的交叠部分，交叉斜线表示）。

由于"长期"兼属先验类 1 和先验类 2，因此必须对"长期"进行处理，然后才能得到各个类的分类标准。根据对"长期"所在的交叠部分 C 的不同处理方法，对先验集合的分类有 4 种方法（假定只考虑作定语和作状语两个属性，不考虑其他属性），先验类 1 用 d 表示，先验类 2 用 b 表示。

方式①b：能作定语的词，d：能作状语的词。b=B+C，d=A+C，C 是 b 和 d 的兼类。这种分类方法将先验集合分为了两类，其中像"长期"这些属于 C 部分的词是兼有 b、d 类属性的兼类词。

方式②b：只能作定语的词，d：只能作状语的词。b=B，d=A，C 是非 b 非 d 的另一个类 c。这种分类方法将先验集合分为了三类，其中像"长期"这些词被单独分为一类，成为非 b 非 d 的一个新类 c。

方式③b：能作定语的词，d：只能作状语的词。b=B+C，d=A，C 是 b 的子类。这种分类方法将先验的集合分为了两类，其中像"长期"这些词被处理成 b 的子类。

方式④b：只能作定语的词，d：能作状语的词。b=B，d=A+C，C 是 d 的子类。这种分类方法类似于③，也将先验集合分为了两类，其中像"长期"这些词被处理为 d 的子类。

这 4 种不同的处理方式，对应 4 种不同的词类定义。

可以发现，在这 4 种词类定义中，只有定义①才有可能出现兼类词，而其他定义中都不可能出现兼类词，如在定义②中，"长期"这类词是一个新类 c，而非兼类；在定义③、定义④中，"长期"或是 b 的子集或是 d 类的子类，都非兼类。

3. 伪兼类

根据上节所述，兼类产生在词类定义阶段，如果词类定义不允许兼类，但在词的归类和词性标注中出现了兼类，那么这些兼类被称为伪兼类，是一种逻辑上不存在的兼类。本节对伪兼类展开讨论，目的是进一步澄清兼类概念。

按照朱德熙在《语法讲义》中的定义，区别词是"只能在名词或助词'的'前边出现的黏着词"，而副词是"只能充任状语的虚词"。在《详解》中做了一些软化，区别词的语法特点是"通常只在名词或助词'的'前边出现的黏着词，主要用作定语"，副词的语法特点是"基本上只能作状语（修饰动词与形容词）的实词"。两套定义中，把副词看作虚词还是实词，与兼类问题无关，这里不予讨论。两套定义中区别词和副词核心的区别在于《详解》中的定义加上了"通常"和"基本上"的修饰语，似乎可以网开一面，让先验类 1 和先验类 2 有可能交叠。但是，按照《详解》的定义，判断一个词是不是区别词，就看它的词例是不是绝大部分只出现于名词前或"的"前；判断一个词是不是副词，就看它的词例是不是绝大部分只作状语。显然这两个定义内涵依然是完全排斥的，因为当一个词绝大部分的词例作状语时，就不可能还有绝大部分的词例作定语，这时两个类的外延没有相交的可能性，那么在上述定义下的区别词与副词的定义下，二者仍然不具有兼类的可能。

在 2000 年《人民日报》中，将"高速""间接""临时"等词标注为区别词或副词，且不同词性的词的语义之间不是同形异质关系。统计了这些词被标注为区别词与副词的频数，从表 6-4 的统计结果可以看出，这些词被标注为副词与区别词的频数几乎相同，根本看不出哪种词性更占优势，因此也就无从根据哪种语法功能占优势来区分区别词与副词。

从词类的定义上，区别词与副词只要不是同形异质关系，那么二者是不可能兼类的。但是《语法信息词典》与标注语料中存在大量这类兼类词，其中一个主要原因是《加工规范》中的标注规则与定义存在较大的差别。区别词与副词的标注规则如下。

表 6-4　部分区别词—副词兼类词的分布　　　　（单位：个）

词	总词例数	区别词例数	副词例数
高速	53	26	27
间接	25	12	13
临时	32	16	16
由衷	10	5	5
自动	41	14	27

规则（1）：若此词作状语，则为副词。

（8）我们/rr 会/vu 共同/d 进步/v

（9）自动/d 取消/v 订单/n

规则（2）：若此词作定语，或与"的"组成"的"字结构，则为区别词。

（10）共同/b 目标/n 是/vl 完成/v 这/rz 项/qe 任务/n

（11）这/rz 个/qe 玩具/n 是/vl 自动/b 的/ud

依据《加工规范》的操作原则，区别词与副词在标注中的定义被修改，将"只能"或是"通常""基本上"等论域限制去除，改为"若作……则"，意即只要词例在语境中作了状语就标注为副词，作了定语或与"的"组成"的"字结构修饰名词就标注为区别词。

这样的操作规则不仅与词类定义相矛盾，并且也改变了标注对象，将标注在词上的词类属性标注在了词例上，实质上是将词性标注变为了词例在具体语境中的句法功能标注。因此，区别词与副词的兼类在词类定义层面是自相矛盾的，属于逻辑谬误；区别词与副词的兼类在词性标注层面是修改了定义，改变了标注对象和标注内容。

不仅 b-d 兼类如此，在《语法信息词典》中的实词兼类中大部分狭义兼类都属于这种情况，从《详解》中给出的词类定义，可以得到实词之间狭义兼类的可能情况，如表 6-5 所示。

表 6-5　实词类的兼类可能性

	n	v	a	b	d
n	—	N	N	N	N
v	N	—	Y	N	N
a	N	Y	—	N	N
b	N	N	N	—	N
d	N	N	N	N	—

注：表中"N"表示意义同一的情况下，不可能发生狭义兼类；"Y"表示意义同一的情况下，可能发生狭义兼类。

这里对表 6-5 中的兼类类型进行具体分析。表 6-5 中各个词类在《详解》中的定义已经在上节给出，这里给出体词和谓词的定义。体词的主要语法功能是作主语、宾语，一般不作谓语。谓词的主要功能是作谓语，也能作主语和宾语。如果一个词既满足甲类条件又满足乙类条件，则称该词是甲类和乙类的兼类词。两个词类的定义条件如果相互排斥，则这两类不可能有兼类词。

从体词与谓词的定义，可以推论出：如果一个词的主要语法功能是作主宾语，那么这个词的主要语法功能就不可能是作谓语；同理，如果一个词的主要语法功能是作谓语，那么这个词的主要语法功能就不可能是作主宾语。因此，如果一个词是体词，则不可能兼属谓词；如果一个词是谓词，则不可能兼属体词。故体词和谓词不可能兼类。

由于名词一定是体词，动词和形容词一定是谓词，故名词与动词不可能兼类，名词和形容词也不可能兼类。

同样，作定语和作主语或宾语是矛盾特征，区别词主要作定语，不可能与主要作主语或宾语的体词兼类，因而不可能与名词兼类。

作定语和作谓语是矛盾特征，区别词不可能与主要作谓语的谓词兼类，因而不可能与动词、形容词兼类。

作状语与作主语或宾语是矛盾特征，副词主要作状语，故副词不可能与主要作主语或宾语的体词兼类，因而不可能与名词兼类。

作状语和作谓语是矛盾特征，副词也不可能与主要作谓语的谓词兼类，因而不可能与动词、形容词兼类。

区别词主要作定语，副词主要作状语，作定语和作状语是矛盾特征，二者不可能兼类。

因此，如果有一个词形既被标为名词又被标为动词，则标为名词的词与标为动词的词必定是两个不同的词。如果是同一个词，就不能划为两个词类。名词与形容词、区别词与名词、动词与形容词、副词与名词、动词与形容词、区别词与副词等情况也是如此。

4. 关于兼类处理方法的讨论

当对于兼类词有了以上的一般性认识后，再对使用兼类手段对问题词进行处理的方法进行分析。

一般的兼类处理方法可以描述为：在给定词类定义的条件下，如果某个词具有多种语法属性，而这些语法属性无法用某个单独的类给出完全描述时，就采取兼类的方法，让该词兼属多个词类，从而使得这个词的语法属性得到较为完全的描写。例如，"长期"这类词不仅具有能够作状语的语法属性，还具有能够作定语的语法属性，这两个属性无法被现有词类中的任何一个单独的词类所描写，因此就采取让"长期"兼有副词类与区别词类的方法，这样就可以对"长期"的语法属性进行完全描述。

但这种兼类处理方法存在问题，核心问题是：词类定义在先，兼类处理在后，也就是在不改变词类定义的条件下对词进行兼类处理。在对兼类词产生过程的分析中看到，对于先验类中的兼类词的处理方式有 4 种，并对应 4 种不同的词类定义，其中只有方式①下的词类定义①才允许出现兼类词。那么如果词类定义中未采取方式①处理像"长期"这样的词，而采取方式②—方式④中的任何一种方式处理的话，那么在词类定义中就不可能也不允许存在兼类词；此外，如果在词类定义中根本没有考虑"长期"这些兼属两个先验类的词，那么定义中更不可能出现兼类词。因此，是否存在兼类词是由词类定义决定的，当词类定义确定后，兼类词是否存在也就随之而定。如果词类定义中允许兼类存在，那么这样处理方式不仅是允许存在的，更是必须存在的；但是如果词类定义本身就不允许或不存在兼类词，那么使用兼类为手段处理就会造成词类定义与兼类操作的矛盾，进而带来兼类词逻辑上的混乱。

从区别词与副词的定义看，二者不具有兼类的可能，因此也就无法用兼类的方法处理"长期"这一类词。同理，对于其他词类定义也存在同样情况，如果定义确定，且定义层面不存在兼类的可能的话，那么在遇到兼有多种语法属性的词时，是不能够使用兼类的方法来处理的。

5. 关于修改定义处理问题词的方法讨论

以上所有这些方法都可以看作是在不改变定义的条件下，对问题词的处理方法，但是都难以解决问题。除此之外，还有一种解决方法，就是修改定义，从定义层面解决问题。具体讨论如下。

由于原有副词定义过严，使得先验类的某些词的语法功能未被覆盖，因此根据这些词的语法功能修改定义。例如这些副词具有以下语法功能：

既可以作状语，也可以作补语，但不作其他成分，如很、极

既可以作状语，也可以作定语，但不作其他成分，如长期、自动、最

…………

根据这些先验类中的词的语法属性对副词定义，新的定义内容是对 a 和 b 的各个语法属性进行析取，也就是只要满足 a 和 b 的语法功能中的任

何一种，就属于副词类。理论上这样的定义会覆盖住先验类中的每一个副词，但这样会带来以下两个问题。

问题 1：定义十分复杂，不符合简约原则，人难以把握，这是现有词类分类原则不能接受的。

问题 2：修改后的定义较原有定义要偏宽，这会在一定程度上提高召回率，但也可能会带来准确率降低的问题，也就是可能使得一部分本来不在先验副词类中的词符合新的副词定义要求，从而进入到副词类。这就造成虽然覆盖面不够的问题得到了解决，但又出现了覆盖面过宽的问题。这是一个两难的问题。

因此，修改定义并不能很好地解决词类定义的问题。

这种现象同样存在于其他词类之中，这里不再一一论述。

6.2　汉语词性标注分析

本节是对汉语的词性标注进行总结分析，并分析汉语词性标注中存在的主要问题及问题根源。本节讨论的数据主要来自第 5 章的动态调查，目的是说明汉语中由于词类的划类对象与词性标注对象混淆，造成词类定义与词性标注原则的矛盾；同时还指出，汉语词的抽象语义具有模糊性，这也是导致现有词类体系下词性标注不一致的重要原因。

6.2.1　汉语词类划分对象和词性标注对象

现有的汉语词类工作缺少对词类划分对象与词性标注对象进行区分，一般都认为在词类定义确定之后，词就可以依照定义进行词性标注。实际上，汉语的词类划分对象与词性标注对象并不相同，将二者混淆在一起势必造成词性标注的混乱。本节的主要目的是从汉语现有词类体系的划类对象出发并指出：汉语词类的划类对象是词，而非词例，词类的属性是作用在词上的，而非词例上的，因此在这样的词类理论下，无法也无需为词例标注词性。具体分析如下。

在现有的词类体系中，无论是句法功能分布为分类标准的词类体系（朱德熙，1985），还是以表述功能为分类依据的分类体系（郭锐，2002），都是将词而非词例作为分类对象进行分类。这是由汉语的特点造成的，汉语缺乏形态特征且语法功能混杂，因而无法在语境中独立地确定词例的词类属性，这就必须找到与语境中的词例在意义上同一的尽可能多的其他词例，综合考察这些词例的句法功能的总体分布特征之后才能够确定该词例的词类属性，即词性。例如，还是以"打仗""战争"的词性确定为例，如表6-6 所示。

表6-6　"打仗"与"战争"的例句

"打仗"例句	"战争"例句
（1）打仗 很 残酷	（1`）战争 很 残酷
（2）我们 憎恨 打仗	（2`）我们 憎恨 战争
（3）我们 没有 打仗 经历	（3`）我们 没有 战争 经历
（4）我们 打仗	（4`）*我们 战争
（5）*三场 打仗	（5`）三场 战争
（6）不 打仗 就 好 了	（6`）*不 战争 就 好 了

单独看例（1）和例（1`）时，无法通过语境中的特征确定"打仗"与"战争"的词性，二者都位于主语位置，后接成分都一样，因此语境中并没有给出任何可以区分二者词性的特征，同样单独看例（2）和例（2`）、例（3）和例（3`），都无法确定二者的词性。只有当考察更多的词例时，才有可能发现"打仗"与"战争"在语法功能上的差别，例如例（4）和例（4`）中"打仗"可以独立作谓语成分，而"战争"则不可以；例（5）和例（5`）中"战争"可以受数量词组修饰，而"打仗"不可以受数量词组修饰；例（6）和例（6`）中"打仗"可以受"不"修饰，而"战争"则不可以受"不"修饰，总结这些语法特征可以得到表6-7。

表 6-7　"打仗"与"战争"的语法属性分布

词	主语	宾语	定语	谓语核心词	受"不"修饰	受数量词修饰
打仗	+	+	+	+	+	−
战争	+	+	+	−	−	+

表 6-7 显示出"打仗"与"战争"的词例尽管在很多情况下的语法特征相同，但也存在语法特征对立的词例，而这些对立的语法特征，正是名词与动词的对立特征，因此判断出例（1）至例（6）中的词例"打仗"对应的词"打仗"的词类是动词，例（1`）至例（6`）中的词例"战争"对应的词"战争"的词类是名词，进而通过词的词类属性，判断出各个词例的词类属性，单独依靠单个词例的语境特征是无法判断出词性的。

以上这种通过考察词的句法功能分布确定词的类别，进而为词例确定词性的方法是目前汉语词性标注的普遍做法。

既然分类对象是词而非词例，那么从理论上就不可能也没有必要对语料库中的词例词性进行语境范围内的排歧，具体原因如下。

①词例所在语境不一定给出可供排歧的特征，因此也就无从根据语境特征进行排歧。

②词类定义中并没有给出如何确定词例的词性的方法和特征，只是给出了如何确定词的词类属性的方法和特征，因此也无法根据词类定义进行词例的词性排歧。

③词的词类属性是以该词的所有词例的某些语法功能分布总和为标准确定的，相对于这些语法功能，同一个词只可能有一种功能分布，而这种分布可能与现有词类的某一类的分布特征相容，也可能与多个类的分布特征相容。前者是单类词，没有必要进行词性排歧；后者是多个类的兼类词，但由于它的各词例的意义基本相同（否则就不是同一个词），也就不能做词性排歧。

关于上面第三点原因进行具体说明。如果定义形容词的分布特征是能受"很"修饰，定义及物动词的分布特征是能带宾语，那么既能受"很"修饰又能带宾语的词就是形动兼类词。需要注意的是，形动兼类词的各个词例在语境中表现不同的语法功能，一般来说并不是既受"很"修饰又带宾语一定是形动兼类词，有些形动兼类词既未受"很"修饰又未带宾语，之所以说它是形动兼类词，是因为同一个词形且意义基本相同的词例集合中有受"很"修饰的词例，又有带宾语的词例，无法将这些词例分成分属形容词和动词的两个集合，因为这些词例的意义基本相同，根本分不开。

但现有的词类体系，并没有区分开词类划分对象与词性标注对象，因此就会产生词类定义与词性标注原则的矛盾，最明显的例子就是区别词与副词的词类定义与标注原则之间的矛盾。在《详解》中，区别词被定义为"区别词是通常只在名词或助词'的'前边出现的黏着词，主要用作定语"。副词被定义为"副词是基本上只能作状语（修饰动词与形容词）的实词"。在《加工规范》中，区别词的鉴定标准为"若此词作定语，或与'的'组成'的'字结构，则为区别词"。副词的鉴定标准为"若此词作状语，则为副词"。

从以上区别词与副词的词类定义及词性标注原则，可以明显看出二者之间存在有较大的不一致性。在词类定义中对于进入区别词及副词类的词具有较为严格的限定，但到了词性标注原则中则放宽了这种限定，使得定义与原则之间发生矛盾。造成这种矛盾的重要原因就是混淆了词类定义的对象与词性标注的对象，词类定义是面向词的，是在综合了词的各种可能的语法功能之后而得到的定义，但在词性标注中，词性标注的对象是词例而非词，词类的属性并不作用在词例上，也就无法利用词类定义来确定词例的词类属性，这就给出了标注规范，由于标注规范是针对词例的，只考虑了词例的具体语法功能，而未考虑其他可能的语法功能，因此必然与词类的定义发生矛盾。

6.2.2　词性判定规则

为了标注词性，需要制定词性判定规则。因为只有确定规则，才有依据判定词性。由于汉语词类的定义是面向词（type）的，因此词类定义不能够直接应用到词例（token）的词性判断，也就不能当作词性判定规则。例如，根据郭锐（2002）的词类定义，形容词是"能受'很（不）'修饰，且当受'很（不）'修饰后不能够带宾语"的词。也就是说，某个词记作 w，只有当 w 的所有词例中至少存在一个词例能够受"很（不）"修饰，并且 w 的所有词例都不能在受"很（不）"修饰后带宾语，这样才能够判定 w 是形容词。当单独考察 w 的某一个词例时，如果该词例没有表现出"受'很（不）'修饰"的语法特征，则根据该词例的语法特征并不能知道 w 是否具有"能受'很（不）'修饰"的特征，更不知道 w 是否在"受'很（不）'修饰后不能带宾语"，因此直接应用词类定义并不能直接得到该词例的词性判断。

如果要判断词例的词性，必须要再制定一套词性判定的规则。例如在北大词性标注规范中就制定了一套用于鉴别多类词的判定方法，这套方法可以看作是词性判定的规则。但词性判定规则面临的一个首要问题是：词性判定规则与原有的词类定义之间是什么关系。例如，在《加工规范》中给出了形容词与动词的词性判定规则。

① 若该词在句子中带了真宾语，则标为 v。
② 若该词受"很"一类程度副词修饰，则标为 a。
③ 若该词修饰名词作定语，则一般应标为 a。
④ 若该词作动词的补语，则应标为 a。

这四条规则与形容词和动词的词类定义存在明显差别。在形容词词类定义中并未明确"作定语修饰名词就是形容词"，例如"统一战略""固定方法""清洁工具"等定中短语中的"统一""固定""清洁"都可以表示行为义，后面可以补出受事宾语成为"统一祖国战略""固定断肢方法""清洁灶台工具"，受事也可能前置，成为"祖国统一战略""断肢固定方法"
"灶台清洁工具"。如果是单类词，能在这种语境中出现则肯定是动词，如
"祖国复兴战略""断肢接驳方法""灶台清洗工具"中的"复兴""接驳"
"清洗"都是动词。根据这些例子可以看出，简单地将作定语修饰名词作为
判定形容词性的条件与词类定义之间不相符。

　　当然，上面引述的词性判断规则中有一个修饰词"一般"。那么能否
细化规则去掉修饰词"一般"呢？好像可以。这时就要看语境中这个词例
后面能不能补出宾语，甚至看能不能补出受事。但是，这种特征不再是语
法特征，而是语义特征。最终的结果，是把"统一""固定""清洁"每个
都分成两个词，一个是动词，一个是形容词。于是，把兼类词的词性判别
问题转化成同一性判别问题，即在语境中判别词例的语义，看它应归入同
形词中的哪一个。

　　还有一个问题是词性标注的规范覆盖不全面。拿动形兼类的区别规则
来说，规则未谈及主语、谓语、宾语、状语等位置上的词例该如何处理。

　　由于北大《人民日报》语料标注规范有这样的体系性问题，实践中标
注欠据，造成语料库人工标注结果有系统性的不一致。

6.2.3　汉语词的抽象语义模糊

　　所谓抽象语义模糊是指在特定的结构中对同一个词的抽象语义有多种
理解的可能，而各种理解都不会对整个结构的意义理解产生影响。以"一
件　包装　精美　的　礼品"为例，在此例中"包装"有两种可能的抽象语
义，既可能是指事物义，表示礼品的外包装，也可能表示行为动作义，
表示礼品被包装得精美，对"包装"的两种不同抽象语义的理解导致句
法类型也有两种，但不会对整个词组的整体意义产生影响。表 6-8 列举了
更多的实例。

表 6-8　抽象语义模糊的样例

序号	词	例句	抽象语义	句法类型	词性
1	报告	报告很及时	事物 ｜ 行为	主谓结构	n|v
2	建筑	学习建筑工程	事物 ｜ 行为	定中结构	n|v
3	孝顺	孝顺是一种美德	性质 ｜ 行为	主谓结构	a|v
4	稳定	人民币需要稳定	性质 ｜ 行为	述宾结构	a|v
5	模范	达到了模范水平	事物 ｜ 性质	定中结构	n|a
6	痴情	对数学怀着痴情	事物 ｜ 性质	述宾结构	n|a

例 1 中"报告"作主语，因为事物义与行为义的词都可以充当主语，例如，"舞蹈很优美""跳舞很累"中"舞蹈"与"跳舞"的抽象语义分别是事物义和行为义，都作主语。"报告"同时具有"事物"与"行为"两种抽象语义，例如"这份报告"中的"报告"为事物义，"向经理报告"中的"报告"为行为义，因此主语位置上的"报告"到底是表示行为义还是事物义是模糊的，使得"报告"的词性也存在模糊。例 2 中，"建筑"作定语，由于事物义与行为义的词都可以作定语，例如"生物工程"中"生物"为事物义，作定语；"制药工程"中"制药"为行为义，也作定语。"建筑"兼有事物义与行为义，如"一所建筑"中的"建筑"为事物义，"建筑起楼房"中"建筑"为行为义，因此"学习建筑工程"中的"建筑"的抽象语义是模糊的，对应的词性也有名词和动词两种。

例 3、例 4 中"孝顺"和"稳定"分别是主语和宾语，性质义与行为义的词既可以充当主语也可以充当宾语，例如"漂亮是姑娘的追求""锻炼是一种习惯"中，"漂亮"表示性质义，"锻炼"表示行为义，都充当主语；在"需要漂亮""需要锻炼"中，"漂亮"与"锻炼"充当宾语。由于"孝顺"和"稳定"兼有性质义和行为义，如"很孝顺""十分稳定"中表示性质义，"孝顺父母""稳定价格"中表示行为义，因此当"孝顺"充当主语、"稳定"充当宾语时，"孝顺"和"稳定"的抽象语义的判断就产生模糊，对应的词性也就有形容词和动词两种可能。

例 5、例 6 中"模范"和"痴情"分别充当定语和宾语，事物义与性质义的词既可以充当定语也可以充当宾语，例如"工人水平"与"优秀水平"中的"工人"与"优秀"的抽象语义分别为事物和性质，都作定语；"怀着 绝技"与"怀着 忠诚"中"绝技"与"忠诚"的抽象语义分别为事物和性质，都作宾语。由于"模范"和"痴情"兼有事物义和性质义，如"一位模范""一份痴情"中的"模范"与"痴情"都表示事物义，而"很模范"与"十分痴情"中则都表示性质义。因此，在"模范水平"和"怀着痴情"中，"模范"和"痴情"到底表示事物义还是性质义是模糊的，对应的词性也就有名词和形容词两种可能。

对于一些广义兼类类型，《加工规范》给出了一些具体的区分原则，这些原则本身与词类定义存在有矛盾，即使不考虑这些矛盾之处，也能发现《加工规范》并没有注意到汉语词的抽象语义模糊问题，因此，在所列举的词性判定的操作规范中只涉及抽象语义清晰的词例，并没有涉及抽象语义模糊的词例，这就造成《加工规范》的片面性。以形容词与动词兼类为例，在《加工规范》中给出了形容词与动词的区分原则，但从形容词与动词的定义来看,这些原则与定义之间存在有不一致的地方(参见第 5 章),即使不考虑这些标注原则与词类定义之间是否一致,这些原则也并不能够完全覆盖这类兼类词的出现情况,未被覆盖的词例的抽象语义具有模糊性,因此很难唯一确定这些抽象语义具有模糊性的词的词性(具体实例请参见上节中的"稳定"与"繁荣"的样例)。

从以上的分析可以看出,汉语词的抽象语义模糊现象是造成现有词性标注不一致的一个重要原因,现有词性标注中认为每个词例都具有一个唯一的词性,但汉语词的模糊现象说明在很多情况下很难分辨某些词的抽象语义,以至于无法分辨这些词的语法功能,因此无法唯一地确认词性。在这种情况下,如果硬要为其指派一个词性的话,势必会丢失另外一种可能词性,进而造成不同的标注者或是同一个标注者在不同标注时刻标注的不一致性。

汉语词的抽象语义模糊还带来了句法结构形式和类型的模糊。

1. 句法结构形式模糊

所谓句法结构模糊是指由于词组内部的词与词之间的组合关系不同而造成的句法结构的不同,例如"自动 导航 装置"中,"自动"可以表示行为方式的抽象语义,因此可以与"导航"首先结合,形成状中结构,而后再和"装置"结合,形成定中结构;"自动"也可以表示事物性质的抽象语义,"导航"先与"装置"结合形成定中结构,而后与"自动"结合形成定中结构,即有两种结构可能。

(dz(zz 自动 导航)装置)

(dz 自动(dz 导航 装置))

这两种结构分析都不会造成整个词组的意义理解的差异,也就是说无论分析为哪一种句法结构都可以正确理解这个词组的意义,其中一种理解都不能构成对另外一种理解的否定,这称之为"句法结构模糊"。句法结构的不同会造成同一个词的语法功能发生变化,这造成这个词的语法意义和语用功能发生变化,进而影响词性的判断。例如在上例中,第一种分析方式中"自动"是状语,表示对行为的修饰义,第二种方式中"自动"是定语,表示对后面"导航 装置"这个名词词组的事物修饰义,前者在现有标注体系下是副词,后者则是区别词。

表 6-9 给出更多的句法结构形式的模糊实例。

表 6-9　句法结构形式模糊的样例

序号	结构 1	结构 2	涉及的关键词	抽象语义	词性
1	（dz 自动（dz 导航 装置））	（dz（zz 自动 导航）装置）	自动	性质|方式	b|d
2	（zw 小麦（sb 亩产 1000 斤））	（zw（dz 小麦 亩产）1000 斤）	亩产	行为|事物	v|n
3	（dz（dz（dz 精神文明/n 建设 /vn 典型/n）村/n）	（dz（dz 精神文明/n 建设/vn）（dz 典型/a 村/n））	典型	事物|性质	n|a
4	（zw 领导（sc 决策 民主））	（zw（dz 领导 决策）民主）	决策	行为|事物	v|n
5	（zw 土匪（sb（zz 武装 进攻）村庄））	（zw（dz 土匪 武装）（sb 进攻 村庄））	武装	方式|事物	d|n

注："抽象语义"与"词性"两栏中的"|"表示"或"的语义，即竖线两边的判断都有存在可能。

以上五个例子都由于抽象语义的模糊而导致句法结构的模糊，进而导致词性判断的模糊。例如，在例 2 中，结构 1 的"亩产"表示事物义，"亩产"首先与"1000 斤"结合，二者之间是主谓关系，"亩产"被判定为名词；结构 2 的"亩产"表示行为义，首先与"小麦"结合，形成主谓关系，"小麦"是主语，"亩产"是谓语，"亩产"被判定为动词。

2. 句法结构类型模糊

抽象语义模糊引起的另外一种句法层面的模糊是句法结构类型模糊，所谓句法类型模糊是指在句法结构形式确定的条件下，结构中前后两个成分之间的句法关系类型有不同的判定，从而造成整个句法类型判定的模糊。例如，在"一件 包装 精美 的 礼品"中"包装 精美"这个词组的句法结构只有一种，但是"包装"有两种抽象语义，分别表示事物或行为，因此"包装"与"精美"之间的关系判断有两种可能，一种是主谓关系，另一种是述补关系，而无论是哪种关系类型，都不造成整个词组意义的差异，因此称之为"句法类型模糊"。这种句法类型模糊同样对词性判断有着影响，会造成词性判定的差异，如上例中，当"包装"与"精美"之间是主谓关系时，"包装"的词性为名词，当二者之间是述补关系时，"包装"的词性为动词。表 6-10 给出一些句法类型模糊的实例。

表 6-10　句法结构类型模糊的实例

序号	词组	词	句法类型	抽象语义	词性
1	包装 精美（的礼品）	包装	述补	行为	v
2			主谓	事物	n

续表

序号	词组	词	句法类型	抽象语义	词性
3	继续 保持（艰苦奋斗的作风）	继续	述宾	行为	v
4			状中	方式	d
5	外商 投资（很多）	投资	主谓	行为	v
6			定中	事物	n
7	清洁 饮水（工程）	清洁	述宾	行为	v
8			定中	性质	a
9	（小麦）亩产 1000 斤	亩产	主谓	事物	n
10			述宾	行为	v
11	（追求）快速 发展	快速	定中	性质	b
12			状中	方式	d

以上实例都由于抽象语义的模糊而导致句法类型的模糊，从而导致词性判定的差异。下面是对各个词组结构的具体分析。

例 1：包装 精美

此例在上文已经分析过，此处不再分析。

例 2：继续 保持

句法结构：（sb/zz 继续 保持）

此结构中"继续"有两种抽象语义，分别是行为义和方式义，当"继续"是行为义时，为述宾结构，词性为动词；当"继续"是方式义时，为状中结构，词性为副词。

例 3：外商 投资

句法结构：（zw/dz 外商 投资）

此结构中"投资"有两种抽象语义，分别是行为义和事物义，当"投资"表示行为义时，分析为主谓结构，词性判定为动词；当"投资"表示事物义时，受"外商"的修饰，词性判定为名词。

例 4：清洁 饮水

句法结构：（dz/sb 清洁 饮水）

此结构中"清洁"有两种抽象语义，分别是行为义和性质义，当"清洁"为性质义时，为定中结构，词性为形容词；当"清洁"为行为义时，其宾语是"饮水"，词性为动词。

例 5：亩产 1000 斤

句法结构：（zw/sb 亩产 1000 斤）

此结构中"亩产"有两种抽象语义，分别是行为义和事物义，当"亩产"表行为义时，为动宾结构，词性为动词；当"亩产"表事物义时，为主谓结构，词性为名词。

例6：快速　发展

句法结构：（dz/zz 快速　发展）

此结构中"快速"有两种抽象语义，分别是性质义和方式义，当 "快速"为性质义时，修饰"发展"，词性为形容词；当"快速"为方式义时，"快速"修饰动词"发展"，词性为副词。

从以上这些例子可以看出，同一个词在同一个词组中的抽象语义存在不同，因此会导致句法结构、句法类型以及该词词性的诸多不同，但整个词组作为一个语言单位的语义是相同的，对于整个词组的理解并不会因为有不同的句法类型分析而产生变化，这是模糊的典型特征。由于汉语词的抽象语义存在较大的模糊性，因此对于广义兼类词而言，无法完全根据意义来判定词性。

下面再给出语料库标注中出现的一些实例，更多实例可以参见第 5 章的调查结果。

1）n-v 兼类样例

报告

（12）专家/n　就/p　有关/vn　问题/n　作/v　了/ul　专题/n　报告/n 　。/wj

（13）就/p　经济/n　形势/n　和/c　财税/jb　工作/vn　作/v　了/ul　报告/v　。/wj

（14）付/nrf　现/nrg　接到/v　执勤/vn　哨兵/n　的/ud　报告/n　后/f

（15）[云龙区/ns　人民法院/n]nt　领导/n　接到/v　情况/n　报告/v　后/f

贿赂

（16）拒绝/v　贿赂/v　和/c　各种/rz　诱惑/v　的/ud　事情/n

（17）接受/v　了/ul　大量/m　的/ud　人民币/n　、/wu　美元/n　贿赂/n　。/wj

（18）企业/n　中/f　的/ud　贪污/vn　、/wu　贿赂/n　、/wu　挪用/v　公款/n　等/u　职务/n　犯罪/vi

（19）重点/d　查办/v　贪污/v　贿赂/v　、/wu　挪用/v　公款/n　的/ud　犯罪/vn　案件/n

2）a-n 兼类样例

不幸

（20）所有/b 的/ud 幸/Ng 与/c 不幸/n 都/d 是/vl 人类/n 自己/rr 造成/v 的/ud 。/wj

（21）生活/vi 的/ud 不幸/a 只/d 是/vl 月蚀/n

经典

（22）当代/t 的/ud 有/v 代表性/n 的/ud 人文/n 社科/jb 经典/a 著作/n

（23）我国/rz 首/m 套/qj 西方/f 高校/jn 传播学/n 经典/n 教材/n 译丛/n

客观

（24）增强/v 驾驭/v 经济/n 全局/n 本领/n 的/ud 客观/a 要求/n 。/wj

（25）市场经济/n 对/p 思想/n 政治/n 工作/vn 的/ud 客观/n 要求/n 。/wj

权威

（26）另/d 据/p 国家/n 有关/vn 部门/n 权威/a 人士/n 称/v ，/wd

（27）汇集/v 了/ul 当前/t 软/a 科学界/n 的/ud 权威/n 人士/n ，/wd

先进

（28）争/v 全省/n 第一/m ，/wd 创/v 全国/n 先进/a

（29）弘扬/v 正气/n 、/wu 争创/v 先进/n

3）a-v 兼类类型

安定

（30）解放后/t 生活/vi 安定/a 了/y ，/wd

（31）职工/n 的/ud 心/n 终于/d 安定/v 了/y ！/wt

动摇

（32）信仰/n 不/d 能/vu 走/v 偏/a ，/wd 不/d 能/vu 动摇/a ，/wd

（33）任何/rz 时候/n 都/d 不/d 能/vu 动摇/v 。/wj

（34）绝/d 不能/vu 有/vx 丝毫/m 的/ud 含糊/a 和/c 动摇/a ；/wf

（35）但/c 却/d 丝毫/m 没有/d 动摇/v 。/wj

集中

（36）"/wyz 三讲/jn "/wyy 集中/a 教育/vn 已/d 告一段落/lv

（37）"/wyz 三讲/jn "/wyy 集中/v 教育/v 中/f 查/v 摆/v 出/vq 的/ud 问题/n

（38）这里/rz 地质/n 断层/n 集中/a ，/wd

（39）道路/n 两侧/f 、/wu 小/a 集镇/n 、/wu 中心村/n 集中/v ，/wd

在以上例子中，对于每一种兼类类型都给出 3—4 个例词，每个例词给出了 2—4 个例句，被调查词在两个例句中都具有基本相同语法特征，但是关键词的词性标注不一致，原因就在于这些词例在语句中的抽象语义具有模糊性，这造成了词性判断的不一致。例如"贿赂"在例（12）、例（13）的两个例句中都处于宾语位置，具有相似的语法特征，但是词性标注却不一致。这两句中的"贿赂"都具有抽象语义的模糊性，既可以理解为指称事物的"贿赂"，也可以理解为指称行为的"贿赂"，所以词性标注不一致。

6.3　汉语词类问题的总结及相关对策

6.3.1　汉语词类问题的总结

综合本章的以上分析，对汉语词语的属性有以下六点认识。

①汉语的先验词类是语义类（既是汉语者心目中天然认知的词类，又与其他语言的词类的外延大体一致）。

②汉语词无形式标记，同一个词的词例的语法功能混杂。

③汉语词的边界模糊，无法制定认定什么是词的可操作的标准；语言工程所用的词表是开放的（不仅新文本可能带来新词，而且已有文本中的词也可能重新认定增加新词，语言学上的语素和短语在语言工程中往往同词一样看待）。

④汉语词的抽象语义具有模糊性（如"一件包装精美的礼品"中的"包装"是事物义还是行为义）。

⑤语言学上词的划类标准一般是基于语法范畴的（语法功能）。

⑥词的同一性与非同一性的区别在于语义差异的大小，这种差异的区别标准是模糊的。

由此，得到以下关于汉语词类体系和词性标注方法的认识。

1. 词类体系

北大《语法信息词典》是唯一带有词的语法属性标注的词典，是对语言工程的很大贡献。但它存在体系性问题（各类中的缺功能词和异功能词、伪兼类的逻辑谬误、兼类词的词例被硬行归类、抽象语义极性模糊词例的硬性归类、语素和短语的归类粗糙等，详见本章第 1、2 节的分析）。

这些问题中有一些有可能通过修改划类标准、同一性区分（将同一词形区分为不同的词）的方法在一定程度上得到解决，从而在常用的中小规模词表上有很高的覆盖率，但因对汉语词语属性认识②、认识③、认识④、认识⑥存在，在语言工程的应用中面对真实文本中的大量词汇仍有本质性困难（特别是语素和短语难以全部纳入词类体系中，此外同一性区分做到了"词有定类"，但可能造成"例无定词"）。

2. 词性标注

因上述认识①、认识②、认识⑤，汉语没法对词例制定划类标准。

比如，考察一个词是不是形容词，不能从它的个别词例看，而要看它在一个相当大规模语料库（包括自省的实例）的全部词例，或者说要看词例的集合。如果它是形容词，就必须在集合中找出受"很"修饰的词例，而且要考察完集合中所有的词例，确认凡受"很"修饰的词例没有一个带真宾语。

可见，汉语不能对一个个的词例划类，只能对意义相同的词例的集合划类，即对词划类。

根据这种规范的基本原则可知：汉语的词类是词的属性而非词例的属性。通常意义的词性标注（按的划类标准区分词例的词性）在汉语中不能做，因为汉语词类的划类标准的作用对象不是词例。现在流行的词性标注没有理论依据。

如果要对汉语作词性标注，而且要同其他自然语言一样，每个词例的词性都能够体现词类的语法属性，从语言工程的角度看，就需要设计 3 套规范。

规范①：用于区分同一个词的不同词例的词性（例如，如果认为"汇率稳定""汇率稳定了""汇率被稳定了"中的"稳定"是同一个词的词例，那么如何根据这些"稳定"词例在各自语境中的语法特征决定它们分别应标什么词性）。

规范②：用于区分同一个词形是同一个词还是多个词（例如，"编辑"

要分成两个词，"自动"是一个词，"孝顺"是两个词还是一个词，"和平"是两个词还是一个词，"很"是两个词还是一个词等）。

规范③：用于区分同形词的各个词例的归属（例如，如何将"编辑"的词例区分为两种，如何将"孝顺"的词例分别区分为两种等）。

制定这样 3 个规范是有困难的。正是由于无法制定这些规范，同时还要为词划类，才为汉语的词类划分制定了面向词例集合（即词）的划类标准。这种标准有可能在语言学研究的范围内（非语言工程的范围内）对词做到基本上的全面和自洽，但无法用于词例的词性标注。

《加工规范》中制定了一套用于鉴别兼类词词例的判定方法，这套方法有体系性问题（参见 6.2.2），词性标注软件工具自动标注的结果也说明，对于词性欠据的词例，软件标注拟合正确率远低于词性有据词例，扩大训练语料量和改进软件的拟合性能都不能解决正确率低的问题（具体数据参见本书第 9 章）。

6.3.2　汉语词类问题的对策及建议

对汉语词类问题的对策及建议有以下七点。

1. 以核心意义为标准区分并标注同形异质词

同形异质词的区分在现有语料库标注中是缺失的，这部分词有时会在词性上有区别，但也存在大量词形、词性都相同而异质的词，如"仪表"等。这些词难以通过现有的词性标注进行区分。同时，并非词性有区分的同形词都是同形异质词，有大部分词性不同但词形相同的词不是同形异质词，例如"锁/n"和"锁/v"词形相同而词性不同，但不是同形异质词，甚至像"长期/b"和"长期/d"这种词形相同而词性不同的词，一般认为词义没有差别。因此，对于同形异质词而言需要专门进行区分和标注，这也是符合汉语特点的，因为在现在的词性标注体系下，标注者在判断一个词例是否是名词或动词时，基本上并不是看它是否能够受数量词修饰，或是能否单独作谓语，而是看它的词义是什么，是从意义的角度进行判断。同形异质词是意义上分别最大的一类同形词，应最先给予区分。

区分同形异质词的首要难点在于人如何确认同形异质词，同一个词的两个不同词义到底区分到何种程度才是同形异质。这是一个有关人对于意义的认识理论问题，短时间得出一个清晰圆满的答案是困难的，但是从语言工程的实践而言，这是需要进行的工作，只有在实践的过程中才能够深入地把握同形异质词的特点，进而给出一个相对合理的理论层面回答，否则等到在理论层面有明确答案后再进行实践工作，恐怕要花费大量时间去等待和研究。在工程层面确定这类同形异质词时，可以参照一定的语义资源，如《现汉》《知网》《同义词词林》等，根据其中的语义解释辅助判断，也可以通过一些实例类比手段进行判断，在词性调查的基础上已经初步总结出一批同形异质词，具体请参加本书第 5 章的调查结果。

2. 以意义为标准描写多语义侧面词

除了对同形异质词进行描写外，也应该对具有同一个核心语义而具有不同语义侧面的词进行描写，如"锁"这类具有事物义和行为义的词进行区分。这种描写也是基于语义的，但存在哪些语义侧面，如何区分不同的语义侧面等同样是一个理论问题，同样面临同形异质词区分中的问题，我们的观点同样是在实践过程中进行总结完善。除了对可能的语义侧面进行总结外，还需要在具体语境中对多语义侧面词进行语义侧面的确认，也就是进行语义侧面排歧工作。

3. 区分词库层面的词属性描写与语料库层面的词例属性标注

现有汉语词类工作存在一个重要问题就是将本属于词的词类属性标注在词例身上，造成词性标注在理论上不成立，在实践上存在系统性不一致，因此对于汉语词的属性描写需要区分词库与语料库两个不同层面，二者存在内在联系，但不能混同。在词库层面，应该对词的语法功能属性、语义属性等进行全面细致的描写，如词所能充当的句法角色、具有的典型搭配形式、同形异质词的不同语义内容、多语义侧面词的不同语义侧面类型等，通过对属性的详细描写来对词的属性有一个全面的把握。然而在语料库标注层面，不能标注现有的词类属性，应该根据语境特征标注属于词例的动态属性，如词例在语境中的句法角色、同形异质词的词例在语境中的具体语义内容、多语义侧面词的词例在语境中特定语义侧面等。这些属性的标注与词库层面的属性描写并不矛盾，是词属性在语境中的具体体现。

4. 合理对待模糊问题

汉语词在多层面具有模糊性，对于这个特点必须正确认识和合理对待。模糊与歧义不同，歧义需要根据语境进行排歧，并且要求排歧的正确性一定要高，而模糊无法排歧，模糊中的各种可能都有其合理性，因此对于模糊现象可以采用"模糊处理"方式，即罗列出所有可能，而不是只给出某一种可能。例如"一件 包装 精美 的 礼品"中"包装"的抽象语义有模糊，既可以理解为事物义，又可以理解为动作义，那么在对这类词例进行抽象语义的描写时就将各种可能的意义都标注上，而不是只标注"包装"具有事物义或是动作义，这样更能客观全面地反映语言事实。

5. 打通语素、词、词组的界限

既然语素、词、词组在汉语中的界限模糊，就没有必要一定要将三者明确地区分开，可以将三者按照一定的标准和规范统合在一起，在同一个单位框架下进行各种属性的描写和区分。这样做一方面避开了语法单位之间模糊的难题，另一方面也使得描写体系更加灵活，覆盖面更宽，能够在相同的描写框架下对不同的层级的对象进行描写分析，这有利于更加全面地把握汉语的特点。

6. 依据需求动态分类

为词分类这无论对于人学习语言还是计算机处理语言都是一个必需的步骤，关键是这一步该怎么走。本书认为应该根据具体的需求确定不同的分类目标，以详尽的属性描述特征为基础，根据具体的分类目标进行分类，也就是说不同的分类目标可能会用到不同的属性特征，得到不同的分类结果，这都是以分类的目标需求决定的。

7. 不盲目进行语料库的词性标注

当前语料库加工工作中一般都将词性标注当作一项必不可少的工作来做，并且投入大量的人力、物力、财力，但是在现有汉语词类体系下，为词例标注词性在理论上是存在问题的，在实践中也会由于汉语的各个层面的模糊性而难以彻底贯彻，造成标注不一致等体系性问题。因此，我们需要认真反思汉语语料库的加工工作，不能盲目进行词性标注工作，要针对汉语的实际特点，开展有针对性的语料库加工工作。

总之，对于汉语词而言，具有很多与印欧语不同的特点，如何从汉语词的自身特点出发，构建词的属性体系，对词的属性特征进行深入描写，这对于语言本体研究以及语言工程而言都是非常重要的。目前的工作只是在这个大方向上的一条可能道路上摸索，这条摸索的道路通与不通还需要实践的检验，但无论通与不通，都或多或少对更深入地了解汉语特点、更好地服务汉语语言处理做出贡献。

第7章 英汉语词类问题的比较

汉语在词类问题上与印欧语等形态变化较为丰富的语言之间有较大差异，为了进一步认识汉语词类问题的特性，本章选择英语作为比较对象，初步分析了英语和汉语间在词类问题上的一些异同。

7.1 句法约束与词类之间的关系比较

在任何一种语言中，语句的生成都受到诸多因素的影响，包括词法、句法、语义、语用等多层面因素，其中句法层面的约束条件是指对语句生成产生限制作用的句法条件，例如对进入各个句法位置的词类约束条件。在句法约束条件与词类的关系上，英汉语存在较大差别。

英语在句法层面存在较多的约束条件，并且这些约束条件大部分直接与词类相关；汉语则在句法层面的约束条件较少，且不与词类直接发生关系。

表 7-1 列出部分典型的句法约束条件，并对英汉语进行比较分析。

表7-1 句法约束条件的英汉比较

序号	句法约束条件	英语	汉语	汉语例
1	主语在谓语前	是	是	
2	一般情况下①，每个句子必须有主语	是	是	
3	主语是名词或名词性成分	是	？	去是可以的 优秀源于努力

---

① 特殊情况包括祈使句、语气词单独成句等情况。

续表

序号	句法约束条件	英语	汉语	汉语例
4	每个句子或从句必须有核心动词作谓语	是	？	他都大学生了 局面明朗了
5	介词短语中介词后必须是名词性成分	是	？	笑比哭好 受伤与踢球无关
6	名词短语以名词结束①	是	？	祖国的骄傲 快速的发展
7	主语与谓语动词之间必须保持数上的一致	是	无	
8	动词在充当非谓语成分时必须变化为非限定形式， 如不定式或分词形式	是	无	

　　注："是"表示具有这种约束条件；"无"表示不具有这种约束条件；"？"表示存在不满足约束条件的反例。在"汉语例"一列给出了汉语中的一些反例。"汉语例"一列中只给出了不满足约束条件的汉语实例，对于满足约束条件的情况不再提供实例。

　　以上列出的句法约束条件只是诸多约束条件中较为典型的一部分，其中约束条件 1、约束条件 2 在英语与汉语中均存在，但是这两个约束条件并没有与词类直接发生联系。约束条件 3—6 在英语中存在，在汉语中则存在反例，不能成立，但这 4 条约束条件均与词类发生直接联系。在英语中，可以根据这些约束条件辅助判定构成语句的各个词的词性，但汉语不存在这样的约束条件，因此就难以利用类似的句法约束条件来辅助判定词性。约束条件 7、约束条件 8 只存在于英语之中，在汉语中不存在这样的句法约束条件，由于这两条约束都与词类发生联系，例如根据条件 7 可以判断出主要谓语动词和主语，而根据条件 3 又可以判断出主语是名词或名词性成分，这样英语就可以利用这些约束条件辅助判断词性。

　　汉语无法仅依靠词所能充当的句法成分来为词划类，这是汉语与英语在词类问题上的重要区别，这种区别可以从上述的句法约束条件与词类的关系比较中得到确认。因此，汉语为了划分词类，将句法条件进行扩展，不仅包括词所充当的句法成分，还包括了词与特定词、词类等的组合能力与组合关系。例如，郭锐（2002）提出汉语词的分类方法，根据句法成分和狭义分布划类,包括作句法成分的能力和与别的词组合的能力。句法成分能力具体是指"能否作主语、宾语、谓语、定语等"；与别的词组合的能

---

　　① 名词短语的判定是以短语的句法功能为依据判定的，例如短语充当主语、宾语以及介词宾语的时候，该短语为名词短语。名词短语的判定标准不以短语的核心词词类为依据，否则将引起循环论证的问题。

力具体指"能否受'很'的修饰、能否受数量词组修饰、能否带方位词等等"。这种扩充后的划类标准使得约束条件更多，能够更好地对词的属性进行描写，但扩充后的分类标准与英语的分类标准仍有较大区别，主要有两个方面。

①**句法成分在词类划分标准中的重要性不同。**英语中，句法成分是划分词类的重要标准，主宾语必然是名词性成分，谓语必然是动词；在汉语中则难以建立这种单一的词类与句法成分的对应关系，这使得句法成分在汉语的词类标准中的重要性远不及英语。

②**与特定词的组合能力在词类划分时的覆盖度与区分度不同。**英语中也会使用组合能力作为划分词类的标准，例如"受冠词 the/a/an 等修饰的一定是名词或名词短语"，这种组合能力标准有较好的覆盖性，即凡是名词或名词短语基本都符合这条标准，同时也具有较好的区分度，即凡不是名词或名词短语的成分都不符合这条标准。但汉语中，组合能力标准的覆盖度与区分度与英语有较大差异，例如"能否受'不、没'修饰"是区分体词与谓词的标准，但是体词不全是不能受"不、没"修饰的词，而谓词也并非都能受"不、没"修饰的词，具体参见第 4 章的调查结果。

关于句法约束条件与词类的关系比较，也可以从英语句子的短语转写规则角度作进一步说明。例如，绝大部分英语的句子都可以概括为名词短语与动词短语的组合，即：

S→NP+VP

S 代表语句，NP 代表名词短语；VP 代表动词短语。

NP、VP 还可以进一步转写为如下情况[①]。

NP→Det+Noun

NP→Det+Adj+Noun

NP→CD+Noun

VP→will/shall+Verb

VP→Verb+NP

VP→Verb+Adv

从句子的短语转写规则到短语的转写规则中，可以发现英语的大部分语句和短语是可以转写为以词类为表示单位的规则，这些规则中词类与句法成分之间有着较为严整的对应关系。

---

① 注：Det 代表冠词，如 the、a、an；Noun 代表名词；CD 代表数词；Verb 代表动词；Adv 代表副词。

但汉语的句子或短语与词类之间则不存在如此严密的转写关系，例如一个语句不仅可以转写为名词短语与动词短语的组合，也可以转写为动词短语与动词短语、名词短语与名词短语等的组合，并且汉语本族语者在生成汉语句子时，并不关心语句中不同句法位置上的词的词类属性，即汉语在语句生成时对词类是不敏感的。

以上说明，英语和汉语中在句法约束条件与词类的关系上有着较为明显的不同。

7.2　词类属性与句法实现之间的比较

英语和汉语在词类上的另一个重要区别在于：英语强制要求词类属性在句法层面得到实现，而汉语则不强制要求词类属性在句法层面得到实现。

所谓强制要求词类属性在句法层面得到实现是指当词进入语句后必须根据其所担当的句法功能发生相应变化，包括自身形态变化，以及词与词组合之间的变化。

例如，study 分属名词与动词两类，当 study 进入语句并充当主语时，由于只有名词性成分才能够充当主语，因此 study 就需要实现名词的词类属性，要么接受冠词的修饰，有单复数变化等，要么就需要加 to 变为不定式形式，或是加 ing 变成动词的现在分词形式；当 study 充当谓语时，由于只有动词才能够充当谓语，因此 study 就需要实现动词的词类属性，例如要与主语之间保持数上的一致，要根据句子时态、语态等发生相应的词形变化等。

汉语中的词进入语句后则不强制要求该词实现其所属类的属性。例如，"编辑"在现有词类体系中分属名词与动词两类，当"编辑"作为名词进入语句后，例如"这本书的编辑很负责"；或作为动词进入语句后，例如"这本书的编辑很粗糙"，都无法在"编辑"所在的语句中发现不同词类的"编辑"发生任何变化，无论是名词的"编辑"还是动词的"编辑"，进入语句后在词的形态、词与词的组合关系等方面都没有任何变化。之所以能够区分出两个不同的"编辑"，是因为根据语境中的其他词的语义判断出"编辑"的不同语义，具体分析过程请详见第 6 章。

由于英语的词进入语句后会在句法层面体现出所属词类的属性，就可以根据在句法层面体现出的词类属性判断词例的词性；但是汉语的词进入语句后不强制要求在句法层面体现出所属词类的属性，因此，对于未体现词类属性的词例而言，无法根据句法特征判断词例的词性。

7.3　词性标注过程的比较

英语中，可以根据词例所在语句的句法结构判断词例的词性；而汉语中，词类的句法属性没有作用在词例身上，因此，就难以根据词例所在语句的语法特征判断词例的词性。这种差别更具体地表现在词性标注，即词性排歧的操作过程上。

总结英语词性判定的过程，可以用图 7-1 表示。

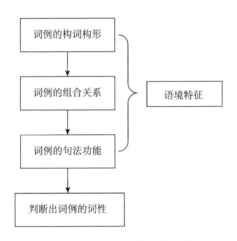

图 7-1　英语词性判定的过程

在英语词例的词性判断中，可以利用词例的构词构形、词例与词例的组合关系、词例的句法功能等语境特征以及句法约束条件为依据，在这些依据共同作用的情况下，判断出词例的词性。

以判断"A plane flies in the sky."句中的 flies 的词性为例，解释英语的词性判定过程。

flies 在词典中有两种可能词性：名词、动词，因此要对其词性进行排歧确认。

①句法约束条件：每个英语句子必须有一个核心动词；

②构词构形特征：flies 的构形特征同时满足名词 fly 复数的形式，也满足动词 fly 的第三人称单数形式，因此通过构形特征不能判断其词性；

③组合关系特征：flies 前面没有冠词或是限定词修饰，因此不能根据

组合关系判断其名词词性；flies 前方也没有不定式 to 或助动词、情态动词等，后方也没有宾语出现，因此也不能够判定其动词词性；

④句法功能：由于存在句法约束条件①，而此句中只有 flies 可能是动词作谓语，如果 flies 的句法功能是作谓语，则该句主语是 A plane，词短语 in the sky 作状语，这样的句法结构分析符合句法规则，因此就可以确定在此句中 flies 的词性是动词。

从上述判断过程可以看出，对于词例 flies 的词性判断运用到了句法约束条件和 3 种语境特征，在这些条件和特征的共同作用下判断出词例词性。

汉语的词性判断则与英语有较大不同。总结汉语的词性判定过程，可以用图 7-2 表示。

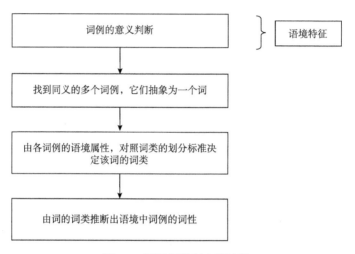

图 7-2　汉语词性判定的过程

以"纺织"为例，"大力发展纺织工业"中的"纺织"应该属于什么词类？在此句中"纺织"作定语，而"作定语"并不能够作为句法依据判断出"纺织"的词性，因为汉语中名词、动词、形容词等都可以充当定语成分。因此，按照汉语的词性标注流程，首先进行意义判断，在此基础上，找到与"纺织"意义相同的尽可能多的词例。查看《人民日报》语料，"纺织"共有 642 个词例，它们都是与"大力发展纺织工业"中的"纺织"同义的，其中绝大多数都是作定语，少数作主宾语，然而只根据这些语法特征还是无法判定词类归属的。但在《人民日报》语料中发现一例"聊城地毯厂职工在手工纺织出口美国的地毯"，这里的"纺织"是谓语核心成分并带宾语，而"作谓语，并且后带宾语"是动词的典型句法特征，由此判定"纺织"是及物动词，进而由"纺织"这个词所属的词类推断出"大力发展纺织工业"中的"纺织"这个词例的词性是动词。这种判断过程已经不是简单依靠词例所在语句的句法特征实现的，而是全面考察了与"纺织"同义的所有词例的语境特征，并从众多词例中，挑选出具有区别性特征的词例来确定"纺织"的词类，进而推论到所有"纺织"的词例上。

通过以上英汉语词性判定过程的分析可以看出，英语与汉语在词性标注的操作过程中有重要区别，主要有三个方面。

①**意义判断**。汉语的词性标注是必须进行词义判断的，并且词义判断是词性判定的首要步骤，通过词义找到与这个词关联的词，由词的词类确定词例的词性。但是英语不需要进行词义的判定，只需要利用词例所在的语境特征对其词性进行判定即可。例如"A plane flies in the sky."中，flies的词义对于词性的判断并没有产生影响，不会因为不能够确认flies的词义而难以判断flies的词性，词性判断是独立于词义判断的。并且，当脱离词义得到词性的判断后，flies的词义也得到进一步明确，是动词fly的词义"飞"，而非名词fly的词义"苍蝇"。

②**词例词性与词的关系**。英语中对词例词性的判定是在语境中完成的，只依靠语境提供的句法信息就可以完成词性的判定工作，这种特点与7.1和7.2中讲到的英语词类特点相辅相成。在汉语中，由于语境并不能够提供判定词例词性的足够句法信息，因此无法单纯依靠语境的句法信息判定词性，只有先通过语境判定词例的词义，而后通过意义找到词例所归属的词，并通过该词所归属的词类推断出词例的词性。例如，无法从孤立的"纺织工业""纺织女工""纺织产品"等中判断词例"纺织"的词性，必须通过语义找到尽可能多的"纺织"词例，进而判断出词"纺织"归属的类，这样才能判定"纺织工厂"等中的"纺织"词例的词性。

③**词性与句法结构的关系**。英语中可以根据句法结构的分析判定词例的词性，这一点在5.1中已经详细论述；汉语只依靠句法结构的分析是难以判定词例的词性，必须依靠词例所归属的词来推断词例的词性。

由于英语和汉语在词性标注上存在以上差别，尤其是汉语大部分情况下不能够根据语境判断词例的词性，必须关联到词例所属的词，由词推断词例的词性，而英语可以直接从语境特征判断出词例的词性，不必关心词例归属的词和词义，因此英语在语境中为词例标注词性是可行的，汉语在语境中为词例标注词性则不具可行性。

汉语现行词类体系下的词性标注工作，实际上是利用语境信息对兼类词的词义进行判断，再得出其应归属的类，实际是语义排歧工作，而非句法结构意义上的词性标注工作。由于语境特征既可以为词性标注提供支持，也可以为语义排歧提供支持，二者依靠的特征是相同的，因此单从自动标注选用的特征与过程看，二者没有区别，但从本质上看，英语词性标注是以词的句法功能为根据的标注,而汉语则是以词的语义类别为根据的标注，二者的标注根据有着根本不同。

7.4　英汉语词类特点的总结

总结以上分析，英汉语在词类问题上的根本差异在于词类之间相互区别的语法特征是否在词例身上得到表达。英语中绝大部分词例身上都有其区别特征的表达形式，而汉语绝大部分词例身上都没有这种表达形式。这种差异决定了英语可以通过词例所在的语境特征独立地确定词例词性，而汉语则不能在词例层面上确定词例词性，必须关联到词例所属的词，通过词的词类属性进而推断出词例的词性。简单概括为"英语能独立地确定词例词性，而汉语必须关联地确定词例词性"，这是两种语言在词性标注问题上的根本差别。

第8章 COV模型与词性标注

词语属性的自动标注是语言工程的一项重要内容，根据词语属性的不同，词语属性标注对象大致可以分为三类。

第一类，词典中属性唯一的词语。对于这类词语不需要属性排歧，只需要查词典就可以得到其属性。

第二类，词典中属性不唯一的词语。对于这类词语需要在多个属性中找到一个正确的属性，并将其标注在该词语上。

第三类，词典中不包含被标注的词语。对于这类词需要根据词语本身特点和语境信息进行推断，再确定该词语的正确属性。

以上三类标注对象中，除第一类不需要排歧外，其他两类标注对象都需要在多个属性中确定一个属性，标注模型所要完成的工作就是利用尽可能多的相关特征对语境中的词语属性进行确认和排歧。

词语属性标注是实现机器理解语言的关键步骤，当词语标注上相应属性后，机器可以从更一般的层次把握词与词，以及词与更大单位间的组合关系，例如机器可以更好地分析出句法结构、语义框架等。当然词语属性有多种，其中包括传统语言学中的词类（parts of speech），也包括词汇语义等。从标注模型的角度看，无论标注哪种词语属性，标注的基本思想都是一致的，即利用已知的知识和规则最大可能地为未知的词语标注上正确属性。

标注模型根据标注规则的给出方式不同可以分为两大类，一类是基于专家给出规则的模型，这类模型事先由专家根据专业知识制定标注规则，然后将形式化的规则交给计算机，实现自动标注的目标。但由于专家的知识也并非能够涵盖到专业领域的所有方面，加上人给出规则过多时，规则的内部一致性很难得到保证，很可能造成规则间相互冲突的问题，因此基于专家规则的方法较难扩展到较大规模的应用领域。另一类是基于统计的机器学习方法，这类方法的基本思想是由人工标注好语料，机器通过标注好的语料和特定的学习方法学习出某个标注模型，然后利用这个模型进行自动标注。这种方法的优势在于人和机器分工明确，各自承担适合自己的任务，人适合在宏观层面把握规律和方向，例如人适合建立标注体系，适合在具体的语境中利用广泛的背景知识确定词语的属性，而机器适合在细微琐碎的层面工作，可以对一个上万，甚至十万、百万的词表中的每个词统计这些词分别在上千万、亿词次的语料中的出现和搭配情况，并总结出具体的规则，这样的规则是任何专家都难以给出的。此外，机器学习的方法能够给出概率信息，克服了非是即否的二值判断的不足。

本书提出的 COV 模型属于上述第二类方法，即基于机器学习的方法，本章重点介绍 COV 模型，并将该模型应用到词性标注任务之中。实验结果显示该模型适合于处理实际任务中的词语属性标注问题，COV 模型的准确率要高于一般的隐马尔科夫模型，而训练时间和标注时间要大大少于最大熵模型和 CRF 模型等。

8.1　标注模型概述

HMM 模型被广泛地应用于自然语言处理任务之中，最早被用来解决语音识别问题，并取得令人满意的效果，成为语音识别的主流方法，而后又被用于解决词性标注问题，也取得了相当好的成绩。HMM 模型在解决词性标注问题时，其主要思路是在给定模型参数的情况下，求出给定语句的最大概率的状态序列，即给定观察序列 $W = w_1, w_2, \cdots, w_n$，求该序列对应的概率最大的状态序列 $\hat{Q} = q_1, \cdots, q_n$，也就是求：

$$\hat{Q} = \arg\max_Q P(Q|W) \qquad （公式 8.1）$$

根据贝叶斯公式，可以得到：

$$\hat{Q} = \arg\max_Q \frac{P(Q)P(W|Q)}{P(W)} \qquad （公式 8.2）$$

$P(W)$ 可以作为归一化系数，在求最大值时可以省略掉，因此得到：

$$\hat{Q} = \arg\max_Q P(Q)P(W|Q) \qquad （公式 8.3）$$

HMM 模型存在一个重要假设，称为输出独立性假设，它的基本内容是当前可能状态到当前观察值的发射概率只与当前观察值有关，与其他观察值无关。这种假设在解决某些特定问题时是基本成立的，但是在自然语言中，这种假设显然与语言现实差别很大，例如下面两句例句①。

例（1）领导/n 强调/v 深入/v a 细致/a 的/u 工作/vn 作风/n

例（2）领导/n 要/v 深入/v a 困难/a 的/u 群众/n 中间/f

假定在这两句中，只有"深入"是兼类词，有动词和形容词两个可能词性，需要进行词性排歧，例句中其他词只有唯一词性。当利用一阶 HMM 模型估计例（1）中"深入"的词性 X 时，根据上述公式计算可得：

$$\hat{Q}_1 = \arg\max_{X\{a,v\}} p(n)p(v|n)p(X|v)p(a|X)p(u|a)p(vn|u)p(n|vn)p(领导|n)p(强调|v)$$

p(深入|X)p(细致|a)p(的|a)p(工作|vn)p(作风|n)

由于除了"深入"以外，其他词性均唯一且确定，因此可以得到：

$$\hat{Q}_1 = \arg\max_{X\in\{a,v\}} p(X|v)p(a|X)p(深入|X)$$

同理，我们也可以求出例（2）中"深入"的词性为：

$$\hat{Q}_2 = \arg\max_{X\in\{a,v\}} p(X|v)p(a|X)p(深入|X)$$

可以发现 $\hat{Q}_1$ 与 $\hat{Q}_2$ 二者完全相同，因此利用一阶 HMM 模型判断例（1）与例（2）中"深入"的词性时，会得出二者具有相同词性的结论，要么都判定为动词，要么都判定为形容词。显然这种判断是错误的，例（1）中的"深入"是形容词，而例（2）中的"深入"是动词，错误原因在于 HMM 模型在判断"深入"词性时并没有考虑"深入"前后出现的词对当前词的词性的影响，即输出独立性假设导致错误判断。

很多研究者注意到 HMM 模型的不足，提出了多种改进方法，但是这些改进还是建立在输出独立性假设之下，并未将历史观察信息有效地纳入到模型之中。

本书提出了一种模型，称为 COV 模型，该模型以 N 元词序列为观察单元，并在相邻观察单元间建立 N–1 元搭接关系。COV 模型与 HMM 模型类似，都属于生成模型，但是与 HMM 模型也有很大的不同之处，首先，COV 模型不再以单个词为观察对象，而是以由词构成的词序列为观察对象，且观察对象之间不再相互独立，在相邻观察单元之间建立搭接约束关系，克服了输出独立性假设的不足；其次，COV 模型中的相邻状态间也具有搭接关系，因此前后状态间也具有强约束关系；再次，COV 模型可以利

① 这里给出的例句及其词性标注结果都来自北京大学标注的 2000 年《人民日报》语料库。由于本章的重点是介绍标注模型，而词性问题一般都作为标注模型的主要处理任务，因此我们也使用词性标注任务来说明 COV 模型的主要原理，但这并不代表我们同意这样的一个词类体系。COV 模型还可以在其他标注任务中得到应用，例如汉语分词、断句、组块分析等。

用状态间的约束关系进行符号解码。此外，COV 模型采用回退策略处理稀疏数据，能够保证 N 元 COV 模型的性能底线，使其在 N 元词序列完全稀疏条件下的性能不会低于 N–1 元 COV 模型的性能。

8.2　COV 模型的形式化描述及与 HMM 模型的对比分析

8.2.1　COV 模型的形式化描述

COV 模型与 HMM 模型一样，都是在给定观察序列 $W=w_1,w_2,\cdots,w_n$ 的前提下，求该序列对应的概率最大的状态序列 $\hat{Q}=q_1,\cdots,q_n$，与 HMM 模型不同的是，N 元 COV 模型的观察单元是由 N 个词组成的序列，而不是单个词。这里给出二元 COV 模型的形式化描述，N 大于 2 的模型可依此类推。

设有基本状态集 Q。给定观察序列 $S=w_1,\cdots,w_n$，设二元观察序列为 $w_{i-1}w_i$（$2\leqslant i\leqslant n$）对应的可能状态序列的集合是 $e_{i-1,i}=\{q_{i-1}^j q_i^j\}$，其中 q_{i-1}^j 是 w_{i-1} 对应的基本状态之一，q_i^j 是 w_i 对应的基本状态之一，$j=1,2,\cdots,n$ 用以区分不同的状态序列。注意，由于 $e_{i-1,i}$ 是在观察序列 $w_{i-1}w_i$ 中两个观察依序共现的前提下出现的，考虑了这个前提，可能的状态序列不会太多。

利用二元 COV 模型求解 $S=w_1,w_2,\cdots,w_n$ 的最优状态序列的过程可以表示为

$$\hat{Q}=\underset{Q\in\upsilon^n}{\arg\max}\,P(Q)P(S|Q)\approx$$

$$\underset{q_{i-1},q_i}{\arg\max}(p(q_1)p(q_2\,|\,q_1)\prod_{i=3}^{n}p(q_{i-1}q_i\,|\,q_{i-2}q_{i-1})p(o_1\,|\,q_1)\prod_{i=2}^{n}p(o_{i-1}o_i\,|\,q_{i-1}q_i))$$

（公式 8.4）

为了便于计算，在序列 S 的起始位置统一加入起始标记序列"*开始*—*开始*"，其状态记为 B—B，结束标记序列"*结束*—*结束*"，其状态记为 E—E，则公式 8.2 可以进一步表示为：

$$\hat{Q}=\underset{q_{i-1},q_i}{\arg\max}(\prod_{i=1}^{n+2}p(q_{i-1}q_i\,|\,q_{i-2}q_{i-1})\prod_{i=1}^{n+2}p(o_{i-1}o_i\,|\,q_{i-1}q_i))$$　（公式 8.5）

在模型中，词序列 $w_{i-2}w_{i-1}$ 的可能状态序列 $q_{i-2}^k q_{i-1}^k$ 与同其邻接的 $w_{i-1}w_i$ 的可能状态序列 $q_{i-1}^j q_i^j$ 之间有搭接部分。$q_{i-2}^k q_{i-1}^k$ 中，搭接部分为 q_{i-1}^k，在 $q_{i-1}^j q_i^j$ 中为 q_{i-1}^j，由于搭接部分的观察序列完全相同，因此搭接部分的状态

序列也完全相同，即 $q_{i-1}^k = q_{i-1}^j$。这样才能够形成有效转移，否则转移概率无定义。因此，公式表达为

$$q_{i-1}^k = q_{i-1}^j \qquad （公式 8.6）$$

称为二元 COV 模型的搭接约束条件公式。

通过以上公式求解出由 $n+2$ 个二元状态序列组成的最优状态序列

$$B\hat{q}_1, \hat{q}_1\hat{q}_2, \hat{q}_2\hat{q}_3, \cdots, \hat{q}_{n-1}\hat{q}_n, \hat{q}_n E, EE (\hat{q}_i \in Q)$$

显然，它们唯一地确定了每个观察所对应的状态，即求解出整个观察序列的状态序列。

COV 模型与 HMM 模型主要有三点不同。

第一，在 N 阶 HMM 模型中，与 t 时刻的可能状态 q_t 相关联的观察，只考虑了 o_t；但在 N 元 COV 模型中，则要考虑包含 Ot 的 n 个基元（词性标注中为词）所构成的序列。每一个可能状态序列的集合由于受到 n 个观察值共现的约束，其规模会大大减小，从而模型的搜索范围大大压缩。

第二，N 阶 HMM 模型中，涉及 t 时刻的状态 q_t 和观察值 o_t 的概率只有 $P(o_t | q_t)$；而在 N 元 COV 模型中，则有 n 个发射概率：$P(o_{t-n+1} \cdots o_t | q_{t-n+1} \cdots q_t), \cdots, P(o_t \cdots o_{t+n+1} | q_t \cdots q_{t+n+1})$。如此，观察值的前后联系将对状态的判断形成约束。

第三，N 阶 HMM 模型中计算 n 个状态的序列到下一个状态的转移概率 $P(q_i | q_{i-n}, \cdots q_{i-1})$；N 元 COV 模型则计算的是相邻且搭接的两个 N 元状态序列之间的转移概率。当搭接部分相同时，即满足搭接约束条件时，这个概率同 N 阶 HMM 模型中的概率是相同的；当不满足约束条件时，转移概率无定义。这一约束条件剪裁掉了大量的搜索路径，进一步提高了解码的速度。

8.2.2　实例分析

下面通过实例说明二阶 HMM 模型与二元 COV 模型求解最优状态序列的过程，以期对二者差别有一个直观认识。

例（3）：领导　强调　深入　细致　的　工作　作风

HMM 模型在求解这样一个词序列的最优状态序列时的作法可以简要描述如下。

第一步，列出每一个词的所有可能词性。

第二步，根据训练语料求出当前词的前两个词的可能词性组合到当前词的可能词性的转移概率，以及当前词词性到当前词的发射概率。

第三步，将转移概率与发射概率组合在一起，利用 Viterbi 算法进行解码，求出最优路径，如表 8-1 所示。

表 8-1　HMM 模型建立的词性网格

观察值	*开始*	领导	强调	深入	细致	的	工作	作风	*结尾*
S1	B	n	v	a	a	u	n	n	E
S2		v	vn	ad	ad		v		
S3		vn		v			vn		
S4				vn					

说明："*开始*"是添加的起始状态，标注为"B"，而"*结尾*"是添加的终止状态，标注为"E"，每个词的词性取自于 2000 年《人民日报》的北大标注语料，下同。

利用二元 COV 模型求解最优状态序列的过程罗列如下。

第一步，列出每一个二元词序列的所有可能状态序列。

第二步，根据训练语料求出每一个二元状态序列到下一个二元状态序列的转移概率（满足搭接约束条件），以及二元状态序列到二元观察序列值的发射概率。

第三步，将转移概率与发射概率组合在一起，利用 Viterbi 算法进行解码，求出由二元状态序列组成的最优路径。

第四步，根据二元状态序列串，得出单个词对应的状态序列。如表 8-2 所示。

表 8-2　二元 COV 模型建立的词性网格

观察值	*开始*-*开始*	*开始*-领导	领导-强调	强调-深入	深入-细致	细致-的	的-工作	工作-作风	作风-*结尾*	*结尾*-*结尾*
S1	B-B	B-n	n-v	v-a	a-a	a-u	u-v	vn-n	n-E	E-E
S2		B-vn		v-ad	ad-ad		u-n			
S3		B-v					u-vn			

从以上两个表格可以直观看出，在二元 COV 模型构建的词性网格中，二词共现时的可能词性数要较 HMM 模型构建的词性网格中相邻的两个词的可能词性的组合数少，这是因为当两个词共现时，每一个词都受到另外一个词的约束，因此其词性更为稳定，可能词性数目也要较两个单个词的

可能词性的组合数目少。例如，当"强调 深入"共现时，这两个词可能词性只有二种，而作为单个词的"强调"有二种可能词性，"深入"有四种可能词性，二者组合后的词性数目有八种，多于二者共现时的可能词性数。

此外，当根据邻接词性序列之间的搭接约束关系进行解码时，可以发现，该句不必进行概率计算就可以得到最终的最优词性序列，如表 8-3 所示。

表 8-3　例句（3）的符号解码结果

观察值	*开始*-*开始*	*开始*-领导	领导-强调	强调-深入	深入-细致	细致-的	的-工作	工作-作风	作风-*结尾*	*结尾*-*结尾*
S1	B-B	B-n	n-v	v-a	a-a	a-u	u-v	vn-n	n-E	E-E
S2		B-vn		v-ad	ad-ad		u-n			
S3		B-v					u-vn			

表 8-3 中加阴影的节点是由于不满足前后搭接约束条件而被剪裁掉的节点，当这些节点剪裁掉后，剩下的只有唯一一条可能路径（由非阴影部分的词构成），这也是最终所要求解的最优路径。在实际标注过程中，并不一定每次都能够通过符号解码获得唯一可能路径。当符号解码后的可能路径不唯一时就需要进行数值计算，利用 Viterbi 算法进行数值解码，但由于符号解码已经剪裁掉了部分不可能路径，因此数值解码的复杂度也降低了。当然，随着观察单位的扩大，数据稀疏的可能性加大，对于稀疏数据的处理将在下面具体分析。

8.3　参数估计及稀疏数据处理

8.3.1　词表获取

COV 模型根据训练语料生成所需词表，N 元 COV 模型需要 n 个词表，分别对应一元词序列至 n 元词序列词表，词表内容包括词序列，及其对应的在训练语料中出现的所有可能词性序列。一元词表收入了训练语料中出现的所有词及其对应的词性，而二元至 n 元词表，则设定了收词阈值 α，凡是在训练语料中出现频数小于等于 α 的词序列都不收入词表，本实验中 $\alpha=2$，即凡是出现频数小于等于 2 的词序列都不收入到词表之中。

8.3.2　参数估计

COV 模型需要估计的参数有两个：①状态转移参数 Pt；②状态发射参数 Po。

采用最大似然法估计相关参数。

1. 状态转移参数 Pt 的估计

m（$2 \leqslant m \leqslant n$）元状态转移参数的估计方法是：设长度为 $m+1$ 的状态序列为 $q_i \cdots q_{i+m}$，其在训练语料中出现的频数为 $\mathrm{Numberof}(q_i \cdots q_{i+m})$，则从 $q_i \cdots q_{i+m-1}$ 到 $q_{i+1} \cdots q_{i+m}$ 的状态转移概率为

$$\mathrm{Pt}(q_{i+1} \cdots q_{i+m} \mid q_i \cdots q_{i+m-1}) = \frac{\mathrm{Numberof}(q_i \cdots q_{i+m})}{\mathrm{Numberof}(q_i \cdots q_{i+m-1})} \quad i \geqslant 0 \quad （公式 8.7）$$

2. 发射概率参数 Po 的估计

m（$1 \leqslant m \leqslant n$）元发射概率参数的估计方法是：设长度为 m 的观察序列为 $w_i \cdots w_{i+m-1}$，其对应的状态序列之一为 $q_i \cdots q_{i+m-1}$，$q_i \cdots q_{i+m-1}$ 在训练语料中的出现频数为 $\mathrm{Numberof}(q_i \cdots q_{i+m-1})$，训练语料中该状态序列下 $w_i \cdots w_{i+m-1}$ 出现的频数为 $\mathrm{Numberof}(w_i \cdots w_{i+m-1})$，则由状态序列到观察序列的发射概率的估计值为

$$\mathrm{Po}(w_i \cdots w_{i+m-1} \mid q_i \cdots q_{i+m-1}) = \frac{\mathrm{Numberof}(w_i \cdots w_{i+m-1})}{\mathrm{Numberof}(q_i \cdots q_{i+m-1})} \quad i \geqslant 0 \quad （公式 8.8）$$

8.3.3　稀疏数据处理算法

COV 模型由于扩大了观察的范围，因此观察的稀疏可能性远远大于 HMM 模型中以单个词为观察的稀疏可能性，为了有效解决数据稀疏的问题，COV 模型采用回退策略解决数据稀疏问题，其基本思想是：假设某个 n 元词序列 $w_{j-n+1} \cdots w_j$ 未在词表中出现，则根据回退策略取 $w_{j-n+1} \cdots w_j$ 的后 $n-1$ 个词组成 $n-1$ 元词序列 $w_{j-n+2} \cdots w_j$ 作为替代序列，如果该序列仍然未在词表中出现，则继续回退，直至成为二元词序列。回退到 s 元词序列时，就使用 s 元词表中给出的词性序列的参数值。但如果 $w_{j-1}w_j$ 在二元词表中仍未出现，则不再回退到单个词，而将词 w_{j-1} 与词 w_j 的所有可能词性组合作为 $w_{j-1}w_j$ 的词性序列。稀疏数据的具体处理算法如图 8-1 所示。

假设 $w_{j-n+1} \cdots w_j$ 未在 n 元词表中出现，但 $w_{j-n+2} \cdots w_j$ 在 $n-1$ 元词表中存在，则根据回退策略，与 $w_{j-n+1} \cdots w_{j-1}w_j$ 相关的的两个转移概率分别变化为

$$p(q_{j-n+2}...q_j \mid q_{j-n+1}...q_{j-1}) \text{和 } p(q_{j-n+3}...q_{j+1} \mid q_{j-n+2}...q_j)$$

发射概率的变化为

$$p(o_{j-n+2}...o_j \mid q_{j-n+2}...q_j)$$

输入: n-gram 词序列　$w_{j-n+1}...w_j$

输出: 若干 n 元词性序列　$e_j = \{q^1_{j-n+1}...q^1_j,...,q^k_{j-n+1}...q^k_j\}$　$(1 \le k)$

步骤一: 初始化　$m \leftarrow n$;

步骤二: 在 m 元词典中查找 m 元词序列 $w_{j-m+1}...w_j$ 是否存在, 如果　$w_{j-m+1}...w_j$　存在, 则

　　a) If $m = n$ 则返回对应的词性序列

　　b) If $m < n$ 则在词性序列前加入 $n-m$ 个 "X", 并返回 n 元词性序列

步骤三: 如果　$w_{j-m+1}...w_j$　不存在且 $m > 2$, 则将　$w_{j-m+1}...w_j$　替换为　$w_{j-m+2}...w_j$, and $m \leftarrow m-1$, 返回步骤二;

步骤四: 如果 $m = 2$ 且　$w_{j-1} w_j$ 不存在, 则,

　　a) 在单词表中查找　w_{j-1}　和　w_j

　　　① 如果存在于单词表, 则将其在表中的所有词性作为该词词性;

　　　② 如果不存在于单词表中, 则将所有基本词性集中的所有词性作为该词词性;

　　b) 将 w_{j-1} 和　w_j 的各自词性组合, 并在其前加入 $n-2$ 个 "X", 返回该 n 元词性序列

图 8-1　稀疏数据的处理算法

可以看出, 变化后的转移概率与发射概率均等同于 $n-1$ 元模型在该点的发射概率和转移概率。

假设出现最极端的情况, 即观察序列中的所有 n 元词序列都未在 n 元词表中出现, 那么这些节点都需要回退估计, 结果是所有 n 元词序列都由 $n-1$ 元词序列代替, 而发射概率和转移概率都变为 N-1 元模型的参数值, 效果等价于 N-1 元 COV 模型的计算结果。因此, 利用回退策略处理稀疏数据保证了 N 元 COV 模型即使在数据最为稀疏的情况下的标注性能也与 N-1 元 COV 的标注性能持平, 不会低于 $n-1$ 元的标注性能。当 n=2 时, COV 模型在最稀疏情况下的标注性能与二阶 HMM 模型的标注性能持平, 将在实验中给出具体的实验数据以证明 COV 模型的这一特性。

8.4　算法描述

图 8-2 给出了 COV 模型标注的总体流程。

COV 模型将分好词的文本作为输入，首先进行预处理，处理内容包括两个方面。一方面，以标点符号为分割符，将文本分割成若干个小句；另一方面，将待标注小句中的专名、数字等进行归并。经过预处理之后，进行符号解码，总体流程如图 8-2 所示，COV 模型解码算法如图 8-3 所示。

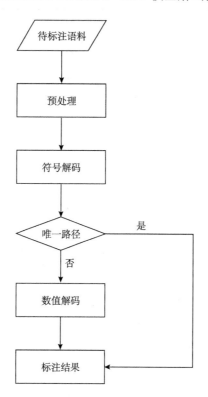

图 8-2　COV 模型标注的总体流程图

为便于算法描述，定义 n 元状态序列 $q_{i-n+1}...q_i$ 的前缀与后缀。

前缀为：　$q_{i-n+1}...q_{i-1}$

后缀为：　$q_{i-n+2}...q_i$

输入：词序列 S= $w_0 \cdots w_h$

输出：词性序列 S= $q_0 \cdots q_h$

1. 从左向右逐个处理两个相邻且搭接的 n 元词序列所对应的 n 元状态序列集合。

1.1 对于任意两个相邻的搭接 n 元词序列 $s_{i-1} = w_{i-n}...w_{i-1}$ 和 $s_i = w_{i-n+1}...w_i$，设从训练语料中获得的 n 元状态序列的集合分别为 e_{i-1} 和 e_i，集合中的 n 元状态序列称为状态节点。考察 e_{i-1} 中的每一个状态节点，对于 e_{i-1} 中的任意一个状态节点 E_{i-1}，如果它的后缀与 e_i 中某个状态节点 E_i 的前缀相同，就在这两个状态节点之间建立父子关系。

> 1.2　删除 e_i 中没有父节点的状态节点，删除 e_{i-1} 中没有子节点的状态节点。
>
> 2.　从右到左回溯处理。
>
> 　2.1　如果某个状态节点曾在 1.2 中因没有子节点而被删除，则删除以它为子节点的父子关系。
>
> 　2.2　如果某个状态节点因 2.1 而没有子节点，则被删除。
>
> 3.　回溯到左端，符号解码结束。

图 8-3　COV 模型解码算法

符号解码后剩余的状态节点组成一个节点的网格。如果网格中只有唯一一条前后相连的路径，则解码结束，词序列中的每个词都唯一确定了词性（即状态）。否则对这一网格使用 Viterbi 算法，依据 7.2.1 关于 COV 模型的形式描述进行数值解码。

8.5　评　价　方　法

总体标注正确率为

$$总体标注正确率 = \frac{正确标注的词数}{总词数} * 100\% \qquad （公式 8.9）$$

兼类词标注正确率为

$$兼类词标注正确率 = \frac{正确标注的兼类词数}{兼类词总数} * 100\% \qquad （公式 8.10）$$

优化幅度：优化幅度可以反映改进模型较基准模型在标注正确率方面的提高幅度。

$$优化幅度 = \frac{SSD模型标注正确率 - HMM模型标注正确率}{1 - HMM模型标注正确率} * 100\%$$

$$（公式 8.11）$$

8.6　实验设计及结果分析

8.6.1　实验设计

为了测试 COV 模型在解决具体自然语言处理任务时的性能，利用词性标注任务来对比分析 HMM 模型与 COV 模型之间的性能优劣。

训练语料与测试语料均来自北京大学标注的 2000 年上半年《人民日

报》，具体划分如表 8-4 所示。

　　实验采用两种方法，一种方法是利用二阶 HMM 模型进行标注，另一种方法是利用二元 COV 模型进行标注，然后对结果进行对比分析。为了检验 COV 模型在小规模训练条件下与 HMM 模型的性能差异，以 2000 年1 月语料为训练语料，以 2—6 月份语料为测试语料进行了开放测试。

表 8-4　训练语料与测试语料划分　　　　　（单位：个）

组别	语料类别	语料内容	语料规模（词）
1	训练语料	2000 年 2 月人民日报	1050934
2		2000 年 2—3 月人民日报	2410269
3		2000 年 2—4 月人民日报	3683299
4		2000 年 2—5 月人民日报	4840751
5		2000 年 2—6 月人民日报	6142402
6	开放测试语料	2000 年 1 月人民日报	1235628
7	封闭测试语料	2000 年 2 月人民日报	1050934

8.6.2　预处理

　　在标注之前先根据标注语料的标注结果对训练语料与测试语料进行预处理，将姓名、地名、机构名、数字、时间等进行归并，所有姓名（不区分姓与名）以"*姓名*"表示，地名以"*地名*"表示，机构名以"*机构名*"表示，数字以"*数字*"表示，时间以"*时间*"表示，这样处理后可以排除专名识别对于比较不同模型标注性能的影响。

8.6.3　实验结果

　　表 8-5 给出了 HMM 模型与 COV 模型的封闭测试结果比较。

表 8-5　HMM 模型与 COV 模型的封闭测试结果比较　　　（单位：百分比）

	总体正确率	兼类词正确率
二阶 HMM 模型	96.54	92.76
二元 COV 模型	98.29	96.44
优化幅度	50.58	50.83

注：训练语料为 2000 年 2—6 月《人民日报》，测试语料为 2000 年 2 月《人民日报》。

　　从封闭测试结果看,COV 模型无论在总体正确率还是兼类词标注正确率上都要优于 HMM 模型,且优化幅度均高于 50%,说明 COV 模型在封闭测试中对训练数据的拟合度要更优于 HMM 模型。

　　表 8-6 给出了二阶 HMM 模型和二元 COV 模型在不同规模训练语料上得到的模型的总体正确率结果。

表 8-6　不同规模训练语料的 HMM 模型与 COV 模型开放测试总体正确率比较

（单位：百分比）

训练语料规模	1 个月	2 个月	3 个月	4 个月	5 个月
二阶 HMM 模型 总体正确率	94.63	95.26	95.53	95.65	95.73
二元 COV 模型 总体正确率	95.53	96.21	96.54	96.70	96.79
优化幅度	16.79	19.98	22.55	24.20	24.92

注：测试语料为 2000 年 1 月《人民日报》。

　　从表 8-6 的结果可以看出,开放测试中 COV 模型在各个规模训练语料上训练出的模型性能都要优于 HMM 模型,尤其是随着训练语料规模的增加,COV 模型的标注正确率和优化幅度都有较为明显的提升。

　　表 8-7 给出了二阶 HMM 模型和二元 COV 模型在不同规模训练语料上得到的模型的兼类词标注正确率结果。

表 8-7　HMM 模型与 COV 模型在不同规模训练语料上的兼类词标注正确率比较

（单位：百分比）

训练语料规模	1 个月	2 个月	3 个月	4 个月	5 个月
二阶 HMM 模型 兼类词标注正确率	90.75	91.52	91.80	91.92	92.02
二元 COV 模型 兼类词对标注正确率	92.66	93.51	93.91	94.13	94.24
优化幅度	20.64	23.55	25.73	27.29	27.85

注：测试语料为 2000 年 1 月《人民日报》。

　　从以上数据可以看出,COV 模型对于兼类词对的标注性能在各个规模训练语料上均优于 HMM 模型,并且以兼类词标注正确率为衡量标准的优化幅度较以总体标注正确率为衡量标准的优化幅度更加明显。

还对不同规模训练语料上的非词表词（这里所说的词是 bigram）标注正确率进行了统计。由于观察单位的扩大，使得 COV 模型可能遇到的非词表词大幅度增加，表 8-8 给出了在 COV 模型下单个词和二元词表下的非词表词分布情况。词表是在训练语料上统计得到的，因此不同规模的训练语料所对应的非词表词的数目也不相同，一般是随着训练语料规模的增加，非词表词的规模会相应降低，具体分布如下。

表 8-8　不同训练语料规模及不同词表下的非词表词分布　　（单位：个）

训练语料规模	单个词词表的非词表词	二元词表的非词表词
1 个月	25543	490493
2 个月	16325	402062
3 个月	12159	359905
4 个月	10390	334564
5 个月	9178	314540
6 个月	8299	298611

注：测试语料为 2000 年 1 月《人民日报》语料。

从上述数据可以看出，随着训练语料规模的增加，无论是基于单个词表还是二元词表的非词表词的规模都逐渐减小，在相同训练语料规模上，基于二元词表的非词表词的数目远远高于基于单个词表的非词表词数目，因此合理处置二元甚至多元情况下的非词表词对于 COV 模型的标注性能有着重要意义。由于 COV 模型采用了回退策略来处理非词表词，标注性能得到了有效保证，表 8-9 给出了非词表词的标注准确率。

表 8-9　不同规模训练语料上的非词表词标注正确率比较

训练语料规模	1 个月	2 个月	3 个月	4 个月	5 个月
非词表词数/个	25543	16325	12159	10390	9178
二阶 HMM 模型 非词表词标注正确率/%	53.21	54.05	54.58	54.59	55.07
二元 COV 模型二元非词表词的 标注正确率/%	92.24	93.10	93.59	93.84	93.99
二元 COV 模型一元 非词表词标注正确率/%	53.27	53.97	54.92	54.93	55.35

注："二元 COV 模型二元非词表词的标注正确率"是指二元 COV 模型对于未在训练语料中出现的 bigram 的标注正确率；"二元 COV 模型一元非词表词标注正确率"是指二元 COV 模型对于未在训练语料中出现的单个词（unigram）的标注正确率，测试语料为 2000 年 1 月《人民日报》。

　　以上数据可以看出，COV 模型在处理二元非词表词上的正确率很高，达到了 92%以上，也就是说尽管随着观察单位的扩大，带来了大量没有在二元词表中出现的二元词序列，但是由于处理方法得当，使得这些词序列的标注正确率得到了保证，不会对模型的总体性能造成很大的不利影响。另外，COV 模型对于单个词属于非词表词的标注性能与 HMM 模型的标注性能基本持平，基本都在 50%左右，这也说明尽管观察序列扩大，但是模型并没有降低对单个词稀疏的处理能力。

　　表 8-10 给出了二元 COV 模型对于不同词类的标注错误的统计结果。

表 8-10　二元 COV 模型的主要标注错误词性统计

序号	被标注错误的词类	标注错误数/个	该词类总词例数/个	标注错误数占该类词总数的比例/%	标注错误数占总错误词数的比例/%
1	v	12088	153407	7.88	30.56
2	vn	7646	53519	14.29	19.33
3	n	3241	256308	1.26	8.19
4	p	2372	46714	5.08	6.00
5	vi	2077	18903	10.99	5.25
6	a	1931	40348	4.79	4.88
7	d	1425	55337	2.58	3.60
8	c	921	28923	3.18	2.33
9	nz	742	2654	27.96	1.88
10	ad	660	7736	8.53	1.67
11	j	619	2187	28.30	1.57
12	Ng	548	5441	10.07	1.39
13	b	419	8544	4.90	1.06
14	an	403	1847	21.82	1.02
15	l	377	1953	19.30	0.95
16	vl	266	16432	1.62	0.67
17	qe	266	10311	2.58	0.67
18	Vg	256	2018	12.69	0.65
19	vu	241	10445	2.31	0.61
20	vd	228	670	34.03	0.58
21	q	198	484	40.91	0.50
22	f	193	18753	1.03	0.49
23	rz	184	18768	0.98	0.47
24	jn	183	7318	2.50	0.46
25	wp	170	1105	15.38	0.43

续表

序号	被标注错误的词类	标注错误数/个	该词类总词例数/个	标注错误数占该类词总数的比例/%	标注错误数占总错误词数的比例/%
26	iv	161	3511	4.59	0.41
27	i	142	850	16.71	0.36
28	vq	119	6419	1.85	0.30
29	lv	117	1656	7.07	0.30
30	vx	109	5266	2.07	0.28

注：总错误数共计 39549 个，被标注错误的词类数共计 78 个，训练语料为 2000 年 2—6 月《人民日报》，测试语料为 2000 年 1 月《人民日报》。

表 8-11 给出了二元 COV 模型主要标注错误类型的统计结果。

表 8-11　二元 COV 模型的主要标注错误类型统计

序号	错误类型	错误数/个	该类型错误数占总错误数的比例/%	错误类型所属的兼类类型的词例数/个	错误数占兼类类型词例数比例/%
1	v-vn	8662	16.42	119400	7.25
2	vn-v	5364	10.17	119400	4.49
3	vi-vn	1981	3.76	26743	7.41
4	vn-vi	1738	3.29	26743	6.50
5	v-n	1707	3.24	23125	7.38
6	v-p	1546	2.93	32772	4.72
7	v-vx	1495	2.83	5069	29.49
8	n-v	1222	2.32	23125	5.28
9	vn-n	1210	2.29	17218	7.03
10	p-c	1179	2.24	22342	5.28
11	p-vl	923	1.75	3372	27.37
12	v-a	820	1.55	11484	7.14
13	vl-p	737	1.40	3372	21.86
14	c-p	658	1.25	22342	2.95
15	n-vn	629	1.19	17218	3.65
16	n-a	609	1.15	11074	5.50
17	nz-n	606	1.15	703	86.20
18	a-v	596	1.13	11484	5.19
19	a-ad	595	1.13	22724	2.62
20	ad-a	585	1.11	22724	2.57
21	an-a	583	1.11	5922	9.84
22	a-n	512	0.97	11074	4.62
23	c-d	495	0.94	8011	6.18

续表

序号	错误类型	错误数/个	该类型错误数占总错误数的比例/%	错误类型所属的兼类类型的词例数/个	错误数占兼类类型词例数比例/%
24	j-n	483	0.92	289	167.13
25	p-v	454	0.86	32772	1.39
26	vi-n	425	0.81	4327	9.82
27	p-vq	422	0.80	2502	16.87
28	v-vi	400	0.76	4108	9.74
29	d-p	383	0.73	23081	1.66
30	a-an	359	0.68	5922	6.06

注："错误类型"中短横线"-"左方的标记为语料库的原始标记，右方标记为 COV 模型的标注标记，例如"v-vn"表示语料库的原始标记为"v"，而 COV 模型却将其标注为"vn"；总错误数共计 39549 个，错误类型 604 个，本表只列出错误数最多的 30 种类型，训练语料为 2000 年 2—6 月《人民日报》，测试语料为 2000 年 1 月《人民日报》。

　　从以上两表可以看出，COV 模型的标注错误的词类主要集中在动词、名词等实词类，其中 v、vn、n 的标注错误数占到总错误数的近 60%，错误类型也是在 v、vn、vi、n、p 等词类之间，造成这种情况的原因可能是一方面由于 COV 模型对词性估计的偏差，另一方面因为现有词类体系中对于 v、vn、vi、n、p 之间的区分并不清晰，导致人工标注语料时产生不一致，从而影响模型的训练效果和标注正确率。

　　表 8-12 给出了二元 COV 模型的主要标注错误词的统计。

表 8-12　二元 COV 模型的主要标注错误词的统计

序号	标注错误的词	标注错误数/个	该词的总词数/个	标注错误占该词总词数的比例/%	标注错误数占总错误数的比例/%
1	有	1403	4851	28.92	3.55
2	到	731	3228	22.65	1.85
3	与	612	3359	18.22	1.55
4	在	537	13364	4.02	1.36
5	发展	505	3815	13.24	1.28
6	和	362	13152	2.75	0.92
7	为	340	5049	6.73	0.86
8	改革	310	1545	20.06	0.78
9	稳定	252	588	42.86	0.64
10	作	251	404	62.13	0.63
11	要	219	3617	6.05	0.55

序号	标注错误的词	标注错误数/个	该词的总词数/个	标注错误占该词总词数的比例/%	标注错误数占总错误数的比例/%
12	管理	217	1613	13.45	0.55
13	来	209	1615	12.94	0.53
14	作为	207	745	27.79	0.52
15	投资	194	799	24.28	0.49
16	工作	181	3799	4.76	0.46
17	又	178	1275	13.96	0.45
18	安全	177	494	35.83	0.45
19	建设	168	1919	8.75	0.42
20	服务	164	1093	15.00	0.41
21	和平	160	534	29.96	0.40
22	生产	159	954	16.67	0.40
23	经过	158	386	40.93	0.40
24	点	157	304	51.64	0.40
25	将	157	3084	5.09	0.40
26	给	149	847	17.59	0.38
27	因	138	342	40.35	0.35
28	经营	131	619	21.16	0.33
29	增长	126	1064	11.84	0.32
30	监督	125	583	21.44	0.32

注："标注错误的词"共计 7820 个，总错误数共计 39549 个，本表只列出错误数最多的 30 个词，训练语料为 2000 年 2—6 月《人民日报》，测试语料为 2000 年 1 月《人民日报》。

在表 8-12 中，被标注错误的词中有 16 个是实词，如"发展、改革、稳定"等，另外 14 个则兼有实词或虚词词类，如"有、到、与"等。

表 8-13 给出了二阶 HMM 模型和三元 COV 模型在不同规模训练语料上得到的模型标注效果。

从以上结果可以看出，三元 COV 模型较二阶 HMM 模型的标注正确率有显著提高，并且优化幅度要高于二元 COV 模型的优化幅度，这说明三元 COV 模型的标注性能要更优于二元 COV 模型。表 8-14 给出了二元 COV 模型与三元 COV 模型的标注正确率比较数据。

表 **8-13**　二阶 **HMM** 模型与三元 **COV** 模型的标注比较　（单位：百分比）

训练语料规模	1 个月	2 个月	3 个月	4 个月	5 个月
二阶 HMM 模型 总体正确率	94.63	95.26	95.53	95.65	95.73
三元 COV 模型 总体正确率	95.63	96.28	96.59	96.74	96.83
优化幅度	18.60	21.38	23.67	25.10	25.84

表 **8-14**　二元 **COV** 模型与三元 **COV** 模型的标注正确率比较　（单位：百分比）

训练语料规模	1 个月	2 个月	3 个月	4 个月	5 个月
二元 COV 模型 总体正确率	95.53	96.21	96.54	96.70	96.79
三元 COV 模型 总体正确率	95.63	96.28	96.59	96.74	96.83
优化幅度	2.19	1.74	1.45	1.18	1.23

从以上数据可以看出，尽管三元 COV 模型与二元 COV 模型在标注总体正确率上基本持平，但是三元 COV 模型在各个训练规模上都要略微优于二元 COV 模型，说明 COV 模型并没有因为观察单位的扩大而出现的更多稀疏数据造成标注正确率降低，相反，随着观察单位的扩大标注正确率得到了一定程度的提高。

为了对比 COV 模型的训练复杂度，表 8-15 给出了二阶 HMM 模型与二元 COV 模型在不同规模训练语料上的训练时间。

表 **8-15**　不同规模训练语料的训练时间　（单位：秒）

训练语料规模	1 个月	2 个月	3 个月	4 个月	5 个月
二阶 HMM 模型 训练时间	48	112	196	279	375
二元 COV 模型 训练时间	130	312	427	544	686

从训练时间看，COV 模型由于需要训练的参数较 HMM 模型复杂，因此计算量更大，训练时间更长，但二者训练时间相差并不是很大，COV 模型的训练时间大约是 HMM 模型的 2—3 倍,在 5 个月训练语料上相差的时

间仅为 311 秒，也就是 5 分钟多些，这样的训练时间在实际应用中是完全可以接受的。

为了测试 COV 模型在小规模训练语料上训练的性能，利用 2000 年 1 月《人民日报》语料作为训练语料，2—6 月语料作为测试语料对模型进行测试，结果如表 8-16 所示。

表 8-16 中显示，在小规模训练、大规模测试的条件下，COV 模型的性能仍普遍优于 HMM 模型性能，说明即使是在小规模训练的条件下，COV 模型的性能并不会因为训练数据的稀少而导致性能低于 HMM 模型。

表 8-16　小规模训练、大规模测试的结果

训练语料	测试语料	测试语料规模（词）/个	二阶 HMM 模型/%	二元 COV 模型/%	优化幅度/%
2000 年 1 月人民日报	2000 年 2 月人民日报	1082238	94.57	95.51	17.31
	2000 年 2—3 月人民日报	2238746	94.65	95.66	18.88
	2000 年 2—4 月人民日报	3679508	94.63	95.61	18.25
	2000 年 2—5 月人民日报	4921648	94.61	95.55	17.44
	2000 年 2—6 月人民日报	6166046	94.58	95.50	16.97

用 2000 年 2—3 月《人民日报》语料作为训练语料，以 2000 年 1 月份《人民日报》语料作为测试语料，检验 COV 模型在完全稀疏条件下的标注性能。所谓完全稀疏，是指在利用 N 元 COV 模型标注时，不使用 n 元词表，而只使用一元至 $n-1$ 元词表，这使得测试语料中出现的所有 n 元词序列都成为稀疏词序列，这是 N 元 COV 模型可能遇到的最稀疏情况，这时的标注性能可以认为是 N 元 COV 模型的性能底线，测试结果如表 8-17 所示。

表 8-17　完全稀疏条件下的 COV 模型标注结果对比　（单位：百分比）

评价指标	二阶 HMM 模型	完全稀疏二元 COV 模型	二元 COV 模型	完全稀疏三元 COV 模型	三元 COV 模型
正确率	95.26	95.26	96.21	96.21	96.28

从表 8-17 的结果可知，完全稀疏的二元 COV 模型标注正确率与二阶 HMM 模型的标注正确率等同且错误完全一样；完全稀疏的三元 COV 模型的标注正确率与二元 COV 模型的标注正确率等同且错误完全一样。这证明 N 元 COV 模型对于稀疏数据的处理策略保证了当 n 增长的情况下，模型不会因为数据稀疏问题而造成性能的降低，反而会随着 n 的增长，模型

的语境观察范围得到扩展，COV 模型的性能会得到不同程度的提高。

　　COV 模型在一定情况下，可以不需要数值计算，直接利用搭接约束关系进行符号解码，得到标注结果。利用不同规模的训练语料进行训练，并在 1 月份《人民日报》语料上进行测试，利用符号解码可以直接求解出标注结果的具体数据如表 8-18 所示。

表 8-18　COV 模型通过符号解码直接求解出结果的相关数据

训练规模	测试语料总词数/个	符号解码总词数/个	符号解码总词数占测试语料总词数的比例/%	错误数/个	正确率/%
1 个月	1235631	86187	6.98	654	99.24
2 个月	1235631	91671	7.42	647	99.29
3 个月	1235631	92184	7.46	609	99.34
4 个月	1235631	92727	7.50	562	99.39
5 个月	1235631	92174	7.46	537	99.42

　　从表 8-18 可以看出，COV 模型直接利用符号解码，不需要数值计算就可以求解出标注结果的总词例数占到待标记词例数的 7%左右，虽然比例不是很大，但是 COV 模型准确率非常之高，在不同规模训练语料上都超过了 99.2%，说明符号解码求解出的结果具有很高的可靠性。

　　COV 模型除了利用搭接约束关系进行符号解码，并直接求解出标注结果外，还可以利用相邻状态间的搭接约束关系，有效降低搜索空间。由于搭接约束关系的存在，使得那些不符合搭接约束关系的节点被剔除出网格之外，降低了网格中的节点数。表 8-19 给出了在不同规模训练语料上，利用二阶 HMM 模型和二元 COV 模型建立词性网格的搜索空间比较情况。

表 8-19　HMM 模型与 COV 模型搜索空间对比

训练规模	HMM 模型节点数/个	COV 模型节点数/个	节点减少数/个	减少比例/%
1 个月	2217186	2047915	169271	7.63
2 个月	2355795	1978303	377492	16.02
3 个月	2452982	1953382	499600	20.37
4 个月	2480340	1940422	539918	21.77
5 个月	2504402	1934891	569511	22.74

　　注："节点数"是指词序列对应的可能词性序列的数目；"HMM 模型节点数"是指利用二阶 HMM 模型建立词性网格后的节点数；"COV 模型节点数"是指利用二元 COV 模型建立词性网格后的节点数；"节点减少数"是指 HMM 模型节点数与 COV 模型节点数的差；"减少比例"指节点减少数与 HMM 模型节点数的比值。

表 8-20 给出了二阶 HMM 模型与二元 COV 模型中平均每个词的可能节点数比较。

表 8-20　HMM 模型与 COV 模型中单个词可能节点数对比

训练规模	HMM 模型平均每个词的节点数/个	COV 模型平均每个词的节点数/个	节点减少数/个	减少比例/%
1 个月	1.79	1.66	0.14	7.63
2 个月	1.91	1.60	0.31	16.02
3 个月	1.99	1.58	0.40	20.37
4 个月	2.01	1.57	0.44	21.77
5 个月	2.03	1.57	0.46	22.74

注：“HMM 模型平均每个词的节点数”是指在 HMM 模型建立的词性网格中，每个词平均可能的词性个数；“COV 模型平均每个词的节点数”是指在 COV 模型建立的词性网格中，每个词平均可能的词性个数。

从以上数据可以看出利用 COV 模型构建的网格节点数以及平均每个词的节点数都要低于 HMM 模型的网格节点数，并且随着训练语料规模的增加，COV 模型构建的网格节点数也相应降低，但 HMM 模型却随着训练语料量的增加，总节点数没有降低，反而逐渐增大。其中原因可能是虽然随着训练语料量的增加，未登录词的数量减少，这会带来节点数的减少，但同时也会带来每个词的可能词性数的增加，二者相比较，词性数的增加占优势。因此 HMM 模型的总节点数不降反升，而 COV 模型由于观察单元的扩大，使得词序列对于可能状态序列有较强的约束，因此随着训练语料规模的增加，COV 模型中可能词性数的增加幅度不如未登录词减少带来的节点数减少的幅度，总的节点数表现为下降趋势。从 HMM 模型与 COV 模型在网格节点数的总体比较可以看出，COV 模型的搜索空间要小于 HMM 模型的搜索空间，COV 模型减小幅度在 3 个月的训练语料规模上达到了 20%，这使得搜索效率得到了有效提高。

通过以上实验数据可以看出，COV 模型不仅在标注准确率上高于标准 HMM 模型，并且由于有效地利用了相邻词的约束以及相邻状态之间的搭接约束关系，使其搜索空间得到有效降低，解码效率更高，更适合于实际应用。

8.7　COV 模型在英文词性标注中的应用

除了利用汉语语料进行词性标注实验外，还利用英语语料进行了标注实验，实验结果同样证明 COV 模型具有较好的标注性能。具体实验过程如下。

8.7.1　训练语料与测试语料

训练语料取自宾州树库中的华尔街日报（Washington Street Journal，简称为 WSJ）语料的 00—19 组，根据训练语料的规模，将其细分为以下各组，如表 8-21、表 8-22 所示。

表 8-21　WSJ 训练语料的划分　　　　（单位：个）

组别	训练语料内容	文档数	总词数
1	WSJ 00-04 组	500	245152
2	WSJ 00-09 组	1000	499197
3	WSJ 00-14 组	1500	758892
4	WSJ 00-19 组	2000	1014371

表 8-22　测试语料分为封闭测试语料和开放测试语料　　（单位：个）

测试语料类型	测试语料内容	文档数	总词数
封闭测试	WSJ 00-01 组	200	94274
开放测试	WSJ 23-24 组	200	54397

8.7.2　预处理

根据任务性质，对训练语料与测试语料进行了预处理，统一将专有名词转化为"*PropN*"，对应的词性为 NNP，将数字统一转化为"*Num*"，对应的词性为 CD，这样做的目的是在应用模型时不做任何额外的专名识别与数字识别工作，只是在同等条件下对比两种模型的性能。

8.7.3　实验结果

1. 总体标注正确率

表 8-23 给出了二元 COV 模型与二阶 HMM 模型的总体标注正确率。

表 8-23　**二元 COV 模型与二阶 HMM 模型的总体标注正确率**　（单位：百分比）

测试类型	训练语料规模	二阶 HMM 模型总体标注正确率	二元 COV 模型总体标注正确率	优化幅度
封闭测试	WSJ 00-04 组	98.28	98.57	16.86
	WSJ 00-09 组	98.06	98.42	18.56
	WSJ 00-14 组	97.91	98.33	20.10
	WSJ 00-19 组	97.85	98.29	20.47
开放测试	WSJ 00-04 组	95.23	95.68	9.43
	WSJ 00-09 组	96.01	96.30	7.27
	WSJ 00-14 组	96.26	96.56	8.02
	WSJ 00-19 组	96.48	96.79	8.81

从表 8-23 可以看出，无论是在封闭测试还是在开放测试中，COV 模型的总体标注正确率都要高于 HMM 模型的标注正确率。在封闭测试中，随着训练语料规模的扩大，两种模型的标注正确率都有所下降，说明训练语料的增多，使得不确定性增加，模型对于封闭测试语料的拟合度降低，导致标注性能下降，但是 COV 模型对于 HMM 模型的优化幅度却随着训练语料规模的扩大而上升，这说明在封闭测试中，COV 模型较 HMM 模型受训练语料规模的影响更小。在开放测试中，随着训练语料规模的扩大，两种模型的标注正确率都有所上升，说明训练语料的增加为模型提供了更多有用的信息，使模型标注性能得到进一步提高。

2. 兼类词的标注正确率

表 8-24 给出了 COV 模型和 HMM 模型对兼类词的标注正确率。

表 8-24　**COV 模型和 HMM 模型对兼类词的标注正确率**　（单位：百分比）

测试类型	训练语料规模	二阶 HMM 模型标注正确率	二元 COV 模型标注正确率	优化幅度
封闭测试	WSJ 00-04 组	95.49	97.02	33.83
	WSJ 00-09 组	95.09	96.71	32.89
	WSJ 00-14 组	94.85	96.51	32.32
	WSJ 00-19 组	94.79	96.44	31.65
开放测试	WSJ 00-04 组	92.73	93.90	16.10
	WSJ 00-09 组	93.39	94.71	19.98
	WSJ 00-14 组	93.75	94.87	17.98
	WSJ 00-19 组	93.92	95.18	20.76

从表 8-24 可以看出，当以兼类词标注正确率为评价指标时，二元 COV 模型的性能同样优于二阶 HMM 模型，并且优化幅度普遍高于用总体标注正确率作为评价指标的优化幅度，这使得 COV 模型在处理词类排歧任务上的优越性更加明显地体现出来。同时，从训练语料的规模可以看出，在封闭测试中，随着训练语料规模的增大，无论原始模型还是 COV 模型，兼类词标注正确率都呈现下降趋势，这是因为训练语料的增大使得模型对于封闭测试语料的拟合越来越差，正确率逐步降低；但是对于开放测试而言，训练语料规模的增大使得 COV 模型在开放测试语料上的标注正确率逐步提高，这是因为训练语料规模的增大为模型带来更多的有用信息，因此 COV 模型在开放测试上的标注正确率会不断上升。

3. 非词表词的标注正确率

表 8-25 给出了开放测试中非词表词的标注正确率。

表 8-25　开放测试中非词表词的标注正确率

训练语料规模	非词表词词数目/个	非词表词占总体测试语料词数的比例/%	二阶 HMM 模型标注正确率/%	二元 COV 模型标注正确率/%
WSJ 00-04 组	1841	0.75	57.90	57.31
WSJ 00-09 组	1208	0.24	58.77	56.95
WSJ 00-14 组	925	0.12	58.38	56.97
WSJ 00-19 组	791	0.08	58.66	57.27

从结果上看，二元 COV 模型在处理非词表词时的性能略差于二阶 HMM 模型，但总体的差距并不大，同时，这部分非词表词占总体测试语料的比例非常小，最多也没有超过 1%，因此从整体测试数据的规模看两个模型对于非词表词标注的差异的话，基本上可以认为二者不存在显著的差异。

8.8　COV 模型讨论

8.8.1　COV 模型的适用范围

COV 模型在处理标注问题时的优越性表现在能够充分利用前后观察的相互依赖关系，通过这种依赖关系更加准确地对语言状态进行估计，从而在处理标注问题时有较 HMM 模型等一般生成模型更好的表现。但是作为生成模型，COV 模型同样不能够将丰富的语言特征综合考虑进模型之中，例如不能将词的形态特征对于词性的影响考虑进模型，因此，对于某些可以通过词形特征判断出来的非词表词的处理能力就不如 CRF 等判别模型。但是，当处理诸如汉语这类基本没有形态变化的语言时，判别模型对形态分析的优势难以发挥，而这类语言特别注重语序对于词性的影响，因此，COV 模型在处理这类语言时的性能会更加优越。

COV 模型的应用并不只限于词性标注问题，还可以应用到中文自动分词、文本流自动切割、语块划分等任务中，但所有这些任务都具有一个共同特点，就是观察对象都是自然语言，都是由字、语词或语块构成的有序字符串，在这种条件下，COV 模型能够较好地利用语言单位之间的依赖关系进行状态判断。但如果观察对象不是由自然语言的单位构成的有序字符串，那么其性能就受到很大影响。例如，在音字转换问题中，COV 模型的优势就难以得到发挥，因为在音字转换这个特定任务中，观察对象是拼音串，并非由自然语言的语词构成的有序字符串，拼音串中的各个拼音之间的依赖性并没有语词之间的依赖性那么强，因此，利用 COV 模型处理音字转换问题时其优越性就很较难得到体现。

8.8.2　COV 模型与 CRF 等判别模型的对比分析

为了将生成模型的 COV 模型与判别模型在词性标注上的性能进行对比分析，选用最大熵模型和 CRF 模型进行实验，实验工具使用的是 Standford 最大熵标注器[①]和 CRF++[②]。

最大熵模型的训练语料是 2000 年 1 月份《人民日报》标注语料，测试语料是 2 月份《人民日报》的前 5000 句语料，使用的模板是该标注器自带的 left3words 模板（取当前词及其左右各一个词的词形和词性作为特征）。将最大熵测试结果与二阶 HMM 模型及二元 COV 模型进行比较，除了比较标注正确率外，也对训练时间和标注时间进行了比较，具体结果如表 8-26 所示。

在当前的训练规模条件下，最大熵模型的标注正确率要高于 COV 模型和 HMM 模型，显示出判别模型在利用语境信息方面的优势，但是最大熵模型的训练时间远高于其他两种模型。COV 模型的训练时间虽多于

---

① http://nlp.stanford.edu/software/tagger.shtml.

② http://crfpp.sourceforge.net.

HMM 模型，但是二者相差不过 1 分钟左右，基本在同一个数量级上，且 COV 模型的标注正确率高于 HMM 模型，尽管低于最大熵模型，但 COV 模型保持了 HMM 模型简单快捷的优势，又较 HMM 模型的标注正确率有较大幅度提高，具有较强的实用价值。由于实验中使用的最大熵训练工具对于训练语料规模有限制，当使用 2 个月的《人民日报》语料训练时，就超出了其训练规模的极限，不能够正常工作，所以没有做更大规模训练语料的实验，这种限制对于最大熵模型的实际应用而言显然也是一个不足。

表 8-26　最大熵模型标注结果比较

项目	二阶 HMM 模型	二元 COV 模型	最大熵模型
训练时间/秒	48	130	16560
标注时间/秒	207	478	659
正确率/%	94.23	95.43	95.69

我们还利用 CRF++工具进行了汉语词性标注实验，实验的训练语料是 2000 年 2 月《人民日报》语料，测试语料是 2000 年 1 月《人民日报》语料。分别采用了六种不同的模板和参数设置进行实验，实验结果如表 8-27 所示。

表 8-27　CRF 词性标注实验结果

	CRF 实验 1	CRF 实验 2	CRF 实验 3	CRF 实验 4	CRF 实验 5	CRF 实验 6
特征模板	当前词及其前后各 1 个词的词形	当前词及其前后各 2 个词的词形	当前词及其前后各 2 个词的词形及最可能词性	当前词及其前后各 1 个词的词形及最可能词性	当前词及其前后各 1 个词的词形及最可能词性	当前词及其前后各 1 个词的词形、前缀、后缀、词长、最可能词性
训练时间/时	66	74	56	59	63	60
标注时间/分	26	17	17	17	17	11
正确率/%	92.67	91.35	92.11	92.11	95.67	95.80
特征阈值/个	20	20	20	10	5	5

注：在特征模板中的"最可能词性"是指当前词在训练语料中出现频数最多的词性；"前缀"是指词的第一个字，"后缀"是指词的最后一个字，"词长"是指词的字数。"特征阈值"是使用 CRF++ 工具时需要预设的参数，高于该阈值的特征项被加入模型之中，而低于该阈值的特征项则不予考虑。本实验使用的机器配置是：64 位服务器，4 核 CPU，内存 16G。

通过以上结果可以得出以下三个结论。

第一，无论采用哪个模板，CRF 模型的训练时间都在 2 天以上，远远超过 COV 模型的训练时间。

第二，CRF 模型的标注正确率受到模型参数的很大影响，例如当词频阈值为 20 时的标注正确率远低于词频阈值为 5 时的标注正确率。因此，调整模型的训练阈值对于模型性能至关重要，但是每一次调整阈值都要完整的进行一次训练与测试工作，时间代价很大。

第三，CRF 模型的最优标注正确率（95.80%）高于 COV 模型（95.45%），但是高出幅度并不是很大，并且由于 COV 模型很容易加入新的训练语料，当训练语料规模达到 2 个月时，COV 模型的标注正确率为 96.11%，高于 CRF 模型。由于 CRF 模型训练时间长、占用内存空间大等问题，很难扩大训练规模。

据姜维等（2006）的报告，当使用 CRF 模型利用 2000 年 1 月至 5 月《人民日报》训练，使用 6 月份《人民日报》进行测试时，其标注正确率达到 96.10%，高于 HMM 模型、最大熵以及最大熵隐马尔科夫模型的标注正确率，但其训练时间需要 20 天，这样长的训练时间对于一般的实用系统而言是较难忍受的。

第9章 汉语词性标注体系与自动标注错误的关系分析

本章以词性自动标注实验为例，结合第5章的调查，对词性自动标注结果进行分析，考察词性体系与自动标注错误之间的关系，进而为"现有汉语词性标注存在体系性问题"提供实验证据。

9.1 自动标注错误原因

自动标注错误产生的原因主要有两点：①标注模型自身不能很好拟合训练数据造成的标注错误，例如模型不能够充分利用语境信息、缺少背景知识等会造成标注错误，这可以通过改进模型得到改善；②由于语料的标注不一致造成模型在训练阶段存在较大噪音，影响模型的训练效果，从而造成标注错误。第一点主要是数学模型问题，较少考虑属性体系是否合理，而更多关心如何把与属性标注相关的信息整合到模型之中；第二点则更多涉及语言问题，关系到属性标注体系的合理性与语料标注质量对于标注模型自动标注效果的影响。本章主要考察与词性标注错误相关的词性标注体系问题，从实证的角度对词性体系存在的问题进行分析。

任何人工标注的语料都会存在噪音，所谓噪音就是对于本应标注为同一个属性的对象给予了不同的属性标注，造成标注的不一致性。噪音可以分为两类，一类是偶然性噪音，这类噪音主要是由于标注者的疏忽等偶然因素造成的，它普遍存在于各类标注语料之中，一般认为可以通过扩大标注量使得偶然因素造成的噪音影响降低到可以忽略的程度，因此这类噪音并不会对自动标注造成很严重影响。另一类噪音是体系性噪音，这类噪音并非由偶然因素产生，而是标注体系自身的缺陷，使得标注者无法确定性地对同一语言现象给予一致性标注，例如汉语词性标注中存在的词性判断欠据情况，对于这些词例，标注者无法给出一种确定的词性判断，造成标注的不一致。这种不一致是成体系性出现的，并且会对标注模型的标注效果会产生严重影响，无论模型自身如何改进，也无论使用何种模型，这种在训练语料中存在的体系性不一致，使得在这样训练语料上训练出的标注模型的拟合性受到严重影响，标注效果也受到严重限制。

对于词性标注而言，所谓"词性标注的体系性问题"是指并非由于偶然因素，如标注者的疏忽造成的词性标注不一致问题，而是由于词性标注体系存在系统性缺陷，如标注规范粗糙、不全面、缺少可操作性等，从而造成标注实践中出现较为普遍的标注不一致现象。第 5 章对词性标注中存在的词性欠据现象进行了"欠据"标示，并假定被标示为"欠据"的词例反映出词性标注的体系性问题。现在的工作是利用词性自动标注实验的结果来证明这些被标示为"欠据"的词是否确实反映出汉语词性标注的体系性问题。

9.2　兼类词词性调查分类

为说明以上问题，首先给出图 9-1 用于明确相关概念，该图分为三层，第一层"调查的兼类词"指第 5 章中调查的所有兼类词，这是总的调查范围，第二层将兼类词区分为"词性有据词"和"词性欠据词"两类（具体定义见下文），第三层是各个兼类词在调查语料中出现的词例（token），这些词例依据是否标注错误以及"欠据"或"有据"的标示被分为六部分，各部分的定义见下文。

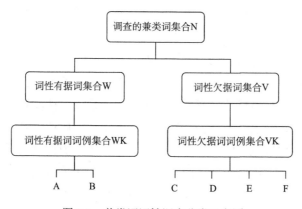

图 9-1　兼类词词性调查分类示意图

兼类词词性调查涉及的主要概念的定义如下。

①调查的兼类词集合：记为 N，指第 5 章中调查的 14 类兼类类型的所有词。

②词性有据词集合：记为 W，指在 5 章调查中不存在词性欠据词例的词。例如"俘虏"共有 5 个词例，所有词例都没有词性欠据现象，因此"俘虏"就属于"词性有据词"。

③词性欠据词集合：记为 V，指在第 5 章调查中存在词性欠据词例的词。例如"稳定"共有 100 个词例，其中有 10 个被标示为"欠据"词例，因此"稳定"就属于"词性欠据词"。

④词性有据词词例集合：记为 WK，指"词性有据词集合"中的词在调查语料中出现的所有词例。

⑤词性欠据词词例集合：记为 VK，指"词性欠据词集合"中的词在调查语料中出现的所有词例。

⑥根据是否被模型标注错误将词性有据词词例分为 AB 两部分，各部分的含义如下。

A：指被模型标注正确的词性有据词词例。

B：指被模型标注错误的词性有据词词例。

⑦词性欠据词词例首先根据调查中的标示分为"有据"与"欠据"两大部分，再根据是否被模型标注错误各自分为两部分，总共分为四部分，各部分对应的含义如下。

C：指被标示为"欠据"且被模型标注正确的欠据词词例。

D：指被标示为"欠据"且被模型标注错误的欠据词词例。

E：指被标示为"有据"且被模型标注正确的欠据词词例。

F：指被标示为"有据"且被模型标注错误的欠据词词例。

9.3　主要评价指标

基于以上概念的定义，对主要评价指标的计算方法做以下定义。

9.3.1　词性欠据词标注错误率和词性有据词标注错误率

词性欠据词标注错误率为

$$P_{ve} = \frac{D+F}{C+D+E+F} \qquad （公式9.1）$$

词性有据词标注错误率为

$$P_{we} = \frac{B}{A+B} \qquad (公式9.2)$$

P_{ve} 与 P_{we} 分别代表了标注模型对于词性欠据词与词性有据词的标注效果，如果词性欠据词标注错误率明显高于词性有据词的标注错误率，那么说明词性欠据词对模型的标注错误率有较大影响。

9.3.2　词性欠据词例错误分布与词性欠据词例整体分布的比较

词性欠据词例错误分布为

$$P_{vd} = \frac{D}{B+D+F} \qquad (公式9.3)$$

词性欠据词例整体分布为

$$P_{vt} = \frac{C+D}{A+B+C+D+E+F} \qquad (公式9.4)$$

P_{vd} 与 P_{vt} 的比较能够反映出词性欠据词例对模型标注效果的影响，具体讲，在正常情况下，P_{vd} 与 P_{vt} 应该没有显著差异，也就是对于同一个标注模型而言，标注的词例数越多，错误数也就越多，但如果 P_{vd} 明显地高于 P_{vt}，则说明少量的词例造成了大量的标注错误，也就是词性欠据词例对于模型的标注结果产生显著影响。

根据以上两项评价指标，要回答词性标注体系是否存在系统性问题。为回答这一问题，假定如果词性标注存在体系性问题则会在词性自动标注结果中体现，具体体现为以下两个方面。

①同一训练语料，不同的模型对于存在体系性问题的词（词性欠据词）的标注错误率较一般词（词性有据词）的错误率高，且词性欠据错误分布显著高于词性欠据的整体分布。

②同一模型，不同规模训练语料下，对于存在体系性问题的词（词性欠据词）的标注错误率都较一般词（词性有据词）的错误率高，且词性欠据错误分布显著高于词性欠据整体分布。

9.4　实验结果及分析

9.4.1　实验说明

训练语料分为两组。

第 1 组：2000 年 2 月《人民日报》。

第 2 组：2000 年 2—6 月《人民日报》。

测试语料：2000 年 1 月《人民日报》。

标注模型：二阶 HMM 模型和二元 COV 模型。

调查对象：第 5 章调查中的 14 类兼类词所涉及的所有词和词例。

9.4.2　实验结果的统计

1. 词性欠据词和词性有据词的标注错误率比较（1 个月训练语料）

表 9-1 给出了以 2000 年 1 月《人民日报》为训练语料的 HMM 模型与 COV 模型的标注错误率比较。

表 9-1　HMM 模型与 COV 模型的标注错误率比较（1 个月训练语料）

标注模型	词性欠据词的词例数 C+D+E+F/个	词性欠据词被标注错误的词例数 D+F/个	词性欠据词标注错误率 P_{ve}/%	词性有据词的词例数 A+B/个	词性有据词被标注错误的词例数 B/个	词性有据词标注错误率 P_{we}/%
HMM 模型	88882	13415	15.09	60604	4836	7.98
COV 模型	88882	10502	11.82	60604	3590	5.92

从以上两个模型的标注结果统计可以看出，无论是 HMM 模型还是 COV 模型，对于词性欠据词的词性标注错误率都要明显高于词性有据词的词性标注错误率。尽管 COV 模型的词性欠据词标注错误数和词性欠据词标注错误数都要明显低于 HMM 模型的标注错误数，但是 COV 模型对于词性欠据词的标注错误率依然呈现出明显高于词性有据词标注错误率的趋势，这说明，尽管模型自身的改善会降低标注错误率，但是模型的改善仍然难以改变对词性欠据词标注错误率高的问题。

2. 词性欠据词例错误分布与词性欠据词例整体分布的比较（1 个月训练语料）

表 9-2 给出了以 2000 年 1 月《人民日报》为训练语料的 HMM 模型与 COV 模型标注结果中 P_{vt} 与 P_{vd} 的比较结果。

表 9-2　HMM 模型与 COV 模型标注结果中 P_{vt} 与 P_{vd} 的比较结果（1 个月训练语料）

标注模型	总词例数 A+B+C+D+E+F/个	总的词性欠据词例数 C+D+E+F/个	词性欠据整体分布 P_{vt}/%	总的标注错误词例数 B+D+F/个	词性欠据词例被标注错误数 D/个	词性欠据错误分布 P_{vd}/%
HMM 模型	149486	10205	6.83	18251	3396	18.61
COV 模型	149486	10205	6.83	14092	2848	20.21

从表 9-1 和表 9-2 可以看出两个问题。

①无论是 HMM 模型还是 COV 模型，词性欠据整体分布比例 P_{vt} 都要明显低于词性欠据错误分布比例 P_{vd}，也就是说，尽管词性欠据词例占总词例数的比例较小，却带来大量的标注错误，严重制约模型标注效果，这种制约作用并不会因为模型的改善而发生改变。

②就这两个模型的比较来看，COV 模型的标注错误词例数比 HMM 模型减少了 4159 例，减少比例约为 23%，但其中在词性欠据词例方面只减少了 548 例，减少比例约为 16%，后者比例远低于前者，于是 COV 模型的词性欠据错误分布反而增加了。这说明模型的改善对于词性欠据词例的改善效果远不如词性有据词例，或者说，词性欠据词例标注错误并不能仅靠改进模型得到解决。

为了考察在扩大训练语料量情况下的标注结果，使用 2000 年 2—6 月的《人民日报》作为训练语料，测试语料依然是 2000 年 1 月《人民日报》。

3. 词性欠据词和词性有据词的标注错误率比较（5 个月训练语料）

表 9-3 给出了以 2000 年 2—6 月《人民日报》为训练语料的 HMM 模型与 COV 模型的标注错误率的比较。

表 9-3　HMM 模型与 COV 模型的标注错误率比较（5 个月训练语料）

标注模型	词性欠据词的词例数 C+D+E+F/个	词性欠据词被标注错误的词例数 D+F/个	词性欠据词标注错误率 P_{ve}/%	词性有据词的词例数 A+B/个	词性有据词被标注错误的词例数 B/个	词性有据词标注错误率 P_{we}/%
HMM 模型	88882	12472	14.03	60604	4187	6.91
COV 模型	88882	8876	9.99	60604	2860	4.72

4. 词性欠据错误分布与词性欠据词例整体分布的比较（5 个月训练语料）

表 9-4 给出了以 2000 年 2—6 月《人民日报》为训练语料的 HMM 模型与 COV 模型标注结果中 P_{vt} 与 P_{vd} 的比较结果。

表 9-4 HMM 模型与 COV 模型标注结果中 P_{vt} 与 P_{vd} 的比较结果（5 个月训练语料）

标注模型	总词例数 A+B+C+D+E+F/个	总的欠据词例数 C+D+E+F/个	欠据整体分布 P_{vt}/%	总的标注错误词例数 B+D+F/个	词性欠据词例被标注错误数 D/个	欠据错误分布 P_{vd}/%
HMM 模型	149486	10205	6.83	16659	3335	20.02
COV 模型	149486	10205	6.83	11736	2602	22.17

可以看出，随着训练语料量的扩大，HMM 模型与 COV 模型的标注错误率都得到降低，但是两个模型对于词性欠据词的标注错误率都仍然明显高于词性有据词的标注错误率，且词性欠据错误分布比例明显高于词性欠据整体分布比例。这些都说明，尽管扩大训练语料的规模能够在整体上改进模型的标注效果，但是对于降低词性欠据词的标注错误率作用有限，词性欠据词对于标注模型效果产生严重的制约作用，这种制约作用并不会因为训练语料的扩大或是模型的改进而发生改变。

5. 词性欠据错误分布的进一步分析

更值得注意的现象是，由于 COV 模型较 HMM 模型有了改进，因此同样的训练语料规模，COV 模型的标注错误数要明显少于 HMM 模型错误数，并且 COV 模型的词性欠据词例的错误数也少于 HMM 模型，这些都说明 COV 模型较 HMM 模型的标注正确率有提高，但是 5 个月训练的 HMM 模型和 COV 模型的词性欠据错误分布比例 P_{vd} 却都明显高于 1 个月训练的 HMM 模型和 COV 模型的词性欠据错误分布比例 P_{vd}，主要原因在于模型的改进使得总错误数和词性欠据词例的错误数都得到降低，但是词性欠据词例的错误数降低幅度小于总错误数的降低幅度，这就造成词性欠据词例的错误分布不降反升，进一步说明模型的改进虽然对于整体标注效果有提高作用，但是对于词性欠据词而言提高作用非常有限，词性欠据词对于模型的标注效果有着重要制约作用。

此外，还比较了两种在不同训练语料规模上的词性欠据词错误分布情况，如表 9-5 所示。

表 9-5 HMM 模型与 COV 模型在不同训练语料规模下的词性欠据词错误分布比较

标注模型	训练语料规模	总词例数 A+B+C+D+E+F/个	总的欠据词例数 C+D+E+F/个	欠据整体分布 P_{vt}/%	总的标注错误词例数 B+D+F/个	词性欠据词例被标注错误数 D/个	欠据错误分布 P_{vd}/%
HMM 模型	1 个月	149486	10205	6.83	18251	3396	18.61
	5 个月	149486	10205	6.83	16659	3335	20.02
COV 模型	1 个月	149486	10205	6.83	14092	2848	20.21
	5 个月	149486	10205	6.83	11736	2602	22.17

当训练语料量由 1 个月扩大到 5 个月时，HMM 模型和 COV 模型的标注错误数都降低，同时词性欠据词例的标注错误数也降低。但是 HMM 模型的 5 个月训练语料的词性欠据错误分布比例为 20.02%，明显高于 1 个月训练语料的词性欠据错误分布比例 18.61%，同样 COV 模型的错误分布比例也随着训练语料规模的增大而升高。出现这种现象的原因在于训练语料扩大，虽然训练语料扩大使得总标注错误数和词性欠据词例的标注错误数都得到降低，但是词性欠据词例标注错误数的降低幅度小于总错误数的降低幅度，因此造成词性欠据错误分布比例不降反升。

为了更加清楚地考察随着训练语料量的扩大，词性欠据词例错误数（D）的降低幅度与总错误数（B+D+F）降低幅度的差异，分别对 1—5 个月不同规模训练语料的标注错误进行统计，数据如下。

1）COV 模型标注错误数据

表 9-6 给出了 COV 模型归一化前的标注错误数据。

表 9-6 COV 模型归一化前的标注错误数据 （单位：个）

训练语料规模	词性欠据错误数 D	词性有据错误数 B+F	总错误数 B+D+F
1 个月	2848	11244	14092
2 个月	2687	10257	12944
3 个月	2619	9783	12402
4 个月	2599	9409	12008
5 个月	2602	9134	11736

为了更清楚得观察这一趋势，对错误数做归一化处理，然后进行比较。归一化方法是每个训练规模上错误数除以各个训练语料规模的错误数之和，这样各个错误类型的数值之间就可以进行统一的比较，COV 模型归一

化后的结果如表 9-7 所示。

表 9-7　COV 模型归一化后的标注错误数据　　（单位：百分比）

训练语料规模	词性欠据错误比率 D	词性有据错误比率 B+F	总错误比率 B+D+F
1 个月	21.33	22.57	22.30
2 个月	20.12	20.59	20.49
3 个月	19.61	19.63	19.63
4 个月	19.46	18.88	19.01
5 个月	19.48	18.33	18.57
合计	100.00	100.00	100.00

根据以上数据做出各个错误类型的错误比率变化曲线图，如图 9-2 所示。

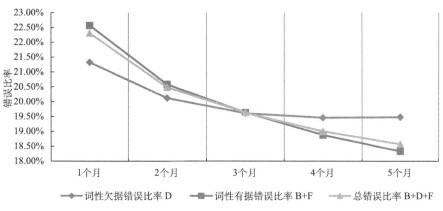

图 9-2　COV 模型在不同训练规模下的标注错误比率变化图

2）HMM 模型标注错误数据

表 9-8 给出了 HMM 模型归一化前的标注错误数据，表 9-9 给出了 HMM 模型归一化后的标注错误数据。

表 9-8　HMM 模型归一化前的标注错误数据　　（单位：个）

训练语料规模	词性欠据错误数	词性有据错误数	总错误数
1 个月	3396	14855	18251
2 个月	3320	14023	17343
3 个月	3278	13751	17029
4 个月	3289	13518	16807
5 个月	3335	13324	16659

表 9-9　HMM 模型归一化后的标注错误数据　　（单位：百分比）

训练语料规模	词性欠据错误比率 D	词性有据错误比率 B+F	总错误比率 B+D+F
1 个月	20.44	21.38	21.20
2 个月	19.98	20.19	20.15
3 个月	19.73	19.79	19.78
4 个月	19.79	19.46	19.52
5 个月	20.07	19.18	19.35
合计	100.00	100.00	100.00

　　根据以上数据做出各个错误类型的错误变化曲线图，如图 9-3 所示。

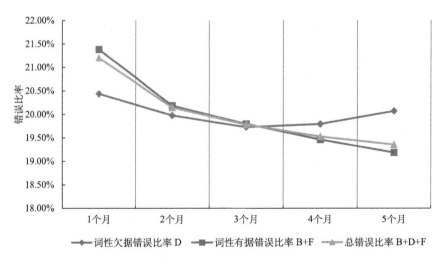

图 9-3　HMM 模型在不同训练规模下的标注错误变化曲线图

　　从以上数据看出，无论是 HMM 模型还是 COV 模型，随着训练语料量的扩大，总的标注错误数和词性有据词例的标注错误数都呈现明显的下降趋势，其中以词性有据词例的标注错数的下降幅度最大，其次是总的标注错误数下降幅度，而词性欠据词例的标注错误数也有下降，但是相比前两者要缓和得多，甚至当训练语料量达到 5 个月规模时，词性欠据词例的错误标注数不降反升，这说明训练语料规模的提升对于总体标注效果提高有贡献，但对于词性欠据词例的标注而言则作用有限甚至有反作用。

9.4.3　词性欠据词例标注的实例分析

　　对于词性欠据的词例而言，虽然能够通过改进模型或是扩大训练语料规模来降低这部分词例的标注错误数，但从本质上看，对于这部分词例的标注改进没有实际意义，因为这部分词例本身就存在词性欠据。

（1）归根到底 要 处理 好 改革、 发展、和稳定/v-a 的关系

1 个月训练语料规模下的 COV 模型将例（1）中的"稳定"标注为形容词，而答案为动词，显然标注错误。当训练语料扩大到 2 个月时，该例中的"稳定"被标注为动词，与答案吻合，标注正确，表明 COV 模型标注的错误数降低，正确率提高。但实际考察"稳定"在此例中的语法环境，并没有任何根据说明"稳定"在此处一定就是动词，或一定就是形容词，从"稳定"在此处的抽象语义看，它既可以表示一种行为意义，也可以表示一种性质状态意义，抽象语义具有模糊性。因此，虽然通过改进模型或是扩大训练语料在一定程度上降低这些词例的标注错误数，但由于词性标注体系的问题造成这部分词的词性判定欠据，因此表面上的错误数降低，只能说明模型的拟合程度提高了，但模型并不关心拟合的是正确标注还是错误标注，实际上对于这部分词性欠据词例而言，模型拟合的都是错误标注，因此错误数的降低并不代表词性标注的效果提高。

此外，由于这部分词性欠据词在人工标注中就存在系统性的不一致，因此模型在以这样的标注语料进行训练时会受到影响，以至于虽然训练语料规模扩大，但对于这类词的标注错误数反而升高。

（2）在很大程度上刺激了企业增加投资/n-v。

在 1 个月训练语料规模下的 COV 模型将例（2）中的"投资"标注为名词，与答案吻合，标注正确，而当训练语料扩大到 5 个月时，则标注为动词，标注错误。从总体上看词性欠据的"投资"词例在 1 个月训练语料的模型标注中有 42 例错误，在 5 个月训练语料的模型中错误数升高到 47 个，这反映出由于词性欠据词的人工标注就存在系统性不一致，以至于训练语料规模越大，不一致也就越多，对标注模型产生反作用，降低标注效果。

9.5　主要结论和启示

第一，汉语词性标注体系存在系统性问题。这种系统性问题在第 5 章进行了调查，第 6 章做了总结分析，而本章则通过对不同模型在不同规模训练语料上的自动标注结果进行比较分析，显示出词性欠据词对于模型标注错误有着重要影响，反映出汉语词性标注体系的系统性问题。由于这种

问题的存在使得无论如何改进标注模型，也无论如何扩大训练语料规模，都无法对存在系统性标注问题的词有较高的标注正确率，而这些词成为制约标注模型性能的重要因素。同时，这些结果也证明了第 5 章调查的有效性，因为调查中区分出词性欠据词与词性有据词，正是词性欠据词是制约词性标注模型性能的重要因素，是词性标注的体系性问题的集中表现。

第二，**标注体系对于模型拟合性能有重要影响**。对于词语属性的标注问题而言，一方面要提高标注模型自身的拟合性能，另一个重要方面就是要对语言自身的属性标注体系进行深入分析，否则如果标注体系存在系统性问题，那么无论花多大力气改进模型的拟合性能，也无法从根本上提高自动标注的准确性，甚至表面上提高了正确率，实际上是由于对于系统性错误有了较好拟合，提高了正确率，但这种正确率的提高对于实际任务而言有害而无利。

总之，从词性自动标注的实验结果可以看出，词性欠据词对自动标注结果造成了严重影响，进而从词性自动标注角度证实汉语词性标注体系存在系统性缺陷，这种缺陷制约着语料库词性标注工作，因此不仅需要改进标注模型，而且需要从汉语词的属性描写体系入手解决这一体系问题，提出合理有效的词例属性标注体系，解决现有词性标注体系存在的系统性问题，使得词例属性标注在理论上合理，在实践上可行。

第 10 章 总结与展望

10.1 主 要 工 作

本书的主要内容工作可以概括为以下两个方面。

10.1.1 对汉语词类体系与词性标注进行了调查与分析

本书对现代汉语词类体系和词性标注进行了较为详细的调查，并指出汉语词类的本质是语义，现有词类体系的划类标准实际上也是以语义为基础，通过语法功能与语义标准的互动而建立的。汉语词由于缺少形式标记、边界模糊、词表开放、同一性模糊、词例功能混杂、词类先验的语义标准与后验的语法标准必然不能充分吻合等特点，传统词类工作以语法功能分布为依据，为先验的词类制定划类标准取得了很大成功，但仍有本质性困难。汉语词类的划类对象是词，而非词例，词类是词的属性而非词例的属性，因此无法直接利用词类的划类标准为词例标注词性。现代工程性的词性标注工作缺少理论支持，数量不少的一批词例缺乏词性判定依据，造成语料库人工标注的不一致，使得自动标注软件很难通过改进模型和算法或是扩大训练语料规模来提高这些词例的标注正确率。

建议正视汉语词的特点，着力准确深入地刻画词语语法功能分布、语义属性分布、语用功能分布等多方面属性，在此基础上面向不同的应用目标建立不同的分类体系，实现动态分类。在对词和词例的属性进行描写时，要区分词库和语料库两个不同层面，在词库层面要从语法功能分布、语义属性分布等多层次多角度地对词给予详细描写，在语料库层面则标注词例在语境中的实地表现的特征，如句法角色、语义角色、语用角色等，而不是标注词库中的词类。

10.1.2 构建并验证 COV 模型

本书建立了 COV 模型，该模型利用了相邻词语之间的搭接约束关系，有效地将语境因素纳入到模型之中，克服了标准隐马尔科夫模型的输出独立性假设的缺点，同时还较大幅度地降低了搜索空间，提高了搜索效率。本书将 COV 模型应用于英汉语的词性标注之中，其标注正确率较标准隐马尔科夫模型的正确率有较大提高，基本与最大熵模型、CRF 模型等判别模型的标注正确率持平，但 COV 模型的训练时间远远小于判别模型的训练时间，具有很好的实用性能。

10.2　未来展望

10.2.1　扩大汉语词的属性描写广度和深度

汉语词类的划分本质上是基于语义的，这对于汉语语义研究提出了新的要求，需要从语义的视角对汉语词进行全面系统研究，并将研究成果与其他层面的研究进行统合，其中的任务是庞大和艰巨的。本书曾尝试从汉语词的语义侧面对词的属性进行描述，描述范围只限于原有词类体系下的名词、动词、形容词等少数实词，没有对更大范围内的汉语词的属性描写，尤其是缺少对汉语虚词的属性特征以及语义特点的描写。由于对词的属性从语义侧面描写工作还较为粗糙，缺乏系统性，因此并未在此书中展开论述，需要在未来研究中给予重点关注。

10.2.2　处理好语义描写的困难

由于汉语缺少形态特征，因此试图单纯依靠外在的形态特征为汉语找到划分词类的标准具有本质性困难，必须直面汉语的语义特点，对汉语词的语义给予深刻细致描写。汉语词存在抽象语义模糊等特点，造成很多语义描写的困难，例如多语义侧面词与同形异质词、隐喻词之间的区分界限还具有模糊性，判断词的抽象语义是否模糊还存在不同的看法，是否需要对抽象语义做更细致区分，以及采用何种区分方法等还需要进一步研究。由于汉语一方面表现出强烈的以语义为主导的特征，另一方面又缺乏外在的形态标记，二者造成了汉语语义描写要比形态丰富语言的语义描写更加困难，为汉语语义建立起一套严格的形式化描写体系还有很长的路要走。目前的工作只是在这条漫长道路上迈出一小步，希望这一小步能为汉语词的语义描写做出些许贡献，也希望能在这一小步的基础上继续前行。

10.2.3 推进词例属性的标注工作

语言工程不仅要求词层面的属性知识，更要求词例层面的属性知识，因此要在词属性描写基础之上，进一步明确词例属性的描写内容，为语料库中的词例标注合理属性。本书的研究显示，为词例标注其在语境中动态表现出的语义属性符合汉语词例的特点，具有较强的可行性。开展语义标注工作需要的前提主要包括：深入研究汉语词的语义类型及相互关系，建立一套较为完整的语义标注集，并制定相对完备的语义标注规范；制定语义侧面的认定和区分规则，且规则具有良好的可操作性；建立语义侧面标注规范和质量控制体系，确保语义标注的内部一致性以及外部有效性。

10.2.4 开展语句结构层面的研究

本书的关注点集中在汉语现有词类体系的分析以及词性标注上，还没有触及将词的属性体系与语句结构分析结合在一起的问题。语句结构分析是词属性研究的重要目标，如果词属性描写不能够有效服务语句结构分析，那么这种词属性的描写价值将大打折扣。未来工作是在词的语义描写基础上，将语义属性与语句结构分析统合在一起，探索出一条以语义为基础的句法分析体系和方法。

10.2.5 改进并完善 COV 模型

尽管 COV 模型能够将部分语境特征纳入到模型之中，提高了模型的标注性能，但是对于更远距离的语境信息，以及词形之外的其他语境信息，如句长、词长、词缀等信息等都还不能纳入到模型之中。这些信息对于模型的标注性能都有贡献作用，因此下一步工作中要尽可能将更多的语境信息纳入到模型之中，进一步提高模型的标注效果。

汉语词类问题是语言学界公认的理论难题，也是制约语言工程向前发展的实践难题。本书并不奢求通过这样一项研究就把汉语词类问题彻底解决，而是希望能够利用已有的研究成果，从语言工程的独特视角，来进一步考察汉语词类问题，尽可能把现有词类体系梳理清楚，把汉语词类在理论上和实践中的问题客观地暴露出来，为语言信息处理工作提供更加坚实的语言知识体系、数学模型、软件工具的支撑。

"破易立难"，汉语词语属性的理论研究和工程实践还任重道远。

参 考 文 献

曹炜. 2001. 现代汉语词义学. 上海: 学林出版社.

陈光磊. 2001. 汉语词法论. 上海: 学林出版社.

陈望道, 等. 1987. 中国文法革新论丛. 北京: 商务印书馆.

陈小荷. 1998. 一个面向工程的语义分析体系. 语言文字应用, (2): 73-78.

陈小荷. 1999. 从自动句法分析角度看汉语词类问题. 语言教学与研究, (3): 63-72.

董振东. 1978. 英汉机译规则系统中英语词类划分的问题. 黑龙江大学学报(外语版), 57-61.

董振东. 1988. 机器翻译中词典和文法的关系. 中文信息学报, 2(3): 60-64.

董振东. 2000. 汉语知识词典及词汇内部语义描述研究. 语言文字应用, (1): 31-33.

董振东, 董强. https://openhownet.thunlp.org/about_hownet[2021-10-3].

董振东, 董强. 2001. 面向信息处理的词汇语义研究中的若干问题. 语言文字应用, (3): 2.

董振东, 董强. 2001. 知网和汉语研究. 当代语言学, (1): 33-44.

冯凌宇. 2003. 核心义素在兼类词判别中的意义. 语言研究, (1): 118-121.

符淮青. 2004. 现代汉语词汇. 北京: 北京大学出版社.

高明凯. 1948. 汉语语法论. 北京: 商务印书馆.

高山, 等. 2001. 基于三元统计模型的汉语分词及标注一体化研究//黄昌宁, 张普主编. 自然语言理解与机器翻译——全国第六届计算语言学联合学术会议论文集. 北京: 清华大学出版社: 116-122.

郭锐. 2002. 现代汉语词类研究. 北京: 商务印书馆.

贺重, 等. 1956. 汉语的词类问题. 北京: 中华书局.

洪铭材, 等. 2006. 基于条件随机场（CRFs）的中文词性标注方法. 计算机科学, 33(10): 148-151.

胡明扬. 1996. 词类问题考察. 北京: 北京语言学院出版社.

黄昌宁, 姜自霞, 李玉梅. 2009. 形容词直接修饰动词的"a+v"结构歧义. 中国语文, (1): 54-63.

姜维, 关毅, 王晓龙. 2006. 基于条件随机域的词性标注模型. 计算机工程与应用, 42(21): 13-16.

靳光瑾, 等. 2003. 语料库加工中的规范问题——谈《信息处理用现汉语词类标记集规范》. 语言文字应用, (4): 16-24.

亢世勇. 2001. 《现代汉语语法信息词典》的特点与不足. 辞书研究, (6): 79-87.

克里斯特尔. 2004. 现代语言学词典. 沈家煊译. 北京: 商务印书馆.

李尔钢. 2005. 同形词理论研究. 江汉论坛, (3): 115-117.

李行建. 2004. 现代汉语规范词典. 北京: 外语教学与研究出版社.

梁以敏, 黄德根. 2005. 基于完全二阶隐马尔可夫模型的汉语词性标注. 计算机工程, 31(10): 177-179.

林红, 苑春法, 郭树军. 2004. 基于最大熵方法的汉语词性标注. 计算机应用, (1): 14-16.

刘开瑛. 2000. 中文文本自动分词和标注. 北京: 商务印书馆.

刘群, 等. 2004. 基于层叠隐马模型的汉语词法分析. 计算机研究与发展, 41(8): 1421-1429.

卢俊之. 2008. 基于语法功能匹配的句法分析算法. 南京师范大学硕士学位论文.

陆丙甫. 1981. 动词名词兼类问题——也谈汉语词典标注词性. 辞书研究, (1): 151-155.

陆俭明. 2005. 现代汉语语法研究教程（第三版）. 北京: 北京大学出版社.

罗智勇, 宋柔. 2005. 相似词及其在计算机辅助校对系统中的应用//全国第八届计算语言学联合学术会议（JSCL-2005）论文集: 227-233.

吕叔湘. 1954. 关于汉语词类的一些原则性问题. 中国语文, (10): 13-16.

吕叔湘. 1979. 汉语语法分析问题. 北京: 商务印书馆.

马建忠. 2010. 马氏文通. 北京: 商务印书馆.

马庆株. 1998. 汉语语义语法范畴问题. 北京: 北京语言文化大学出版社.

马希文. 2003. 逻辑·语言·计算. 北京: 商务印书馆.

齐沪扬. 1990. 谈区别词的归类问题. 南京师大学报(社会科学版), (2): 65-70.

屈刚, 陆汝占. 2003a. 基于特征的汉语词性标注模型. 计算机研究与发展, (4): 556-561.

屈刚, 陆汝占. 2003b. 一个改进的汉语词性标注系统. 上海交通大学学报, (6): 897-900.

沈家煊. 2006. 词法类型和句法类型. 民族语文, (6): 3-9.

沈家煊. 2007. 汉语里的名词和动词. 汉藏语学报, (1): 27-46.

沈家煊. 2009. 我看汉语的词类. 语言科学, (1): 1-12.

宋柔. 1997. 关于分词规范的探讨. 语言文字应用, (3): 113-114.

宋柔. 2003. 统计和规范中的误区//徐波, 孙茂松, 靳光瑾编. 中文信息处理的若干重要问题, 北京: 科学出版社: 48-55.

宋柔. 2007. 自然语言处理中语言知识的基础性地位//第十一届全国民族语言文字信息学术研讨会论文集: 577-583.

宋柔. 2009. 从语言工程看汉语词类. 语言学论丛(第四十辑). 北京: 商务印书馆.

苏宝荣. 2005. 词语兼类的功能显示与深层语义分析. 语文研究, (1): 9-12.

苏新春. 1997. 汉语词义学. 广州: 广东教育出版社.

孙茂松, 黄昌宁. 1989. 汉语中的兼类词、同形词类组及其处理策略. 中文信息学报, (4): 13-25.

孙茂松, 卢红娜, 邹嘉彦. 2000. 基于隐 Markov 模型的汉语词类自动标注的实验研究. 清华大学学报（自然科学版）, 40(9): 57-60.

王敏. 2007. 基于改进的隐马尔科夫模型汉语词性标注. 山西大学硕士学位论文.

王敏, 郑家恒. 2006. 基于改进的隐马尔科夫模型的汉语词性标注. 计算机应用, 26(S2): 197-207.

王楠. 2002. 《现代汉语词典》中同形多字词目分析. 中国语文, (3): 261-265.

王楠. 2006. 第 5 版《现汉》同音同形的多字词目的分合处理. 语言文字应用, (4): 123-130.

翁富良, 王野翊. 1998. 计算语言学导论. 北京: 中国社会科学出版社.

徐艳华. 2006. 现代汉语实词语法功能考察及词类体系重构. 南京师范大学博士学位论文.

杨尔弘, 等. 2006. 汉语自动分词和词性标注评测. 中文信息学报, (1): 40-49, 97.

俞士汶, 等. 2002. 北京大学现代汉语语料库基本加工规范. 中文信息学报, 16(5): 49-64.

俞士汶, 等. 2003. 北大语料库加工规范: 切分·词性标注·注音. Journal of Chinese Language and Computing, 13(2): 121-158.

俞士汶, 等. 1998. 现代汉语语法信息词典详解. 北京: 清华大学出版社.

袁毓林. 1995. 词类范畴的家族相似性. 中国社会科学, (1): 154-170.

袁毓林. 2006a. 对"词类是表述功能类"的质疑. 汉语学报, (3): 15-25.

袁毓林. 2006b. 关于等价功能和词类划分的标准. 语文研究, (3): 24-30.

詹卫东. 2000. 面向中文信息处理的现代汉语短语结构规则研究. 北京: 清华大学出版社.

张博. 2006. 《现汉》(第5版) 条目分合的改进及其对汉语词项规范的意义. 语言文字应用, (4): 116-122.

张磊. 2008. 基于最大熵模型的汉语词性标注研究. 大连理工大学硕士学位论文.

张民, 等. 1998. 统计与规则并举的汉语词性自动标注算法. 软件学报, (2): 134-138.

张孝飞, 等. 2003. 词性标注中生词处理算法研究. 中文信息学报, (5): 3-6.

张艳, 徐波. 2001. 基于转换的错误学习方法的汉语词性自动标注研究//曹右琦. 辉煌二十年——中国中文信息学会二十周年学术会议. 北京: 清华大学出版社: 140-147.

中国社会科学院语言研究所词典编辑室. 2005. 现代汉语词典 (第五版). 北京: 商务印书馆.

周明, 吴进, 黄昌宁. 1998. 用于词性标注的一种快速学习算法——对 Brill 的基于变换算法的一项改进. 计算机学报, 21(4): 357-366.

周世烈. 1995. 同形词词典. 北京: 中国国际广播出版社.

朱德熙. 1980. 现代汉语语法研究. 北京: 商务印书馆.

朱德熙. 1982. 语法讲义. 北京: 商务印书馆.

朱德熙. 1985. 语法答问. 北京: 商务印书馆.

朱德熙, 卢甲文, 马真. 1961. 关于动词形容词"名物化"的问题. 北京大学学报 (哲学社会科学版), (4): 53-66.

宗成庆. 2008. 统计自然语言处理. 北京: 清华大学出版社.

Berger A L, Della P, Pietra S A, et al. 1996. A maximum entropy approach to natrual language processing. *Computational Linguistics*, 22(1): 450-480 .

Bisang W. 2008. Precategoriality and syntax-based parts of speech: the case of late archaic Chinese. *Studies in Language*, 32(3): 568-589.

Bisang W. 2010. Word classes. In Song Studies in Language J J (Ed), *The Oxford handbook of Linguistic Typology*. Oxford: Oxford University Press.

Brill E. 1994. A report of recent progress in transformation-based error-driven learning. Proceedings of the Twelfth National Conference on Artificial Intelligence, (3): 256-261.

Brill E. 1995. Transformation-based error-driven learning and natural language processing: a case study in Part of speech tagging . *Computational Linguistics*, 21(4) : 543-565.

Broschart J. 1997. Why Tongan does it differently: Categorial distinctions in a language without nouns and verbs. *Linguistic Typology*, 1(2): 123-165.

Croft W. 1991. *Syntactic Categories and Grammatical Relations: The Cognitive Organization of Information*. Chicago: Chicago University Press.

Croft W. 2000. Parts of speech as typological universals and as language particular categories. In Vogel P M & Comrie B (Eds). *Approaches to the typology of word classes* (pp. 65-102). Berlin: Mouton de Gruyter.

Croft W. 2001. *Radical Construction Grammar. Syntactic Theory in Typological Perspective*. Oxford: Oxford University Press.

Cutting D, Kupiec J, Pedersen J, et al. 1992. A practical part-of-speech tagger. *Proceedings of the Third Conference on Applied Natural Language Processing*, (3): 133-140.

Daelemans W, Zavrel J, Berck P, et al. 1996. MBT: A memory-based part of speech tagger-generator. *Proceedings of the Fourth Workshop on Very Large Corpora*, (7): 14-27.

Dixon R M W. 1982. *Where Have All the Adjectives Gone*. Berlin, New York, Amsterdam: Mouton Publishers.

Dixon R M W & Aikhenvald A Y. 2004. *Adjective Classes—A Cross-Linguistic Typology*. Oxford: Oxford University Press.

Fu G & Jonathan J W. 2008. A morpheme-based part-of-speech tagger for Chinese. *Sixth SIGHAN Workshop on Chinese Language Processing*: 124-127.

Halteren H. 1999. *Syntactic Wordclass Tagging*. Dordrecht: Kluwer Academic Pulishers.

Hopper P J & Thompson S A. 1984. The discourse basis for lexical categories in universal grammar. *Language*, (60): 703-752.

Jacobsen W H. 1979. Noun and verb in Nootkan. *British Columbia Provincial Museum* Heritage Record *No. 4*. 83-155.

Jin G J & Chen X. 2008. The fourth international chinese language processing bakeoff: Chinese word segmentation, named entity recognition and Chinese POS tagging. *Sixth SIGHAN Workshop on Chinese Language Processing*: 69-81.

Jurafsky D & Martin J H. 2000. *Speech and Language Processing: An Introduction to Natural Language Processing, Computational Linguistics, and Speech Recognition*.

Upper Soddle River: Prentice Hall.

Kupiec J. 1992. Robust part-of-speech tagging using a hidden Markov model. *Computer Speech and Language*, 6(3): 225-242.

Lafferty J D, McCallum A & Pereira F C N. 2001. Conditional random fields: probabilistic models for segmenting and labeling sequence data. *Proceeding of ICML*, (6): 282-289.

Langacker R W, 1987. *Foundations of Cognitive Grammar (Volume I) Theoretical Prerequisites*. Stanford: Stanford University Press.

Langacker R W, 1999. *Grammar and Conceptualizations*. Berlin, New York: Mouton.

Lee S, Tsujii J & Rim H. 2000a. Lexicalized hidden markov models for part-of-speech tagging. *Proceedings of COLING*: 481-487.

Lee S, Tsujii J & Rim H. 2000b. Part-of-speech tagging based on hidden markov model assuming joint independence. *Proceedings of ACL*: 263-269.

Leong K S, Wong F, Li Y, et al. 2008. Chinese tagging based on maximum entropy model. *Proceedings of the Sixth SIGHAN Workshop on Chinese Language Processing*: 138-142.

Lu X. 2005. Hybrid methods for POS guessing of Chinese unknown words. *Proceedings of ACL*, 1-6.

Manning C D & Schütze H. 1999. *Foundations of Statistical Natural Language Processing*. Cambridge: MIT Press.

Merialdo K. 1994. Tagging English text with a probabilistic model. *Computational Linguistics*, 20(2) : 155-172.

Mitkov R. 2005. *The Oxford Handbook of Computational Linguistics*. Oxford: Oxford University Press.

Nakagawa T, Kudo T & Matsumoto Y. 2002. Revision learning and its application to part-of-speech tagging. *Proceedings of ACL*: 497-504.

Ratnaparkhi A. 1996. A maximum entropy model for Part-of-speech Tagging. *Proceedings of the Conference on Empirical Methods in Natural Language Processing*: 133-141.

Sapir E. 1921. *Language: An introduction to the study of speech*. New York: Harcourt Brace.

Sasse, H J. 1993. Syntactic categories and subcategories. *Syntax*: 646－686.

Schutze H & Singer Y. 1994. Part-of-speech tagging using a variable memory markov model. *Proceeding of the 32nd ACL*: 181-187.

Sproat R & Emerson T. 2003. *Proceedings of the second SIGHAN workshop on Chinese language processing*: 133-143.

Sun G, Sun C, Sun K, et al. 2008. A study of Chinese lexical analysis based on discriminative models. *Proceedings of the Sixth SIGHAN Workshop on Chinese Language Processing*.

Thede S M. 1998. Predicting part-of-speech information about unknown words using statistical methods. *Proceedings of COLING-ACL*: 1505-1507.

Thede S M & Harper M P. 1999. A second-order hidden markov model for part-of-speech tagging. *Proceeding of the 37nd ACL*: 175-182.

Tsai Y F & Chen K J. 2003. Context-rule model for POS tagging, *Proceedings of PACLIC*: 146-151.

Wierzbicka A. 1997. *Understanding Cultures through Their Key Words*. Oxford: Oxford University Press.

Wu Y, Yang J & Lee Y. 2008. Description of the NCU Chinese word segmentation and part-of-speech tagging for SIGHAN bakeoff 2007. *Proceedings of the Sixth SIGHAN Workshop on Chinese Language Processing*: 161-166.

Xia F & Cheung L. 2008. Features, bagging, and system combination for the Chinese POS Tagging Task. *Proceedings of the Fifth SIGHAN Workshop on Chinese Language Processing*.

Xu Z, Qian X, Zhang Y, et al. 2008. CRF-based hybrid model for word segmentation, NER and even POS tagging. *Proceedings of the Sixth SIGHAN Workshop on Chinese Language Processing*: 167-170.

Yuan L & Chen Z. 2006. A novel statistical model for speech recognition and POS tagging. *AVSS*. 61.

Zhang R, Black E, Finch A, et al. 2000. Integrating detailed information into a language model. *IEEE*, (3): 1595-1598 .

附录 词性标注调查词（词频）表

说明

①本词表中共 14 类兼类类型，共计 900 个词。

②在每种兼类类型词表的头一行列出了该词表的兼类类型及其所包含的词数。

③各个兼类类型的词表中，每个词后紧跟的由"|"分割开的数字含义是：第一个数字是该词在 2000 年 1 月《人民日报》中的总频次；第二个数字是该词在兼类类型中第一个词性在 2000 年 1 月《人民日报》中的出现频次；第三个数字是其第二个词性在 2000 年 1 月《人民日报》中的出现频次。例如 a-n 兼类词中"标准 342|13|329|"，表示"标准"的总频数为 342，"标准"被标为 a 的频数为 13，被标为 n 的频数为 329。由于同一个词可能有超过两种的词性，因此本表中一些标记数多于 2 的词的总频数并不等于表中列出的该词两个词性频数的总和，例如"秘密"在《人民日报》中有 3 种标记 a、ad、n，频数分别为 140、88、149，由于本表中只列出了"秘密"的 a 和 n 两种词性，因此两种词性出现的频数总和并不等于"秘密"出现的总频数。

1	a-b	2	
机动 10|3|7|	正 408|21|5|		

2	a-d	46	
白 59|21|10|	长 265|243|3|	纯粹 7|6|1|	粗 8|7|1|
大 2679|2389|287|	独 17|5|12|	多 1427|1128|242|	分明 9|3|6|
干脆 16|1|15|	高效 67|64|3|	根本 274|162|49|	光 75|7|13|
好 1430|1407|23|	狠 18|2|16|	紧 34|17|16|	净 50|33|13|
绝对 50|23|26|	肯定 116|8|22|	快 204|175|29|	老 269|257|9|

续表

乱 167|19|144|	满 98|45|7|	猛 11|8|3|	偏 43|3|4|
齐 25|10|11|	轻轻 12|1|11|	全 626|578|48|	少 260|173|54|
深 112|77|24|	实在 45|6|39|	顺手 5|3|2|	死 71|15|1|
特别 565|73|492|	细细 8|2|6|	新 3655|3525|126|	虚 14|12|2|
异常 23|15|8|	硬 61|54|7|	真 167|47|120|	正 408|21|380|
直 45|8|36|	重 265|183|30|	专 31|2|28|	准 63|51|4|
自然 162|28|55|	足 24|14|3|		

3	a-n	77	
保险 116|1|49|	标准 342|13|329|	不幸 25|7|7|	差 80|73|7|
潮 14|1|13|	诚心 3|1|2|	痴情 3|1|2|	传统 5176|3779|1397|
错误 72|28|42|	大气 588|27|561|	大意 3|1|2|	典型 1232|553|679|
对口 16|3|3|	肥 14|2|5|	风光 328|26|301|	高 1102|1027|40|
隔膜 3|1|2|	根本 274|162|63|	关键 2977|1260|1717|	光 75|7|49|
光彩 217|113|103|	光辉 258|210|48|	光明 29|15|14|	规范 226|53|44|
规矩 124|8|115|	规则 78|3|75|	和平 534|184|177|	花 166|3|54|
活 69|30|8|	火 51|6|44|	基本 565|390|1|	机械 493|28|465|
假 70|63|5|	精神 8856|14|8842|	经典 314|69|245|	经济 32930|214|32716|
科学 7899|2614|5285|	客观 1240|1044|196|	空洞 4|3|1|	宽 55|37|18|
累赘 2|1|1|	理想 1617|255|1362|	理智 88|41|43|	秘密 377|228|149|
内行 2|1|1|	泥泞 4|2|2|	平常 152|119|30|	气派 9|4|4|
前卫 6|1|3|	清香 5|1|4|	权威 592|262|330|	热 68|38|25|
善意 5|2|3|	深 112|77|6|	神 37|3|33|	生气 63|32|31|
实际 5154|2813|2341|	酸 9|7|2|	投入 298|1|2|	土 37|7|17|
万幸 4|2|2|	文明 363|157|195|	无辜 7|3|3|	系统 5496|568|4928|
先进 5200|5013|187|	现实 2353|1243|1110|	香 17|14|3|	形象 2262|236|2026|
用心 13|4|9|	油 45|1|44|	圆 23|9|2|	蕴藉 2|1|1|
值 24|2|3|	稚气 2|1|1|	主观 18|12|5|	自然 162|28|79|
自重 3|2|1|			

4	a-v	167	
矮 2|1|1|	安定 25|18|5|	磅礴 3|2|1|	保守 6|2|4|
保险 116|1|2|	便利 26|9|9|	便宜 12|8|3|	不足 1859|1013|846|
长 265|243|3|	畅销 11|5|5|	吵闹 2|1|1|	充实 40|7|29|

纯净 4|2|1|	错误 72|28|1|	淡薄 13|12|1|	低 319|305|13|
动摇 28|11|16|	独立 139|59|50|	端正 161|29|127|	对 4658|16|74|
对口 16|3|5|	多 1427|1128|54|	多余 3|2|1|	饿 6|2|4|
繁荣 1568|807|761|	烦 3|2|1|	方便 109|61|35|	放松 36|11|22|
肥 14|2|7|	分散 31|11|14|	丰富 2350|1779|571|	腐化 3|1|2|
负责 260|5|194|	富有 712|25|685|	感动 35|8|22|	感慨 19|8|4|
高 1102|1027|27|	革命 201|8|31|	公开 3691|1862|1829|	巩固 104|6|86|
孤立 15|3|10|	固定 40|28|8|	怪 24|19|5|	光 75|7|6|
规范 226|53|117|	合拍 3|1|2|	红 80|76|4|	花 166|3|109|
滑 18|2|16|	坏 28|26|2|	缓 14|8|5|	缓和 14|4|8|
活 69|30|31|	活跃 675|374|300|	火 51|6|1|	集中 3369|1517|1852|
急 31|8|17|	坚定 132|60|65|	健全 105|17|86|	讲究 19|7|8|
解放 56|1|39|	紧 34|17|1|	进步 257|13|62|	近 587|279|308|
精确 12|9|1|	开放 5422|221|5201|	开阔 208|93|114|	肯定 116|8|52|
苦 29|26|3|	辣 2|1|1|	赖 8|4|4|	类似 63|28|33|
亮 26|5|21|	流行 371|153|218|	乱 167|19|4|	麻烦 25|2|3|
满 98|45|46|	满足 123|1|112|	忙 53|19|32|	密切 1683|1394|289|
明白 46|18|27|	明确 3370|2144|1226|	明晰 80|34|46|	模糊 213|151|58|
难忘 208|105|103|	闹 14|1|13|	暖 22|14|8|	配套 81|79|1|
疲惫 7|4|2|	偏 43|3|36|	飘逸 3|1|2|	平 42|8|34|
平衡 64|38|8|	平均 1945|1268|677|	破 48|22|26|	破碎 4|1|3|
普及 66|1|46|	齐 25|10|1|	欠缺 7|4|2|	强壮 6|2|4|
亲 23|15|4|	轻 32|18|12|	清 78|64|10|	清楚 89|56|30|
清洁 33|26|3|	清醒 59|44|7|	确定 215|8|203|	热 68|38|5|
热心 25|11|2|	融洽 97|50|42|	少 260|173|33|	深入 420|110|114|
生 78|4|72|	盛 11|3|8|	湿润 5|3|2|	适用 41|17|22|
舒展 2|1|1|	顺 26|11|14|	死 71|15|55|	松 15|7|7|
松动 4|1|3|	松懈 3|1|2|	碎 3|2|1|	挑剔 5|2|3|
通 73|36|37|	统一 634|66|369|	投机 6|1|2|	投入 298|1|194|
透 29|13|16|	突出 283|186|76|	团结 263|46|151|	弯 10|2|3|
完善 277|50|212|	为难 2|1|1|	委屈 9|1|2|	温暖 118|12|10|
稳 19|9|5|	稳定 588|223|139|	稳固 11|7|4|	稀罕 3|2|1|
响 67|45|16|	协调 174|11|86|	斜 2|1|1|	辛苦 11|4|3|
兴奋 21|15|5|	行 106|29|40|	压抑 6|1|4|	严格 288|93|19|

续表

严密 15|12|2|	严明 4|2|2|	严肃 84|38|9|	隐蔽 9|4|3|
拥挤 7|4|3|	诱人 9|8|1|	冤枉 2|1|1|	杂 6|4|2|
粘 5|1|4|	整 22|2|20|	正 408|21|2|	正当 20|18|1|
直 45|8|1|	值 24|2|19|	重 265|183|50|	壮 12|6|3|
准 63|51|2|	自觉 114|54|1|	自信 23|4|12|	

5	b-d	101	
本来 30|4|26|	毕生 4|3|1|	长期 3210|916|2294|	长足 28|27|1|
超常规 3|2|1|	超负荷 3|1|2|	超高速 10|7|3|	成批 5|1|4|
初步 1317|281|1036|	大幅 40|1|39|	大规模 70|38|32|	大致 17|1|16|
单独 20|4|16|	单个 5|4|1|	单向 2|1|1|	定期 61|15|46|
定向 8|3|4|	独家 13|3|10|	短期 29|21|8|	对内 5|4|1|
多重 6|5|1|	恶性 15|13|2|	反 263|3|13|	方 77|4|13|
非常 251|5|246|	非法 1960|1025|935|	非正式 9|8|1|	分外 5|1|4|
高速 53|26|27|	共同 7161|1635|5526|	急剧 23|3|20|	间接 25|12|13|
口头 14|1|4|	跨越式 5|3|2|	快速 1601|379|1221|	历次 8|7|1|
立体 17|11|6|	连年 17|1|16|	良性 18|15|3|	临场 6|4|2|
临时 32|16|16|	零星 7|6|1|	起码 14|5|9|	切身 4|2|2|
亲笔 5|1|4|	亲身 17|6|11|	全景式 4|1|2|	全盘 6|1|5|
全天候 3|2|1|	全新 37|35|2|	人工 46|21|21|	人为 22|12|10|
任意 6|1|5|	日常 44|29|15|	书面 38|30|8|	双向 17|6|11|
双重 14|10|4|	随机 6|1|5|	随身 5|1|4|	天然 28|27|1|
天生 4|1|3|	跳跃式 3|2|1|	通常 23|5|18|	同等 16|13|3|
同样 1325|327|998|	唯一 1023|800|223|	无偿 28|5|23|	无记名 10|3|7|
无私 20|4|16|	无障碍 2|1|1|	相对 84|7|75|	相互 2802|226|2576|
小幅 3|1|2|	一次性 29|16|13|	一定 5191|2137|3054|	一贯 38|11|27|
硬性 5|4|1|	永久 16|10|6|	永远 84|5|79|	由衷 10|5|5|
有偿 9|1|8|	有机 35|8|27|	原 192|142|47|	原来 1353|474|879|
原先 12|2|10|	暂时 35|10|25|	真正 3186|711|2475|	整个 185|184|1|
正 408|5|380|	正面 29|8|9|	衷心 36|16|20|	逐案 2|1|1|
主要 8874|5563|3311|	专门 2059|730|1329|	专职 10|8|1|	自动 41|14|27|
自发 15|3|12|	自费 16|1|14|	总 377|272|105|	最初 22|10|12|
最终 2109|501|1608|			

续表

6	b-n	12	
分 237|5|65|	后进 4|3|1|	家用 10|8|2|	尖端 11|10|1|
口头 14|1|9|	全景式 4|1|1|	人工 46|21|4|	五星 2|1|1|
学龄 3|2|1|	一年期 3|1|2|	远洋 11|9|1|	正面 29|8|12|

7	b-v	14	
串行 2|1|1|	反 263|3|246|	分 237|5|167|	负 89|27|61|
过路 3|2|1|	首发 8|1|3|	所有 256|248|8|	现任 32|19|12|
相对 84|7|1|	在线 26|3|1|	整装 2|1|1|	正 408|5|2|
直属 27|20|5|	自费 16|1|1|		

8	c-d	24	
并 1602|1523|72|	不过 85|69|16|	果然 9|2|7|	果真 5|1|4|
还是 217|119|98|	或许 21|1|20|	即 291|1|91|	即便 16|12|4|
尽管 161|157|4|	就 2764|1|2431|	可 759|85|37|	另外 97|59|3|
宁肯 3|2|1|	且 74|71|3|	甚至 214|166|48|	首先 256|112|144|
同 560|1|40|	同时 849|543|113|	惟 4|1|2|	一旦 60|1|59|
又 1275|217|1058|	则 355|33|309|	只是 54|14|40|	只有 216|193|23|

9	c-v	14	
不如 23|7|16|	跟 82|1|37|	及 754|742|12|	接着 34|28|6|
结果 317|31|1|	就 2764|1|2|	可 759|85|2|	任 185|4|157|
如 408|43|365|	若 58|52|6|	谁知 10|2|8|	同 560|1|110|
要 3617|144|137|	由 1326|2|1|		

10	d-n	46	
本 369|42|49|	必然 71|65|6|	边 96|59|35|	才 647|640|7|
大体 4|3|1|	低 9|8|1|	定点 29|23|5|	定额 5|2|3|
恶意 4|3|1|	高度 301|232|69|	高价 13|3|10|	根本 274|49|63|
光 75|13|49|	将 3084|2254|6|	节节 3|1|1|	究竟 35|33|2|
决心 66|24|42|	口头 14|4|9|	苦心 3|2|1|	连 161|25|9|
模范 90|1|89|	全景式 4|2|1|	全力 43|34|9|	人工 46|21|4|
日夜 3|2|1|	深 112|24|6|	深情 22|14|8|	时刻 87|11|76|
始终 173|171|2|	手工 6|4|2|	顺序 4|1|3|	同时 849|113|193|

续表

相 237|235|2|	像 308|10|11|	一面 26|9|16|	一手 33|31|2|
义务 87|18|69|	原本 10|9|1|	早晚 6|2|4|	真心 15|7|8|
正面 29|9|12|	直线 7|3|4|	重点 572|167|405|	昼夜 11|6|5|
专项 83|2|81|	自然 162|55|79|		

11	d-v	60	
比较 233|210|14|	别 57|51|2|	并 1602|72|7|	并排 3|1|2|
不许 8|7|1|	长 265|3|3|	乘机 2|1|1|	从严 88|87|1|
到底 31|22|9|	顶 60|1|37|	定 70|14|56|	多 1427|242|54|
反 263|13|246|	反复 77|66|6|	仿佛 36|31|5|	分别 335|334|1|
分级 8|5|1|	够 50|34|16|	光 75|13|6|	过 796|67|253|
还 1755|1681|74|	回头 6|3|3|	加倍 11|10|1|	紧 34|16|1|
就 2764|2431|2|	可 759|37|2|	肯定 116|22|52|	立 56|2|52|
连 161|25|30|	乱 167|144|4|	略 29|28|1|	满 98|7|46|
没有 1038|501|537|	偏 43|4|36|	拼命 4|1|2|	齐 25|11|1|
少 260|54|33|	死 71|1|55|	随 50|10|10|	挺 24|20|2|
同 560|40|110|	无 410|5|405|	误 19|4|14|	现 111|5|5|
相当 182|134|48|	相对 84|75|1|	像 308|10|1|	休 9|1|8|
有意 14|11|2|	在 13364|365|394|	照 41|1|22|	正 408|380|2|
直 45|36|1|	至 539|2|107|	终归 3|2|1|	重 265|30|50|
准 63|4|2|	自费 16|14|1|	足额 12|11|1|	愣 4|2|2|

12	n-p	10	
比 604|6|527|	根据 410|11|398|	和 13133|2|431|	将 3084|6|823|
经过 386|13|47|	距离 40|36|4|	连 161|9|4|	像 308|11|170|
依据 86|51|34|	作为 745|5|393|		

13	n-v	282	
爱好 30|13|17|	把握 116|2|107|	摆设 5|4|1|	包 66|6|50|
包装 33|22|8|	保健 72|59|2|	保险 116|49|2|	报 104|64|40|
报道 851|60|770|	报告 4121|3599|522|	比 604|6|61|	比方 7|2|5|
比喻 9|3|6|	笔记 18|16|2|	编辑 46|32|10|	编制 69|10|40|
变异 4|3|1|	标识 8|6|2|	标志 108|41|66|	冰 37|34|1|
病 104|85|19|	补贴 40|16|14|	补助 39|11|8|	布局 61|52|3|

续表

步 165|4|7|	裁判 26|15|4|	残疾 23|22|1|	操 8|2|6|
策划 33|1|25|	倡议 42|16|15|	超 42|4|32|	成就 1835|1780|53|
承诺 1238|589|648|	出口 343|11|133|	出纳 4|3|1|	储蓄 51|3|3|
处分 41|2|2|	传说 21|17|3|	传言 3|1|2|	创作 123|5|50|
挫折 17|5|5|	错 41|4|37|	打扮 7|1|5|	打算 35|10|23|
大屠杀 28|25|2|	大战 11|6|4|	代表 12567|7441|5126|	导游 18|15|1|
道 183|28|73|	点 304|116|12|	雕 5|2|3|	雕刻 10|4|5|
雕塑 22|21|1|	动议 3|2|1|	动作 26|25|1|	斗 5|1|4|
毒害 5|1|3|	对口 16|3|5|	发明 43|8|13|	翻译 32|7|14|
纺织 66|65|1|	肥 14|5|7|	费 34|21|13|	分 237|65|167|
分枝 2|1|1|	缝 3|2|1|	奉献 60|5|51|	辐射 27|5|14|
俘虏 5|2|3|	负担 1909|1795|114|	感觉 55|30|22|	高 1102|40|27|
根据 410|11|1|	工作 3799|38|1|	公告 30|26|2|	公证 15|1|6|
贡献 298|270|17|	构成 73|2|66|	构造 5|2|1|	鼓 6|2|4|
顾虑 5|4|1|	关 55|28|27|	关系 16280|15187|1093|	光 75|49|6|
广播 38|6|2|	规定 7777|4077|3700|	规范 226|44|117|	规划 181|102|41|
害 15|6|9|	汗颜 3|2|1|	横 17|3|14|	呼号 3|2|1|
花 166|54|109|	花费 24|4|20|	画 90|34|56|	怀抱 12|10|1|
环 32|22|10|	幻想 10|5|4|	回味 6|3|2|	贿赂 16|3|9|
会 1134|28|15|	活 69|8|31|	稽查 22|1|3|	积累 74|6|55|
积蓄 5|4|1|	寄语 5|1|4|	计 28|1|26|	计划 402|337|60|
记录 45|12|28|	记忆 18|11|3|	记载 22|2|16|	纪元 6|4|1|
家教 2|1|1|	假定 5|1|4|	监督 583|1|173|	简介 8|4|4|
见识 8|4|4|	见证 12|4|8|	建议 193|151|40|	建筑 139|73|4|
奖 101|96|5|	奖励 79|5|25|	酱 3|2|1|	交易 116|12|19|
教导 5|1|1|	教授 247|246|1|	结构 607|606|1|	结果 317|285|1|
借贷 6|1|3|	借口 22|15|6|	进出口 46|1|6|	进球 3|2|1|
经过 386|13|326|	经历 130|43|87|	警卫 2|1|1|	救济 15|2|4|
决定 518|182|329|	卡 60|52|8|	开始 661|10|650|	开支 45|36|3|
可能 444|104|9|	空缺 8|3|4|	空闲 4|3|1|	库存 19|13|2|
犁 2|1|1|	理 22|14|8|	理论 577|575|1|	立意 5|4|1|
连 161|9|30|	连体 4|3|1|	量 18|16|2|	列 48|9|23|
领导 1280|841|118|	令 223|26|197|	流向 2|1|1|	码 7|2|4|
买卖 18|6|7|	贸易 353|331|1|	美餐 2|1|1|	梦想 40|36|3|

续表

铭刻 5|1|4|	命令 33|26|4|	磨 2|1|1|	排 56|1|48|
派 94|14|76|	盘 36|1|2|	配置 56|11|25|	批示 50|26|5|
偏向 5|2|2|	评论 36|6|15|	铺垫 2|1|1|	漆 5|3|2|
起源 8|3|5|	前瞻 9|8|1|	欠息 2|1|1|	倾向 39|37|2|
请求 20|5|15|	趋向 24|2|20|	区别 28|14|11|	燃煤 20|8|2|
热 68|25|5|	认识 319|67|190|	伤 25|7|18|	上下 40|17|3|
申请 74|18|50|	声明 95|87|8|	省 387|376|11|	盛世 12|11|1|
收获 15|3|6|	收入 592|550|38|	树 64|44|20|	数 56|41|15|
说明 128|5|114|	司法 136|111|15|	损失 152|135|14|	锁 16|7|9|
提议 11|1|8|	题 58|53|5|	天赋 3|2|1|	通报 44|4|30|
通路 5|4|1|	通知 103|82|21|	投入 298|2|194|	投资 799|70|346|
图 255|246|9|	图谋 18|13|2|	团 39|30|1|	拖网 2|1|1|
温饱 38|36|2|	文 38|31|7|	武装 164|50|32|	舞 37|9|28|
误差 7|5|2|	希望 506|137|326|	习惯 70|50|20|	下属 20|9|3|
像 308|11|1|	笑话 5|4|1|	写意 3|2|1|	新生 12|10|1|
信 76|55|21|	信仰 28|22|2|	行政 298|259|37|	胸怀 6|4|2|
修养 15|14|1|	需要 657|156|412|	许诺 10|1|8|	选料 2|1|1|
学会 37|3|34|	言谈 3|2|1|	要求 960|403|552|	医疗 275|272|1|
依据 86|51|1|	移民 47|15|13|	意味 61|5|56|	意欲 2|1|1|
饮水 22|21|1|	迎春 27|17|1|	赢利 18|3|8|	用车 8|2|2|
用地 17|14|2|	用书 21|19|1|	用水 6|4|1|	用药 12|3|7|
寓意 7|3|4|	预算 210|188|2|	预言 15|8|7|	遭遇 14|2|10|
造化 4|3|1|	站 203|96|107|	招 26|5|19|	证明 147|30|111|
支出 84|47|20|	值 24|3|19|	指挥 53|7|33|	指令 5|4|1|
指示 79|72|7|	指望 8|1|6|	指向 4|2|1|	志愿 15|5|2|
挚爱 3|2|1|	制服 4|1|3|	忠告 4|3|1|	终审 8|7|1|
重奖 8|2|3|	主编 27|13|13|	主导 46|42|3|	主演 14|7|7|
主张 114|71|41|	注释 4|2|2|	驻军 22|18|1|	转机 3|2|1|
装备 77|72|3|	装饰 21|6|8|	装潢 3|1|1|	自述 17|11|3|
总结 191|22|145|	纵深 12|10|2|	阻碍 18|1|16|	组织 960|434|452|
佐证 3|2|1|	昵称 2|1|1|		

14	p-v	45	
按 324|314|10|	把 1812|1738|27|	比 604|527|61|	朝 27|9|3|

续表

乘 33|5|28|	除 139|125|14|	打 303|3|300|	到 3228|1002|726|
对 4658|4507|74|	给 847|667|164|	根据 410|398|1|	跟 82|44|37|
管 130|3|124|	归 19|1|18|	基于 30|27|3|	借 50|31|19|
经 255|176|75|	经过 386|47|326|	就 2764|330|2|	距 26|25|1|
靠 193|60|133|	离 97|29|68|	连 161|4|30|	临 28|6|10|
论 31|13|16|	拿 183|16|167|	凭 46|40|6|	让 725|7|718|
顺 26|1|14|	随 50|30|10|	替 12|9|3|	通过 942|740|195|
同 560|409|110|	往 118|114|4|	像 308|170|1|	向 1430|1422|8|
依 20|14|6|	依据 86|34|1|	用 950|659|290|	由 1326|1322|1|
有关 885|101|59|	在 13364|12605|394|	照 41|11|22|	针对 161|157|4|
至 539|430|107|			